Transtornos Mentais no Idoso

GUIA PRÁTICO

Transtornos Mentais no Idoso

GUIA PRÁTICO

EDITORES

Orestes Vicente Forlenza

Júlia Cunha Loureiro

Marcos Vasconcelos Pais

manole

editora

A edição desta obra foi financiada com recursos da Editora Manole Ltda., um projeto de iniciativa da Fundação Faculdade de Medicina em conjunto e com a anuência da Faculdade de Medicina da Universidade de São Paulo – FMUSP.

Capa: Ricardo Yoshiaki Nitta Rodrigues
Imagem da capa: istockphoto.com
Projeto gráfico: Departamento Editorial da Editora Manole
Produção editorial: Juliana Waku
Editoração eletrônica e ilustrações: Formato

CIP-BRASIL. CATALOGAÇÃO NA PUBLICAÇÃO
SINDICATO NACIONAL DOS EDITORES DE LIVROS, RJ

T696

Transtornos mentais no idoso : guia prático / editores Orestes Vicente Forlenza, Júlia Cunha Loureiro, Marcos Vasconcelos Pais. - 1. ed. - Santana de Parnaíba [SP] : Manole, 2023.
; 23 cm.

Inclui bibliografia e índice
ISBN 978-65-5576-823-7

1. Psiquiatria. 2. Doenças mentais - Idosos. 3. Idosos - Cuidado e tratamento. I. Forlenza, Orestes Vicente. II. Loureiro, Júlia Cunha. III. Pais, Marcos Vasconcelos. IV. Título.

23-82051 CDD: 616.890846
CDU: 616.89-053.9

Gabriela Faray Ferreira Lopes - Bibliotecária - CRB-7/6643

1ª edição – 2023; reimpressão – 2024

Editora Manole Ltda.
Alameda Rio Negro, 967, conj. 717
Alphaville Industrial – Barueri – SP - Brasil
CEP: 06454-000
Fone: (11) 4196-6000
www.manole.com.br | https://atendimento.manole.com.br/

Impresso no Brasil | *Printed in Brazil*

Editores

Orestes Vicente Forlenza

Professor Associado, Livre-Docente e Chefe do Departamento de Psiquiatria da Faculdade de Medicina da Universidade de São Paulo (FMUSP). Coordenador do Programa de Psiquiatria Geriátrica do LIM-27 (Laboratório de Neurociências), Instituto de Psiquiatria do Hospital das Clínicas da FMUSP.

Júlia Cunha Loureiro

Médica Psiquiatra. Graduada pela Faculdade de Ciências Médicas da Universidade Estadual de Campinas (UNICAMP). Residência Médica em Psiquiatria pela UNICAMP. Residência em Psiquiatria Geriátrica pela UNICAMP. Doutoranda e pesquisadora do Laboratório de Neurociências LIM-27 do Hospital das Clínicas da Faculdade de Medicina da Universidade de São Paulo.

Marcos Vasconcelos Pais

Médico Psiquiatra. Graduado pela Faculdade de Medicina da Universidade de Brasília. Residência Médica em Psiquiatria pelo Hospital do Servidor Público Estadual em São Paulo (HSPE). Doutorando e pesquisador do Laboratório de Neurociências LIM-27 do Hospital das Clínicas da Faculdade de Medicina da Universidade de São Paulo.

Autores

Aline Siqueira de Souza
Médica Psiquiatra e Psicogeriatra. Graduação pela Faculdade Ciências Médicas de Minas Gerais (FCMMG). Residência Médica em Psiquiatria pelo Hospital das Clínicas da Universidade Federal de Minas Gerais (HC-UFMG). Residência em Psicogeriatria pelo Hospital das Clínicas da Faculdade de Medicina da Universidade de São Paulo (HCFMUSP).

André Malbergier
Médico formado pela Faculdade de Medicina da Universidade de São Paulo. Mestrado em Saúde Pública pela Faculdade de Saúde Pública da Universidade de Illinois em Chicago (EUA) - MPH. Doutorado pelo Departamento de Psiquiatria da Faculdade de Medicina da Universidade de São Paulo (FMUSP). Professor Colaborador Médico do Departamento de Psiquiatria da FMUSP. Coordenador executivo do Grupo Interdisciplinar de Estudos de Álcool e Drogas (GREA) do Instituto de Psiquiatria do Hospital das Clínicas da FMUSP.

Daniel Guilherme Suzuki Borges
Psiquiatra especialista em Medicina do Sono. Médico Assistente junto ao Laboratório do Sono e Ambulatório do Sono (ASONO) do Instituto de Psiquiatria do Hospital das Clínicas da Faculdade de Medicina da Universidade de São Paulo.

Florindo Stella
Pesquisador do Laboratório de Neurociências, Instituto e Departamento de Psiquiatria da Faculdade de Medicina da Universidade de São Paulo (IPq-HCFMUSP). Médico Assistente da Fundação Faculdade de Medicina, Hospital das Clínicas da FMUSP.

Guilherme Prado Mattar
Psiquiatra. Graduado pela Faculdade de Medicina da Universidade de Santo Amaro. Residência Médica em Psiquiatria pela Faculdade de Ciências Médicas da Santa Casa de São Paulo. Pesquisador do Laboratório de Neurociências LIM-27 do Hospital das Clínicas da Faculdade de Medicina da Universidade de São Paulo.

Jéssica Formiga e Silva

Médica Psiquiatra. Graduada pela Faculdade de Medicina da Universidade Federal de Goiás (UFG). Residência Médica em Psiquiatria pela Irmandade da Santa Casa de Misericórdia de São Paulo (ISCMSP). Residência em Psicogeriatria pelo Hospital das Clínicas da Faculdade de Medicina da Universidade de São Paulo (HCFMUSP). Formação em Terapia Comportamental Cognitiva em Saúde Mental pelo HCFMUSP. Colaboradora do Laboratório de Neurociências (LIM-27) do Instituto de Psiquiatria do HCFMUSP.

Júlia Cunha Loureiro

Médica Psiquiatra. Graduada pela Faculdade de Ciências Médicas da Universidade Estadual de Campinas (UNICAMP). Residência Médica em Psiquiatria pela UNICAMP. Residência em Psiquiatria Geriátrica pela UNICAMP. Doutoranda e pesquisadora do Laboratório de Neurociências LIM-27 do Hospital das Clínicas da Faculdade de Medicina da Universidade de São Paulo.

Leandro da Costa Lane Valiengo

Médico graduado pela Faculdade de Medicina da Universidade de São Paulo (FMUSP). Residência em Psiquiatria pelo Hospital das Clínicas da FMUSP (HCFMUSP). Doutor em Ciências Médicas pela FMUSP. Coordenador do Ambulatório de Psicogeriatria e do Serviço Interdisciplinar do Instituto de Psiquiatria do HCFMUSP. Professor da pós-graduação do Programa de Fisiopatologia Experimental da FMUSP.

Luana Dongue Martinez

Psiquiatra pelo Instituto Bairral de Psiquiatria. Psicogeriatra pelo Instituto de Psiquiatria do Hospital das Clínicas da Faculdade de Medicina da Universidade de São Paulo (IPq-HCFMUSP). Médica psiquiatra do Ambulatório de Envelhecimento em Síndrome de Down e supervisora no Ambulatório Didático de Envelhecimento do Laboratório de Neurociências (LIM-27) do IPq-HCFMUSP.

Lucas F. B. Mella

Psiquiatra. Epecialista em psicogeriatria. Mestre em Ciências. Coordenador do Serviço de Psiquiatria Geriátrica e Neuropsiquiatria da Universidade Estadual de Campinas (UNICAMP).

Luiz Fernando de Almeida Lima e Silva

Médico Psiquiatra. Mestre em Ciências Médicas pela Universidade Estadual de Campinas (UNICAMP). Coordenador do Serviço de Psiquiatria Geriátrica do Hospital de Clínicas da UNICAMP (2011-2021).

Luiz Henrique Monteiro

Psiquiatra. Graduado pela Faculdade de Medicina da Universidade de São Paulo (FMUSP). Residência Médica em Psiquiatria pela Irmandade da Santa Casa de Misericórdia de São Paulo (ISCMSP). Residência Médica em Psicogeriatria pelo Instituto de Psiquiatria do Hospital das Clínicas da FMUSP (IPq-HCFMUSP). Preceptor da Pós-graduação em Psiquiatria da Faculdade de Ciências Médicas da Santa Casa de São Paulo. Médico psiquiatra do Serviço de Extensão ao Paciente HIV/AIDS (SEAP) do HCFMUSP.

Marcela Magarão Sambaquy

Psiquiatra. Graduada pela Universidade Federal do Estado do Rio de Janeiro (UNIRIO). Residência Médica em Psiquiatria pela Irmandade da Santa Casa de Misericórdia de São Paulo (ISCMSP). Residência Médica em Psicogeriatria pelo Instituto de Psiquiatria da Faculdade de Medicina da Universidade de São Paulo (HCFMUSP). Preceptora da Pós-graduação em Psiquiatria da Faculdade de Ciências Médicas da Santa Casa de São Paulo e da Pós-graduação em Psiquiatria da Faculdade ISMD. Pesquisadora do ambulatório de demências do Laboratório de Neurociências LIM-27 do Hospital das Clínicas da Faculdade de Medicina da Universidade de São Paulo (HCFMUSP).

Marcos Vasconcelos Pais

Médico Psiquiatra. Graduado pela Faculdade de Medicina da Universidade de Brasília. Residência Médica em Psiquiatria pelo Hospital do Servidor Público Estadual em São Paulo (HSPE). Doutorando e pesquisador do Laboratório de Neurociências LIM-27 do Hospital das Clínicas da Faculdade de Medicina da Universidade de São Paulo.

Mariana Campello de Oliveira

Médica formada pela Faculdade de Medicina Santa Marcelina (FASM). Residência em Psiquiatria pelo Instituto de Assistência Médica ao Servidor Público Estadual (IAMSPE). Residência em Psiquiatria Ano Adicional em Dependência Química e Transtornos dos Impulsos pelo Instituto de Psiquiatria do Hospital das Clínicas da Faculdade de Medicina da Universidade de São Paulo (IPq-HCFMUSP).

Mariana Capelo Vides

Médica formada pela Faculdade de Medicina de São José do Rio Preto (FAMERP). Residência em Psiquiatria pelo Instituto Bairral de Psiquiatria. Residência Médica em Psiquiatria Ano Adicional, com enfoque em Dependência Química e Transtornos do Impulso pelo Instituto de Psiquiatria do Hospital das Clínicas da Faculdade de Medicina da Universidade de São Paulo (IPq-HCFMUSP).

Mariana Vieira Fernández Echegaray

Médica Psiquiatra. Graduada pela Faculdade de Medicina da Universidade Federal da Bahia (UFBA). Residência médica em Psiquiatria pelo Hospital das Clínicas da Faculdade de Medicina da Universidade de São Paulo (HCFMUSP).

Martinus T. van de Bilt

Médico Assistente do Instituto de Psiquiatria do Hospital das Clínicas da Faculdade de Medicina da Universidade de São Paulo (IPq-HCFMUSP). Coordenador do Grupo de Psicoses do Laboratório de Neurociências (LIM-27).

Paulo Chenaud Neto

Médico Psiquiatra. Graduado pela Faculdade de Medicina da Universidade Federal da Bahia (UFBA). Residência médica em Psiquiatria e Psicogeriatria pelo Hospital das Clínicas da Faculdade de Medicina da Universidade de São Paulo (HCFMUSP). Pós-graduado em Psicopatologia Fenomenológica pela Santa Casa de São Paulo.

Ricardo Vieira Nasser

Médico Psiquiatra e Psicogeriatra. Residência Médica em Psiquiatria pela Universidade Santo Amaro. Residência em Psicogeriatria pelo Hospital das Clínicas da Faculdade de Medicina da Universidade de São Paulo (HCFMUSP).

Rodolfo Braga Ladeira

Psicogeriatra. Mestre e Doutorando pelo Departamento de Psiquiatria da Faculdade de Medicina da Universidade de São Paulo (FMUSP). Pesquisador voluntário do Laboratório de Neurociências (LIM-27) do Instituto de Psiquiatria do Hospital das Clínicas da FMUSP. Membro do Programa de Extensão em Psiquiatria e Psicologia de Idosos (PROEPSI) da Universidade Federal de Minas Gerais (UFMG).

Rosa Hasan

Médica neurologista. Especialista em Medicina do Sono. Coordenadora do Laboratório de Sono e do Ambulatório de Sono do Instituto de Psiquiatria do Hospital das Clínicas da Faculdade de Medicina da Universidade de São Paulo.

Vinicius Ribeiro Leduc

Mestre em Ciências da Saúde pela Faculdade de Ciências Médicas de Minas Gerais. Geriatra titulado pela Sociedade Brasileira de Geriatria e Gerontologia/Associação Médica Brasileira. Professor do curso de Medicina da Universidade São Francisco – Bragança Paulista. Supervisor no Ambulatório Didático de Envelhecimento do Laboratório de Neurociências (LIM-27) do Instituto de Psiquiatria do Hospital das Clínicas da Faculdade de Medicina da Universidade de São Paulo (IPq-HCFMUSP).

Sumário

Prefácio

O que pode ser considerado verdadeiramente transformador quando se trata de educação em saúde? A equipe do LIM-27 (Laboratório de Neurociências) do Instituto de Psiquiatria do Hospital das Clínicas da Faculdade de Medicina da Universidade de São Paulo (IPq-HCFMUSP) vem buscando respostas para esse questionamento. Não é tarefa fácil, dadas as atuais circunstâncias socioeconômicas, estabelecer uma continuidade nos processos de ensino e pesquisa que represente desenvolvimento contínuo e crescente da produtividade, da inovação e da diversidade no ambiente acadêmico. Quando seria possível então fazer algo de fato transformador? A despeito dos obstáculos, nossa equipe tem sido capaz de crescer, com a inclusão de novos membros interessados em seguir a vida acadêmica; tem sido capaz, também, de produzir, o que traz a aprovação de novos financiamentos; e, finalmente, nossa equipe tem sido capaz de continuar a tradição do LIM-27 de inovar, resultado de um perfil focado em pesquisa de ponta, sem nunca abdicar de seu papel de educar. Entretanto, mais animadora ainda é a capacidade de nossa equipe de manter um perfil diverso e muito rico de profissionais, integrando múltiplas disciplinas e currículos plurais. Essa frutífera combinação tem sido agraciada por um ambiente de trabalho estimulante e acolhedor, refletindo-se na redução do tempo de latência entre a entrada de novos integrantes e sua participação em novos projetos de pesquisa e ensino e nas recorrentes avaliações positivas de alunos das Residências de Psiquiatria (2º ano) e Psicogeriatria (ano adicional). Com tantos bons resultados, os desafios passam a ser a capacidade de manutenção da excelência de nosso trabalho e da motivação de nossos integrantes, bem como a realização de projetos com significado. É nesse contexto que se insere *Transtornos mentais no idoso: guia prático*, com o objetivo principal de educar profissionais de saúde. De modo prático, apresentamos conceitos caros da Psicogeriatria, reunimos síndromes clássicas que os profissionais de saúde vão encontrar com frequência no cuidado da população idosa e, finalmente, oferecemos informações atualizadas sobre seu manejo. Sem fugir de nossos principais objetivos, reunimos profissionais de excelência para a autoria dos capítulos, sempre buscando a integração de uma equipe diversa, jovem e extremamente motivada em educar ao mesmo tempo em que desenvolve suas próprias habilidades. O leitor deste livro estará em contato com atualizações em variados aspectos da Psicogeriatria com a certeza de ter um projeto verdadeiramente transformador em suas mãos.

Equipe de Psiquiatria Geriátrica do LIM-27, IPq-HCFMUSP

1

Escalas e instrumentos de avaliação em psicogeriatria

Luana Dongue Martinez
Vinicius Ribeiro Leduc

INTRODUÇÃO

A aplicação de escalas e instrumentos de avaliação em psicogeriatria, junto a uma anamnese completa, exames físico e do estado mental adequados e exames complementares, auxilia tanto em investigação diagnóstica e uniformização de conceitos em estudos populacionais, como também no acompanhamento da progressão de doenças neurocognitivas. Instrumentos de avaliação do humor, rastreio cognitivo e funcional servem para aplicação rápida com relativa acurácia para indivíduos com suspeitas clínicas, podendo auxiliar os profissionais de saúde na detecção precoce de transtornos de humor e cognitivos na população idosa, sendo de grande importância na prática clínica.

INSTRUMENTOS DE RASTREIO COGNITIVOS

Miniexame do Estado Mental (MEEM)

O MEEM (Quadro 1) é um dos instrumentos de rastreio cognitivo mais utilizados em todo o mundo. Consiste em uma bateria simples de 20 testes, totalizando 30 pontos, e gasta-se ao redor de 5 a 8 minutos para sua aplicação completa entre indivíduos saudáveis. Existe grande influência da escolaridade sobre a pontuação, sendo necessário utilizar valores de corte diferentes de acordo com os anos de educação do indivíduo (Tabela 1). É considerado o teste de rastreio cognitivo nas recomendações da Academia Brasileira de Neurologia para o diagnóstico de demência na doença de Alzheimer e na demência vascular[1].

Quadro 1 Miniexame do Estado Mental

Orientação temporal (1 ponto para cada resposta correta – 5 pontos)
Dia da semana
Dia do mês
Mês
Ano
Hora aproximada

Orientação espacial (1 ponto para cada resposta correta – 5 pontos)
Local específico (aponte para o chão – dormitório, sala, consultório)
Instituição (aponte ao redor – residência, hospital, clínica)
Bairro ou rua próximos
Cidade
Estado

Memória imediata (estabeleça 1 ponto para cada resposta correta na primeira vez, e pode repeti-las até três vezes para o aprendizado, se houver erros – 3 pontos)
Peça ao paciente para repetir as três palavras que você irá mencionar
- Vaso, carro, tijolo

Atenção e cálculo (estabeleça 1 ponto para cada resposta correta. Se houver erro, corrija-o e prossiga. Considerar correto se o avaliado se autocorrigir – 5 pontos)
Subtração de sete seriado (100 – 7 = 93 – 7 = 86 – 7 = 79 – 7 = 72 – 7 = 65). Diga quanto é 100 – 7? E menos 7?

Evocação (1 ponto para cada – 3 pontos)
Pergunte quais as três palavras aprendidas anteriormente.

Linguagem (7 pontos)
Nomeação – Aponte para caneta e relógio (1 ponto para cada)
Repetição – Repetir "nem aqui, nem ali, nem lá" (1 ponto)
Comando – "Pegue o papel com a mão direita. Dobre-o ao meio. Coloque-o na mesa" (1 ponto para cada)
Leitura – mostre a frase FECHE OS OLHOS e peça para o paciente obedecer ao que está mandando (1 ponto)

Frase – peça para o paciente escrever uma frase (1 ponto)
A frase deve conter um sujeito e um objeto e fazer sentido. Se não compreender, ajude com: alguma frase que tenha começo, meio e fim. Ignore erros de ortografia ou gramaticais.

Cópia do desenho (1 ponto)
Estabeleça 1 ponto se houver dois pentágonos interseccionados formando uma figura de quatro lados.

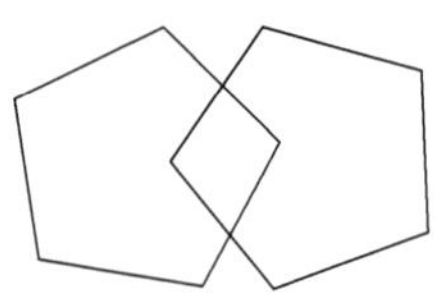

Fonte: modificada de Brucki et al., 2003[2].

Tabela 1 Distribuição de escore por escolaridade

Escolaridade	Escore
Analfabetos	20 pontos
1 a 4 anos de escolaridade	25 pontos
5 a 8 anos de escolaridade	26 pontos
9 a 11 anos de escolaridade	28 pontos
> 11 anos de escolaridade	29 pontos

Fonte: modificada de Brucki et al., 2003[2].

Miniexame do Estado Mental Grave (MEEM-g)

Em quadros cognitivos graves, geralmente em pacientes que pontuaram menos de 10 no MEEM, pode-se avaliar pelo MEEM-g. Esse instrumento avalia conhecimento autobiográfico, função visuoespacial, função executiva, tarefas simples de linguagem, fluência verbal para animais e soletração. O MEEM-g (Quadro 2) tem escore total de 30 pontos.

Montreal Cognitive Assessment (MoCA)

O MoCA (Figura 1) é um instrumento de rápida e fácil aplicação e de alta sensibilidade e especificidade para detecção de pacientes com comprometimento cognitivo leve (CCL), mesmo que o desempenho no MEEM seja normal. Também mostrou sensibilidade alta para discriminação entre pacientes com CCL e doença de Alzheimer. O teste avalia as funções cognitivas: visuoespacial/executiva, atenção, cálculo, nomeação, linguagem, abstração, memória e orientação. O escore total é de 30 pontos, sendo 26 ou mais pontos escore normal. Para indivíduos com menos de 12 anos de escolaridade, deve ser adicionado 1 ponto ao total obtido.

Bateria breve de rastreio cognitivo (BBRC)

A BBRC é um instrumento com boa acurácia diagnóstica para rastreio cognitivo e foi desenvolvida por Nitrini et al.[4] É composta por teste de memória de figuras, fluência verbal semântica e desenho do relógio. O teste de memória é realizado por apresentação de folha com dez figuras simples com fases de percepção e nomeação, memória incidental, memória imediata, aprendizado e evocação tardia. Após a fase de aprendizado são realizadas duas provas de interferência: fluência verbal semântica (por categoria, animais) em que o paciente deve falar o maior número em um intervalo de 60 segundos e, a seguir, o desenho do relógio; somente após isto o indivíduo fará a evocação. Então é

Quadro 2 Miniexame do Estado Mental Grave

Nome (1 ponto se a resposta for próxima do correto e 3 pontos se for completamente correta) Primeiro Último
Data de Nascimento (1 ponto se qualquer elemento for correto; 2 pontos se for completamente correta)
Repita as palavras (1 ponto para cada palavra) Pássaro Casa Sombrinha
Sigas as instruções (1 ponto por atender o comando; 2 pontos por manter o comando após 5 s, até que se ordene que pare) Levante sua mão Feche os olhos
Nomeação de objetos simples (1 ponto para cada objeto) Caneta Relógio Sapato
Desenho de um círculo a partir de um comando (1 ponto)
Cópia de um quadrado (1 ponto)
Escrever o nome (1 ponto se a resposta for aproximada; 2 pontos se completamente correta) Primeiro Último
Fluência de animais (número de animais em 1 minuto) 1-2 animais: 1 ponto 3-4 animais: 2 pontos > 4 animais: 3 pontos
Soletre a palavra "BOI" (1 ponto para cada letra dita em ordem correta)

apresentada uma folha com 20 figuras e deve-se reconhecer entre elas as dez mostradas anteriormente.

O melhor escore para diferenciar indivíduos saudáveis e com demência é de cinco figuras na evocação tardia. Na fluência verbal, espera-se que o indivíduo não alfabetizado diga no mínimo nove palavras e os alfabetizados, ao menos 12. O desenho do relógio é feito de acordo com a pontuação sugerida (Quadro 3). A vantagem da BBRC é que sofre pouca ou nenhuma influência da escolaridade sobre os escores, sendo um instrumento adequado para avaliação de memória em população com baixa escolaridade, problema comum no Brasil[5].

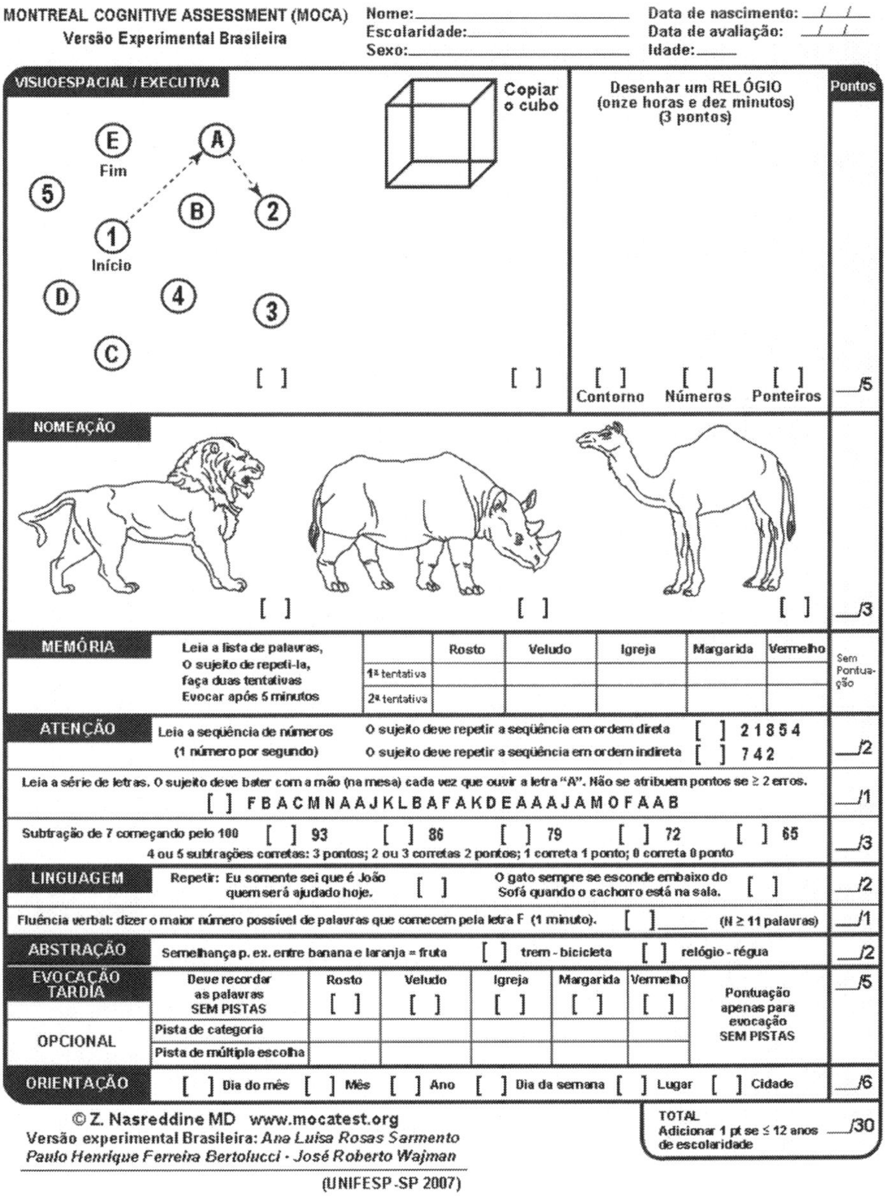

MONTREAL COGNITIVE ASSESSMENT (MOCA)
Versão Experimental Brasileira

Nome: ______ Data de nascimento: __/__/__
Escolaridade: ______ Data de avaliação: __/__/__
Sexo: ______ Idade: ____

VISUOESPACIAL / EXECUTIVA

[ ]

Copiar o cubo [ ]

Desenhar um RELÓGIO (onze horas e dez minutos) (3 pontos)

[ ] Contorno [ ] Números [ ] Ponteiros

Pontos: __/5

NOMEAÇÃO

[ ] [ ] [ ] __/3

MEMÓRIA	Leia a lista de palavras, O sujeito de repeti-la, faça duas tentativas Evocar após 5 minutos		Rosto	Veludo	Igreja	Margarida	Vermelho	Sem Pontuação
		1ª tentativa						
		2ª tentativa						

ATENÇÃO — Leia a seqüência de números (1 número por segundo)

O sujeito deve repetir a seqüência em ordem direta [ ] 2 1 8 5 4

O sujeito deve repetir a seqüência em ordem indireta [ ] 7 4 2 __/2

Leia a série de letras. O sujeito deve bater com a mão (na mesa) cada vez que ouvir a letra "A". Não se atribuem pontos se ≥ 2 erros.

[ ] F B A C M N A A J K L B A F A K D E A A A J A M O F A A B __/1

Subtração de 7 começando pelo 100 [ ] 93 [ ] 86 [ ] 79 [ ] 72 [ ] 65 __/3

4 ou 5 subtrações corretas: 3 pontos; 2 ou 3 corretas 2 pontos; 1 correta 1 ponto; 0 correta 0 ponto

LINGUAGEM — Repetir: Eu somente sei que é João quem será ajudado hoje. [ ] O gato sempre se esconde embaixo do Sofá quando o cachorro está na sala. [ ] __/2

Fluência verbal: dizer o maior número possível de palavras que comecem pela letra F (1 minuto). [ ] ____ (N ≥ 11 palavras) __/1

ABSTRAÇÃO — Semelhança p. ex. entre banana e laranja = fruta [ ] trem - bicicleta [ ] relógio - régua __/2

EVOCAÇÃO TARDIA	Deve recordar as palavras SEM PISTAS	Rosto [ ]	Veludo [ ]	Igreja [ ]	Margarida [ ]	Vermelho [ ]	Pontuação apenas para evocação SEM PISTAS	__/5
OPCIONAL	Pista de categoria							
	Pista de múltipla escolha							

ORIENTAÇÃO [ ] Dia do mês [ ] Mês [ ] Ano [ ] Dia da semana [ ] Lugar [ ] Cidade __/6

© Z. Nasreddine MD www.mocatest.org
Versão experimental Brasileira: *Ana Luisa Rosas Sarmento*
Paulo Henrique Ferreira Bertolucci - José Roberto Wajman

(UNIFESP-SP 2007)

TOTAL
Adicionar 1 pt se ≤ 12 anos de escolaridade ____/30

Figura 1 *Montreal Cognitive Assessment* (MoCA).
Fonte: Freitas et al., 2013[3].

Quadro 3 Desenho do relógio

Dê uma folha de papel em branco e diga: "Desenhe um relógio com todos os números e coloque os ponteiros marcando 2h45"
10 – Hora certa
9 – Leve desordem nos ponteiros
8 – Distúrbios mais intensos nos ponteiros
7 – Ponteiros completamente errados
6 – Uso inapropriado (marcação digital)
5 – Números em ordem inversa, ou concentrados em alguma parte do relógio
4 – Números faltando ou situados fora dos limites do relógio
3 – Números e relógios não conectados, ausência de ponteiros
2 – Alguma evidência de ter entendido as instruções, mas pouca semelhança com relógio
1 – Não tentou ou não conseguiu representar o relógio

Fonte: Sunderland et al., 1989[6].

Informant Questionnaire on Cognitive Decline in the Elderly – versão brasileira (IQCODE-BR)

Em casos em que o paciente não tem condições de fornecer informações adequadas por doença grave, por nível de escolaridade muito baixa ou se recusar a cooperar, as avaliações cognitivas indiretas, realizadas por meio do cuidador, são de extrema importância para a prática clínica. Um teste de rastreio breve aplicado ao cuidador é o IQCODE-BR, que compara o paciente a ele mesmo há 10 anos. Ele possui duas versões: longa (IQCODE-L, 26 itens) (Quadro 4) e curta (IQCODE - S, 16 itens). O IQCODE-S tem os mesmos itens do IQCODE-L, porém exclui as questões 1, 2, 6, 11, 15, 16, 17, 18, 20 e 21. A versão curta mostrou resultados semelhantes aos da versão longa, sendo uma ferramenta de aplicação mais rápida. O escore final se dá pela soma dos resultados de todas as colunas, dividida pelo número de perguntas respondidas (excluindo-se as questões assinaladas como não se aplica ou não sabe), e pontuação entre 3,3 e 5 é considerada positiva. É um bom instrumento de diagnóstico na avaliação inicial, porém para acompanhamento perde poder estatístico, já que dificilmente ocorrem mudanças perceptíveis em curto espaço de tempo[7].

Quadro 4 *Informant Questionnaire on Cognitive Decline in the Elderly* – versão brasileira (IQCODE-BR)

"Gostaria que o(a) Senhor(a) recordasse o estado em que o Sr(a) X se encontrava há dez anos, em 20__, e o comparasse com seu estado atual. Descrevemos abaixo situações em que ele(a) tenha de usar a memória ou o raciocínio e eu gostaria que o(a) Sr(a) dissesse se, nesse aspecto, ele(a) melhorou, piorou, ou permaneceu na mesma nos últimos 10 anos. É muito importante comparar o desempenho atual do Sr(a) X com o de 10 anos atrás. Desse modo, se há dez anos ele(a) sempre se esquecia onde havia deixado as coisas e isso ainda acontece, então isto será considerado como "POUCA MUDANÇA". Diga-me, a seguir as mudanças que o(a) Senhor(a) observou."
Muito melhor (1) Um pouco melhor (2) Pouca mudança (3) Um pouco pior (4) Muito pior (5) Não sabe ou não se aplica
1. Lembrar de rostos de parentes e amigos
2. Lembrar dos nomes de parentes e amigos
3. Lembrar de fatos relacionados a parentes e amigos como, por exemplo, suas profissões, aniversários e endereços
4. Lembrar de acontecimentos recentes
5. Lembrar de conversas depois de poucos dias
6. No meio de uma conversa, esquecer o que ele(a) queria dizer
7. Lembrar do próprio endereço e telefone
8. Saber o dia e o mês em que estamos
9. Lembrar onde as coisas são geralmente guardadas
10. Lembrar onde encontrar coisas que foram guardadas em lugares diferentes daqueles em que costuma guardar
11. Adaptar-se a qualquer mudança no dia a dia
12. Saber utilizar aparelhos domésticos
13. Aprender a utilizar um novo aparelho existente na casa
14. Aprender coisas novas em geral
15. Lembrar das coisas que aconteceram na juventude
16. Lembrar de coisas que ele(a) aprendeu na juventude
17. Entender o significado de palavras pouco utilizadas
18. Entender o que é escrito em revistas e jornais
19. Acompanhar histórias em livros ou em programas de televisão
20. Escrever uma carta para amigos ou com fins profissionais

(continua)

Quadro 4 *Informant Questionnaire on Cognitive Decline in the Elderly* – versão brasileira (IQCODE-BR) (*continuação*)

21. Conhecer importantes fatos históricos
22. Tomar decisões no dia a dia
23. Lidar com dinheiro para as compras
24. Lidar com assuntos financeiros, por exemplo, aposentadoria e conta bancária
25. Lidar com outros cálculos do dia a dia, por exemplo, quantidade de comida a comprar, há quanto tempo não recebe visitas de parentes ou amigos
26. Usar sua inteligência para compreender e pensar sobre o que está acontecendo

INSTRUMENTOS DE AVALIAÇÃO FUNCIONAL

Questionário de Atividades Funcionais (QAF – Pfeffer)

Escalas funcionais que avaliam atividades instrumentais em conjunto com testes cognitivos permitem fazer diagnóstico de demência. O Questionário de Atividades Funcionais (Quadro 5) é um teste utilizado para a avaliação da funcionalidade por meio da independência para a realização das atividades instrumentais de vida diária. É aplicado com cuidador ou pessoa que tenha contato próximo com o paciente, logo, um instrumento de "avaliação indireta". É importante considerar apenas déficits relacionados à cognição. O teste contém dez itens com escore mínimo de 0 e máximo de 30 pontos. Escores de cinco ou mais pontos são indicativos de prejuízo de funcionalidade compatível com demência[8].

Escala de Atividades Instrumentais de Vida Diária (AIVD – Lawton e Brody)

A Escala de Atividades Instrumentais de Vida Diária de Lawton (Quadro 6) avalia a capacidade de uma pessoa para realizar tarefas como usar o telefone, lavar a roupa e lidar com as finanças. Avaliando oito domínios, a escala é aplicada ao acompanhante do paciente e pode durar de 10 a 15 minutos. O escore é obtido pela soma da pontuação de cada item. Pontuação igual a 21 indica independência total para atividades instrumentais de vida diária, e igual ou inferior a 5 indica dependência total[9].

Quadro 5 Questionário de Atividades Funcionais

Faz normalmente (0) Nunca fez, mas poderia fazer (0) Faz com dificuldade (1) Nunca fez e agora teria dificuldade (1) Necessita de ajuda (2) Não é capaz (3)						
1. Manuseia seu próprio dinheiro?	0	1	2	3	0	1
2. É capaz de comprar roupas, comida, coisas para a casa sozinho(a)?	0	1	2	3	0	1
3. É capaz de esquentar a água para o café e apagar o fogo?	0	1	2	3	0	1
4. É capaz de preparar uma refeição?	0	1	2	3	0	1
5. É capaz de manter-se em dia com as atualidades, com os acontecimentos da vizinhança?	0	1	2	3	0	1
6. É capaz de prestar atenção, entender e discutir um programa de televisão, um jornal ou revista?	0	1	2	3	0	1
7. É capaz de lembrar-se de compromissos, acontecimentos familiares e datas?	0	1	2	3	0	1
8. É capaz de manusear seus próprios remédios?	0	1	2	3	0	1
9. É capaz de passear pela vizinhança e encontrar o caminho de volta?	0	1	2	3	0	1
10. Pode ser deixado(a) em casa sozinho(a) de forma segura?	0	1	2	3	0	1

Escala de Avaliação Clínica da Demência – *Clinical Dementia Rating* (CDR)

A CDR avalia cognição e comportamento, além da influência das perdas cognitivas na capacidade de realizar adequadamente as atividades de vida diária, tendo caráter de teste de rastreio e devendo ser aplicada com alguém que convive próximo ao idoso e por um período longo. É dividida em seis categorias cognitivo-comportamentais: memória, orientação, julgamento ou solução de problemas, relações comunitárias, atividades no lar ou de lazer e cuidados pessoais (Tabela 2). Cada uma dessas seis categorias deve ser classificada em: 0 (nenhuma alteração); 0,5 (questionável); 1 (leve); 2 (moderada); e 3 (grave), exceto a categoria cuidados pessoais, que não tem o nível 0,5. A categoria memória é considerada a principal, ou seja, com maior significado, sendo as demais categorias secundárias. A classificação final da CDR é obtida pela análise dessas classificações por categorias, seguindo um conjunto de regras específicas

Quadro 6 Escala de Atividades Instrumentais de Vida Diária

	Resposta (pontuação)	
	Paciente é:	
1. Telefone	Capaz de ver os números, discar, receber e fazer ligações sem ajuda.	3
	Capaz de responder o telefone, mas necessita de um telefone especial ou de ajuda para encontrar os números ou para discar.	2
	Completamente incapaz no uso do telefone.	1
2. Viagens	Capaz de dirigir seu próprio carro ou viajar sozinho de ônibus ou táxi.	3
	Capaz de viajar exclusivamente acompanhado.	2
	Completamente incapaz de viajar.	1
3. Compras	Capaz de fazer compras, se fornecido transporte.	3
	Capaz de fazer compras, exclusivamente acompanhado.	2
	Completamente incapaz de fazer compras.	1
4. Preparo de refeições	Capaz de planejar e cozinhar refeições completas.	3
	Capaz de preparar pequenas refeições, mas incapaz de cozinhar refeições completas sozinho.	2
	Completamente incapaz de preparar qualquer refeição.	1
5. Trabalho doméstico	Capaz de realizar trabalho doméstico pesado (como esfregar o chão).	3
	Capaz de realizar trabalho doméstico leve, mas necessita de ajuda nas tarefas pesadas.	2
	Completamente incapaz de realizar qualquer trabalho doméstico.	1
6. Medicações	Capaz de tomar os remédios na dose e na hora certas.	3
	Capaz de tomar remédios, mas necessita de lembretes ou de alguém que os prepare.	2
	Completamente incapaz de tomar remédios sozinho.	1
7. Dinheiro	Capaz de administrar necessidades de compra, preencher cheques e pagar contas.	3
	Capaz de administrar necessidades de compra diária, mas necessita de ajuda com cheques e no pagamento de contas.	2
	Completamente incapaz de administrar dinheiro.	1

Tabela 2 Escala de Avaliação Clínica da Demência – *Clinical Dementia Rating* (CDR)

Item	Resposta (pontuação)				
	Nenhum (0)	Questionável (0,5)	Leve (1)	Moderado (2)	Grave (3)
Memória	Sem perda de memória ou perda leve e inconstante.	Esquecimento constante, recordação parcial de eventos.	Perda de memória moderada, mais para eventos recentes, atrapalha as atividades de vida diária.	Perda grave de memória, apenas assunto altamente aprendido é recordado.	Perda de memória grave. Apenas fragmentos são recordados.
Orientação	Completa orientação.	Completamente orientado com dificuldade leve em relação ao tempo.	Dificuldade moderada com relação ao tempo, orientado em áreas familiares.	Dificuldade grave com relação ao tempo, desorientado quase sempre no espaço.	Apenas orientado em relação a pessoas.
Julgamento e solução de problemas	Resolve problemas diários, como problemas financeiros; julgamento preservado.	Dificuldade leve para solucionar problemas, similaridades e diferenças.	Dificuldade moderada em lidar com problemas, similaridades e diferenças, julgamento social mantido.	Dificuldade séria em lidar com problemas, similaridades e diferenças, julgamento social danificado.	Incapaz de fazer julgamento ou resolver problemas.
Relações comunitárias	Função independente no trabalho, compras, grupos sociais.	Leve dificuldade nessas tarefas.	Não é independente nessas atividades, parece normal em uma inspeção casual.	Não há independência fora de casa, parece bem o bastante para ser levado fora de casa.	Parece muito doente para ser levado a atividades fora de casa.
Lar e passatempos	Vida em casa, passatempos e interesses intelectuais bem mantidos.	Vida em casa, passatempos, interesses intelectuais levemente prejudicados.	Prejuízo suave em tarefas em casa, tarefas mais difíceis, passatempos e interesses abandonados.	Apenas tarefas simples são preservadas, interesses muito restritos e pouco mantidos.	Sem função significativa em casa.
Cuidados pessoais	Completamente capaz de cuidar-se.	Completamente capaz de cuidar-se.	Necessita de ajuda.	Requer assistência ao vestir-se, para higiene.	Muita ajuda para cuidados pessoais, incontinências frequentes.

Fonte: Montaño et al., 2005[10].

(Quadro 7). O instrumento *on-line* para o estadiamento da demência pela CDR está disponível na página da Universidade de Washington[10].

Quadro 7 *Pontuação da* Avaliação Clínica da Demência – *Clinical Dementia Rating*

1- M = 2 ou mais Sec; CDR = M. Exceto: 2- M = 0; 2 Sec = M e 3 Sec = 0; CDR = 0,5.
Outras situações: 3- M = 0,5; demais Sec = 0; CDR = 0,5 4- M ≥ 1; demais Sec < 1; CDR = 0,5 5- M = 1 Sec; 2 Sec < M; 2 Sec > M; CDR = M 6- M > 2 Sec e < 3 Sec; CDR = M 7- M < 2 Sec e > 3 Sec; CDR = M 8- M < ou > 4 Sec
CDR = maioria das Sec, exceto quando as categorias forem 0 e M = 0,5.
M: memória; CDR: classificação final, 0 = normal, 0,5 = questionável, 1 = leve, 2 = moderada e 3 = grave; Sec: categorias secundárias: orientação, julgamento e solução de problemas, relações comunitárias, lar e passatempos, cuidados pessoais.

Fonte: Montaño et al., 2005[10].

Índice de Katz

O Índice de Katz é um instrumento de avaliação funcional das atividades básicas de vida diária. Avalia a independência no desempenho de seis funções: banho, vestir-se, higiene pessoal, transferência, continência e alimentação (Quadro 8). Escore de 6 indica independência, 4, dependência moderada, e 2 ou menos, muito dependente.

Quadro 8 Índice de Katz

Atividade	Independência	Sim	Não
Banho	Não recebe assistência ou recebe em apenas uma parte do corpo.		
Vestir-se	Escolha as roupas e se veste sem nenhum auxílio, exceto para calçar sapatos.		
Higiene pessoal	Vai ao banheiro, usa-o, higieniza-se e veste-se sem auxílio (pode usar bengala ou andador como apoio).		
Transferência	Consegue sentar-se e levantar-se, deitar-se e levantar-se sem ajuda (pode usar bengala ou andador).		
Continência	Tem autocontrole do intestino e da bexiga (sem acidentes ocasionais).		
Alimentação	Alimenta-se sem ajuda, exceto para cortar carne ou passar manteiga no pão.		

INSTRUMENTOS DE AVALIAÇÃO DE HUMOR

Escala de Depressão Geriátrica – 15 (*Geriatric Depression Scale* - GDS-15)

A GDS é um instrumento utilizado na avaliação de depressão em pacientes geriátricos. A aplicação da escala é bastante simples. A Tabela 3 apresenta a versão da GDS-15 composta por 15 perguntas, em que as respostas são sim ou não e a pontuação varia de acordo com a questão. Pontuação maior ou igual a 5 indica rastreamento positivo para depressão[11].

Tabela 3 Escala de Depressão Geriátrica – 15 (GDS-15)

1. Está satisfeito(a) com sua vida?	Não (1)	Sim (0)
2. Diminuiu a maior parte de suas atividades e interesses?	Não (0)	Sim (1)
3. Sente que a vida está vazia?	Não (0)	Sim (1)
4. Aborrece-se com frequência?	Não (0)	Sim (1)
5. Sente-se de bem com a vida na maior parte do tempo?	Não (1)	Sim (0)
6. Teme que algo ruim possa lhe acontecer?	Não (0)	Sim (1)
7. Sente-se feliz na maior parte do tempo?	Não (1)	Sim (0)
8. Sente-se frequentemente desamparado(a)?	Não (0)	Sim (1)
9. Prefere ficar em casa a sair e fazer coisas novas?	Não (0)	Sim (1)
10. Acha que tem mais problemas de memória que a maioria?	Não (0)	Sim (1)
11. Acha que é maravilhoso estar vivo agora?	Não (1)	Sim (0)
12. Vale a pena viver como vive agora?	Não (1)	Sim (0)
13. Sente-se cheio(a) de energia?	Não (1)	Sim (0)
14. Acha que sua situação tem solução?	Não (1)	Sim (0)
15. Acha que tem muita gente em situação melhor?	Não (0)	Sim (1)

Escala Cornell de Depressão em Demência

É uma escala utilizada para quantificar sintomas depressivos em pacientes com demência. Pode ser aplicada para fins diagnósticos, sendo capaz de detectar depressão em qualquer estágio da demência. É um instrumento de observação clínica que avalia o período em relação à semana anterior à aplicação do teste. Deve ser preenchida por profissional de saúde treinado, a partir da entrevista com o cuidador ou acompanhante e com o paciente, além da observação clínica. Composta por 19 itens que avaliam cinco domínios, cada item pode ser pontuado de 0 a 2, a depender da intensidade do sintoma apresentado (Quadro 9). Não devem ser pontuados os sintomas resultantes da

Quadro 9 Escala de Depressão em Demência

Resposta (pontuação) Não avaliável (A); Ausente (0); Leve ou intermitente (1); Grave ou severo (2)					
Sintomas relativos ao humor	Ansiedade, expressão ansiosa, ruminações, preocupações.	A	0	1	2
	Tristeza, expressão triste, voz triste, choro.	A	0	1	2
	Ausência de reação a eventos agradáveis.	A	0	1	2
	Irritabilidade, facilidade em ficar contrariado, humor lábil.	A	0	1	2
Distúrbios do comportamento	Agitação, não consegue ficar no lugar, se contorce, puxa os cabelos.	A	0	1	2
	Lentidão psicomotora; dos movimentos, da fala, das reações.	A	0	1	2
	Numerosas queixas somáticas (anotar ausente se somente sintomas gastrointestinais).	A	0	1	2
	Perda de interesse, menor implicação nas atividades habituais (anotar apenas se mudança aconteceu de forma rápida, em menos de 1 mês).	A	0	1	2
Sintomas somáticos	Perda do apetite, come menos que usualmente.	A	0	1	2
	Perda de peso (anotar grave se superior a 2,5 kg em 1 mês).	A	0	1	2
	Falta de energia, se cansa facilmente, incapaz de sustentar uma atividade (anotar apenas se a mudança ocorreu de forma rápida, em menos de 1 mês).	A	0	1	2
Funções cíclicas	Variações de humor durante o dia, sintomas mais acentuados pela manhã.	A	0	1	2
	Dificuldades para dormir, dorme mais tarde do que usualmente.	A	0	1	2
	Despertar noturno frequente.	A	0	1	2
	Despertar matinal precoce, mais cedo que usualmente.	A	0	1	2
Perturbações do pensamento	Sente que não vale a pena viver, deseja morrer ou fez tentativa de suicídio.	A	0	1	2
	Culpabiliza-se, deprecia-se, tem sentimento de fracasso.	A	0	1	2
	Antecipação do pior.	A	0	1	2
	Delírios de ruína, hipocondríacos ou de perda.	A	0	1	2

incapacidade física ou doença. Pontuação maior ou igual a 8 indica provável presença de depressão[12].

OUTRAS

Confusion Assessment Method (CAM)

O *delirium*, ou estado confusional agudo, representa quadro de confusão mental aguda transitória, marcada por perturbação da consciência, agitação psicomotora e alterações do padrão do sono e vigília, com forte influência no prognóstico do paciente, necessitando de identificação o mais breve possível. O diagnóstico é feito pela aplicação do CAM, ferramenta composta por quatro itens (Quadro 10), com respostas sim/não, ao observar o paciente, podendo ser aplicado com o auxílio de algum familiar, enfermeiro ou acompanhante. Para o diagnóstico de *delirium* é necessária a presença dos itens 1 e 2, associados com a presença de 3 ou 4[13].

Quadro 10 *Confusion Assessment Method* (CAM)

	Respostas	
	Sim	Não
1- Início agudo e evolução flutuante • "Há evidência de mudança do estado mental basal?" • "A alteração do comportamento variou durante o dia, ou seja, apareceu/desapareceu ou variou de intensidade?" (Pode ser coletada com familiar/enfermeiro/acompanhante.)		
2- Inatenção • "Dificuldade de atenção/concentração, sendo facilmente distraído ou tendo dificuldades em manter o entendimento do que está sendo dito?"		
3- Pensamento desorganizado • "Pensamento do paciente desorganizado ou incoerente, com fluxo de ideias ilógico, ou mudança de assunto de forma imprevisível."		
4- Nível de consciência alterado • "Qualquer nível de consciência exceto alerta". Normal = alerta Vigilante = hiper alerta Letárgico = sonolento, facilmente despertado Estupor = dificuldade em despertar Coma = não despertável		

Fonte: Moraes et al., 2001[13].

Escala de Estadiamento Funcional (*Functional Assessment Staging* - FAST)

É uma escala de avaliação da progressão da doença de Alzheimer, fornecendo ideia da gravidade e evolução durante o curso da doença. É feita por meio da observação do paciente e com perguntas ao cuidador. A escala é composta de sete níveis funcionais distribuídos em ordem crescente de gravidade, de acordo com a capacidade cognitiva e funcional do paciente (Quadro 11).

Quadro 11 Escala de Estadiamento Funcional (FAST)

Estágio		Características	Diagnóstico
1		Sem perda de função	Idoso normal
2		Dificuldade subjetiva para encontrar palavras ou de lembrar-se onde se encontram os objetos	Idoso normal
3		Dificuldades observadas em atividades profissionais complexas	Compatível com demência incipiente
4		Requer auxílio em tarefas complexas (cuidar de finanças, planejar um jantar)	Demência leve
5		Requer auxílio na escolha do traje adequado	Demência moderada
6	A	Requer auxílio para vestir-se	Demência moderada-grave
	B	Requer auxílio para banhar-se adequadamente	Demência moderada-grave
	C	Requer auxílio com as atividades mecânicas de "toalete" (puxar a descarga e enxugar-se)	Demência moderada-grave
	D	Incontinência urinária	Demência moderada-grave
	E	Incontinência fecal	Demência moderada-grave
7	A	Fala restrita a cerca de meia dúzia de palavras por dia	Demência grave
	B	Vocabulário inteligível limitado a uma única palavra por dia	Demência grave
	C	Incapacidade de andar	Demência grave
	D	Incapacidade de sentar-se na cama	Demência grave
	E	Incapacidade de sorrir	Demência grave
	F	Incapacidade de manter a cabeça ereta	Demência grave

APGAR familiar

Um ambiente familiar saudável e equilibrado é essencial para a manutenção da qualidade de vida de seus membros, e, para a sua avaliação, Smilkstein desenvolveu, em 1978, um teste de *screnning* sobre tal funcionamento, o APGAR familiar (Quadro 12). O teste, que pode ser aplicado em qualquer indivíduo adulto com cognição preservada, avalia satisfação subjetiva com o cuidado recebido por meio de cinco itens: *Adaptation* (adaptação às necessidades), *Partnership* (reciprocidade e companheirismo), *Growth* (liberdade e desenvolvimento emocional), *Affection* (intimidade e afetividade) e *Resolve* (capacidade resolutiva). Somatório de 0 a 4 pontos indica elevada disfuncionalidade, com maior sofrimento ao indivíduo que responde ao teste; 5 e 6 pontos indicam moderada disfuncionalidade; e 7 a 10 pontos demonstram boa funcionalidade familiar[14].

Quadro 12 APGAR familiar

	Resposta (pontuação)		
	Sempre (2)	Algumas vezes (1)	Nunca (0)
Estou satisfeito(a), pois posso recorrer à minha família em busca de ajuda quando alguma coisa está me incomodando ou preocupando.	2	1	0
Estou satisfeito(a) com a maneira pela qual minha família e eu conversamos e compartilhamos os problemas.	2	1	0
Estou satisfeito(a) com a maneira como minha família aceita e apoia meus desejos de iniciar ou buscar novas atividades e procurar novos caminhos ou direções.	2	1	0
Estou satisfeito(a) com a maneira pela qual minha família demonstra afeição e reage às minhas emoções, tais como raiva, mágoa ou amor.	2	1	0
Estou satisfeito(a) com a maneira pela qual minha família e eu compartilhamos o tempo juntos.	2	1	0

Fonte: Duarte e Domingues, 2020[15].

Sobrecarga do Cuidador (Escala de Zarit)

O cuidado de pessoas idosas dependentes muitas vezes é feito por parente ou cuidador. Estes, frequentemente, não têm preparo formal para essa tarefa, fazendo-a, em muitos casos, de maneira ininterrupta. Isso leva a uma influência negativa na própria qualidade de vida do cuidador, que se sente sobrecarregado, e culmina no cuidado inadequado do idoso. Para avaliar esse aspecto, foi criada a Escala de Sobrecarga do Cuidador (Quadro 13), um questionário com 22 questões a ser aplicado ao cuidador, longe do idoso, sendo importante salientar que não existem respostas certas ou erradas. Escore 0 a 20: ausência de sobrecarga; 21 a 40: sobrecarga leve a moderada; 41 a 60: sobrecarga moderada a grave; 61 a 88: sobrecarga grave. Pontuações mais altas têm influência negativa no binômio paciente-cuidador.

Quadro 13 Sobrecarga do Cuidador

Resposta (pontuação) Nunca (0) ; Raramente (1); Algumas vezes (2); Frequentemente (3); Sempre (4)					
O Sr./Sra. sente que (o idoso o qual é cuidado) pede mais ajuda do que ele(a) necessita?	0	1	2	3	4
O Sr./Sra. sente que por causa do tempo que gasta com (o idoso o qual é cuidado), o Sr./Sra. não tem tempo suficiente para si mesmo(a)?	0	1	2	3	4
O Sr./Sra. se sente estressado(a) entre cuidar de (o idoso o qual é cuidado) e suas outras responsabilidades com a família e o trabalho?	0	1	2	3	4
O Sr./Sra. se sente envergonhado(a) com o comportamento de (o idoso o qual é cuidado)?	0	1	2	3	4
O Sr./Sra. se sente irritado(a) quando (o idoso o qual é cuidado) está por perto?	0	1	2	3	4
O Sr./Sra. sente que (o idoso o qual é cuidado) afeta negativamente seus relacionamentos com outros membros da família ou amigos?	0	1	2	3	4
O Sr./Sra. sente receio pelo futuro de (o idoso o qual é cuidado)?	0	1	2	3	4

(continua)

Quadro 13 Sobrecarga do Cuidador (*continuação*)

O Sr./Sra. sente que (o idoso o qual é cuidado) depende do Sr./Sra.?	0	1	2	3	4
O Sr./Sra. se sente tenso(a) quando (o idoso o qual é cuidado) está por perto?	0	1	2	3	4
O Sr./Sra. sente que a sua saúde foi afetada por causa do seu envolvimento com (o idoso o qual é cuidado)?	0	1	2	3	4
O Sr./Sra. sente que não tem tanta privacidade como gostaria, por causa de (o idoso o qual é cuidado)?	0	1	2	3	4
O Sr./Sra. sente que a sua vida social tem sido prejudicada porque está cuidando de (o idoso o qual é cuidado)?	0	1	2	3	4
O Sr./Sra. não se sente à vontade em ter visitas em casa, por causa de (o idoso o qual é cuidado)?	0	1	2	3	4
O Sr./Sra. sente que (o idoso o qual é cuidado) espera que o Sr./Sra. cuide dele/dela, como se o Sr./Sra. fosse a única pessoa de quem ele(a) pode depender?	0	1	2	3	4
O Sr./Sra. sente que não tem dinheiro suficiente para cuidar de (o idoso o qual é cuidado), somando-se as suas outras despesas?	0	1	2	3	4
O Sr./Sra. sente que será incapaz de cuidar de (o idoso o qual é cuidado) por muito mais tempo?	0	1	2	3	4
O Sr./Sra. sente que perdeu o controle da sua vida desde a doença de (o idoso o qual é cuidado)?	0	1	2	3	4
O Sr./Sra. gostaria de simplesmente deixar que outra pessoa cuidasse de (o idoso o qual é cuidado)?	0	1	2	3	4
O Sr./Sra. se sente em dívida sobre o que fazer por (o idoso o qual é cuidado)?	0	1	2	3	4

(continua)

Quadro 13 Sobrecarga do Cuidador (*continuação*)

O Sr./Sra. sente que deveria estar fazendo mais por (o idoso o qual é cuidado)?	0	1	2	3	4
O Sr./Sra. sente que poderia cuidar melhor de (o idoso o qual é cuidado)?	0	1	2	3	4
De uma maneira geral, quanto o Sr./Sra. se sente sobrecarregado(a) por cuidar de (o idoso o qual é cuidado)?	0 (nem um pouco)	1 (um pouco)	2 (moderadamente)	3 (muito)	4 (extremamente)

Fonte: Scazufca, 2002[16].

Escala de Hachinski

Alterações cognitivas podem ser secundárias a patologias vasculares, e, em suas fases iniciais, podem ser de difícil diferenciação em relação aos quadros secundários à doença de Alzheimer, sendo, então, necessária acurácia diagnóstica para tratamento e prevenção de complicações em caráter adequado. Para auxiliar em tal objetivo, foi criada a Escala de Hachinski, método de avaliação da história clínica do paciente e pontuação de evolução de acordo com o Quadro 14). Pontuação total igual ou menor a 4 indica possível quadro demencial associado à doença de Alzheimer; pontuação de 5 ou 6, possível causa mista; e igual ou maior a 7, quadro demencial de possível origem vascular.

Quadro 14 Escala de Hachinski

	Pontuação		Pontuação
Início súbito	2	Incontinência emocional	1
Deterioração em escada	1	História de hipertensão arterial	1
Curso flutuante	2	História de AVC	2
Confusão noturna	1	Evidência de aterosclerose associada	1
Preservação relativa da personalidade	1	Sintomas neurológicos focais	2
Depressão	1	Sinais neurológicos focais	2
Queixas somáticas	1	Total	

Fonte: André, 1998[17].

Questionário do Inventário Neuropsiquiátrico

Questionário desenvolvido para ser aplicado, inicialmente, em cuidadores de pacientes portadores de demências. Atualmente, pode também ser utilizado em outras patologias neuropsiquiátricas que levam a transtornos de comportamento. É um questionário autoaplicável com 12 perguntas sobre a intensidade de estresse gerado no cuidador em sintomas que ocorreram nos últimos 30 dias, secundários à patologia de base do paciente (Quadro 15). Não possui nota de corte, mas pontuações mais altas estão relacionadas com a maior intensidade dos sintomas[18].

Quadro 15 Questionário do Inventário Neuropsiquiátrico

	Gravidade do sintoma Leve (1) Moderada (2) Intensa (3)			**Grau do desgaste** Nenhum (0) Mínimo (1) Pequeno (2) Moderado (3) Acentuado (4) Extremo (5)					
Delírios Sim ( ) Não ( )	1	2	3	0	1	2	3	4	5
O paciente acredita em coisas que você sabe não serem reais? Por exemplo, insiste que alguém está tentando fazer-lhe mal ou roubá-lo? Afirma que seus parentes não são quem dizem ser ou que a casa onde mora não é a sua?									
Alucinações Sim ( ) Não ( )	1	2	3	0	1	2	3	4	5
O paciente vê ou ouve coisas? Parece ver, ouvir ou sentir coisas que não estão presentes?									
Agitação ou agressão Sim ( ) Não ( )	1	2	3	0	1	2	3	4	5
O paciente passa por períodos em que ele se recusa a cooperar ou não deixa que os outros o ajudem? É difícil lidar com ele?									
Depressão ou disforia Sim ( ) Não ( )	1	2	3	0	1	2	3	4	5
O paciente parece triste ou deprimido? Diz sentir-se triste ou deprimido?									
Ansiedade Sim ( ) Não ( )	1	2	3	0	1	2	3	4	5
O paciente é muito nervoso, preocupado ou assustado sem razão aparente? Parece muito tenso e inquieto? Tem medo de ficar longe de você?									

(continua)

Quadro 15 Questionário do Inventário Neuropsiquiátrico (*continuação*)

	Gravidade do sintoma Leve (1) Moderada (2) Intensa (3)			**Grau do desgaste** Nenhum (0) Mínimo (1) Pequeno (2) Moderado (3) Acentuado (4) Extremo (5)					
Elação ou euforia Sim ( ) Não ( )	1	2	3	0	1	2	3	4	5
O paciente parece muito animado ou feliz sem razão aparente?									
Apatia ou indiferença Sim ( ) Não ( )	1	2	3	0	1	2	3	4	5
O paciente perdeu o interesse pelo mundo à volta? Perdeu interesse em fazer coisas ou lhe falta motivação para dar início a atividades novas? Tem sido mais difícil engajá-lo em conversas ou afazeres cotidianos? Anda apático ou indiferente?									
Desinibição Sim ( ) Não ( )	1	2	3	0	1	2	3	4	5
O paciente parece agir impulsivamente, sem pensar? Tem feito ou dito coisas que não são feitas ou ditas em público? Tem feito coisas constrangedoras para você ou para os outros?									
Irritabilidade ou labilidade Sim ( ) Não ( )	1	2	3	0	1	2	3	4	5
O paciente fica irritado e se perturba com facilidade? Seu humor varia muito? Está anormalmente impaciente?									
Distúrbio motor Sim ( ) Não ( )	1	2	3	0	1	2	3	4	5
O paciente perambula a esmo, faz coisas repetidas como abrir e fechar gavetas ou armários, remexe as coisas à sua volta repetidamente ou fica dando nós em fios e barbantes?									
Sono Sim ( ) Não ( )	1	2	3	0	1	2	3	4	5
O paciente tem dificuldade para dormir (não considere se apenas levanta uma ou duas vezes à noite para ir ao banheiro e volta a dormir)? Fica de pé à noite? Perambula à noite, se veste ou perturba seu sono?									
Apetite e alimentação Sim ( ) Não ( )	1	2	3	0	1	2	3	4	5
O paciente apresentou algum distúrbio do apetite, peso ou mudança alimentar (considere NA (não se aplica) se estiver incapacitado e precisar ser alimentado)? Houve alguma diferença em suas preferências alimentares?									

Fonte: Camozzato et al., 2015[18].

REFERÊNCIAS BIBLIOGRÁFICAS

1. Bertolucci PHF, Brucki SMD, Campacci SR, Juliano Y. O mini-exame do estado mental em uma população geral impacto da escolaridade. Arq Neuropsiq. 1994;52(1):1-7.
2. Brucki SMD, Nitrini R, Caramelli P, Bertolucci PHF, Okamoto IH. Sugestões para o uso do mini--exame do estado mental no Brasil. Arq Neuro-Psiquiatr. 2003;61(3B).
3. Freitas S, Simões MR, Alves L, Santana I. Montreal cognitive assessment: validation study for mild cognitive impairment and Alzheimer disease. Alzheimer Dis Assoc Disord. 2013;27(1):37-43.
4. Nitrini R, Lefèvre BH, Mathias SC, Carameli P, Carrilho PEM, Sauaia N, et al. Testes neuropsicológicos de aplicação simples para o diagnóstico de demência. Arq Neuropsiquiatr. 1994;52:457-65.
5. Alves Lourenço R, Atalaia-Silva KC. Tradução, adaptação e validação de construto do Teste do Relógio aplicado entre idosos no Brasil. In: Translation, adaptation and construct validation of the Clock Test among elderly in Brazil RESUMO. Rev Saúde Pública. 2008;42.
6. Sunderland T, Hill JL, Mellow AM, Lawlor BA, Gundersheimer J, Newhouse PA, et al. Clock drawing in Alzheimer's disease: a novel measure of dementia severity. J Am Geriatr Soc. 1989;37(8):725-9.
7. Sanchez ASCM, Sanchez ASM, Alves Lourenço R. Informant Questionnaire on Cognitive Decline in the Elderly (IQCODE): adaptação transcultural para uso no Brasil Informant Questionnaire on Cognitive Decline in the Elderly (IQCODE): cross-cultural adaptation for use in Brazil. Cad Saúde Pública. 2009;25(7).
8. Santos Sanchez MA, Correa PCR, Lourenço RA. Cross-cultural adaptation of the "Functional Activities Questionnaire – FAQ" for use in Brazil. Dementia e Neuropsychologia. 2011;5(4):322-7.
9. Lopes dos Santos R, Sindra Virtuoso Júnior J. Confiabilidade da versão brasileira da escala de atividades instrumentais da vida diária. RBPS. 2008;21.
10. Montaño BM, Ramos LR. Validade da versão em português da Clinical Dementia Rating Validity of the Portuguese version of Clinical Dementia Rating. Rev Saúde Pública. 2005;39.
11. Paradela EMP, Lourenço RA, Veras RP. Validação da escala de depressão geriátrica em um ambulatório geral. Rev Saúde Pública. 2005;39(6).
12. Carthery-Goulart MT, Areza-Fegyveres R, Schultz RR, Okamoto I, Caramelli P, Henrique P, et al. Versão Brasileira da escala Cornell de depressão em demência (cornell depression scale in dementia). Arq Neuropsiquiatr. 2007;65.
13. Moraes R, Fabbri A, Moreira MA, Garrido R, Almeida OP. Validity and reliability of the portuguese version of the confusion assessment method (CAM) for the detection of delirium in the elderly. Arq Neuropsiquiatr. 2001;59.
14. Accioly M, Domingues RC, Nascimento Ordonez T, Bento T, Paula LS, Nagai A, et al. Systematic review of instruments for assessing social support network for elderly people. Revista Temática Kairós Gerontologia. 2012;15(6):333-54.
15. Duarte YAO, Domingues MAR. Rede de suporte social e envelhecimento: instrumento de avaliação. São Paulo: Blucher; 2020.
16. Scazufca M. Brazilian version of the Burden Interview scale for the assessment of burden of care in carers of people with mental illnesses. Rev Bras Psiquiatr.2002;24(1):12-7.
17. André C. Demência vascular: dificuldades diagnósticas e tratamento. Arq Neuropsiquiatr. 1998;56(3):498-510.
18. Camozzato AL, Godinho C, Kochhann R, Massochini G, Chaves ML. Validity of the Brazilian version of the Neuropsychiatric Inventory Questionnaire (NPI-Q). Arquivos de Neuro-Psiquiatria. 2015;73(1):41-5.
19. Malcher CMSR. Avaliação global do idoso na atenção primária. Curso de especialização em saúde da família. Una-SUS; 2020.

20. Labanca L, Guimarães FS, Costa-Guarisco LP, Couto EAB, Gonçalves DU. Triagem auditiva em idosos: Avaliação da acurácia e reprodutibilidade do teste do sussurro. Ciência e Saúde Coletiva. 2017;22(11):3589-98.
21. Moreira MMG, Pereira RMS. Desempenho de idosos brasileiros no teste de deglutição de 100 ml de água. In: Performance of Brazilian elderly on the 100 ml water swallowing test. Rev Soc Bras Fonoaudiol. 2012;17.
22. Larner AJ. Mini-cog versus codex (Cognitive disorders examination) is there a difference? Dementia e Neuropsychologia. 2020;14(2):128-33.
23. Batistoni S, Néri A, Cupertino A. Validade e confiabilidade da versão brasileira da Center for Epidemiological Scale – Depression (CES-D) em idosos brasileiros. Psico USF. 2010;15(1):13-22.
24. Bertolucci P, Okamoto I, Brucki S, Siviero M, Neto J, Ramos L. Applicability of the CERAD neuropsychological battery to Brazilian elderly. Arq Neuro-Psiquiatr. 2001;56(3a):532-6.
25. Minosso JSM, Amendola F, Alvarenga MRM, Oliveira MAC, et al. Validação, no Brasil, do Índice de Barthel em idosos atendidos em ambulatórios. Acta Paul Enferm. 2010;23(2).
26. Schultz RR, Siviero MO, Bertolucci PHF. ADAS-Cog in a Brazilian sample. Braz J Med Biological Res. 2001;34.
27. Forlenza OV, Radanovic M, Aprahamian I. Neuropsiquiatria geriátrica. 2.ed. São Paulo: Atheneu; 2014.
28. Miguel EC, Lafer B, Elkis H, Forlenza OV. Clínica psiquiátrica: as grandes síndromes psiquiátricas, vol. 2, 2.ed. Barueri: Manole; 2021.

2
Depressão geriátrica

Jéssica Formiga e Silva
Júlia Cunha Loureiro
Marcos Vasconcelos Pais

INTRODUÇÃO

A depressão em idosos, infelizmente, é muitas vezes considerada parte integrante da vida, sendo sub-reconhecida. Estima-se que 50% dos casos não são diagnosticados.

O transtorno depressivo é responsável pela redução da qualidade de vida dos pacientes acometidos e, muitas vezes, de seus familiares. Para os idosos, representa ainda a aceleração da perda de autonomia e habilidade para a realização de atividades de vida diária sem assistência.

Neste capítulo, depressão geriátrica e depressão tardia serão consideradas sinônimos, representando transtorno depressivo maior que cursa em idosos. Podem incluir pacientes com início precoce e tardio. Embora não haja consenso com relação ao *cut off*, a maioria dos autores define depressão de início tardio quando há sintomas iniciados após 60 a 65 anos.

EPIDEMIOLOGIA

Estimar a prevalência de depressão em idosos é desafiador. Além das limitações metodológicas, há variabilidade de nomenclatura e definições de depressão tardia e de mensuração. Uma metanálise de 2021 com 42 estudos identificou prevalência média de 31,74%, tendo variado de 7,7%, em um estudo da Malásia e Austrália, a 81,1%, na Índia. Esse estudo ainda identificou diferença significativa entre a prevalência média de depressão geriátrica em países desenvolvidos (17,05%) e em países em desenvolvimento (40,78%). No Brasil, uma metanálise de 2010 indicou prevalência estimada entre 3 e 15% de depressão maior e de 13 a 39% de sintomas depressivos clinicamente significativos.

Alguns fatores estão associados a um maior risco de ocorrência de depressão geriátrica, como: sexo feminino; idade avançada; ser solteiro ou divorciado; baixa escolaridade; desemprego; baixa renda; baixa autoestima; histórico de experiências traumáticas na infância; solidão; isolamento; luto; comprometimento cognitivo; uso de substâncias; história prévia de depressão, entre outros.

ETIOPATOGENIA

Um modelo de depressão tardia postula que os sintomas depressivos são a expressão clínica de disfunção em redes de recompensa, saliência e controle cognitivo. Anormalidades em redes sobrepostas e/ou distintas dentro do sistema frontolímbico podem funcionar como fatores predisponentes, facilitando as anormalidades funcionais que medeiam a expressão da depressão, promovendo cronicidade e recaída.

Com relação à etiologia, fatores genéticos, envelhecimento e processos patológicos como inflamação, doença vascular, acúmulo de amiloide e outros podem promover diretamente a disfunção das redes de recompensa, saliência e controle cognitivo ou comprometer as redes frontolímbicas, predispondo à depressão.

Problemas médicos e psicossociais (tais como dor, desemprego, aposentadoria, divórcio/viuvez, isolamento social etc.) são estressores que podem levar a respostas inflamatórias, supressão de neurogênese, promoção de atrofia dendrítica apical no córtex pré-frontal medial e conectividade funcional alterada. Diretamente, essas respostas ao estresse podem causar disfunção nas redes de recompensa, saliência e controle cognitivo, promovendo anormalidades frontolímbicas e predispondo à depressão, ou acelerando o envelhecimento e processos patológicos que servem como fatores etiológicos para depressão diretamente (p. ex., alostase). De forma indireta, podem atuar por negligência da saúde. A Figura 1 ilustra esse raciocínio.

QUADRO CLÍNICO

A depressão tem um curso insidioso e, muitas vezes, dificilmente é reconhecida pelo paciente, pelos familiares e até mesmo por profissionais envolvidos no cuidado do idoso.

Idosos podem cursar com depressão sem tristeza, apresentando retraimento, apatia e falta de vigor. Podem ser mais propensos a se concentrar em questões somáticas. Apesar de não fazer parte dos critérios diagnósticos, é frequentemente associada a comprometimento cognitivo.

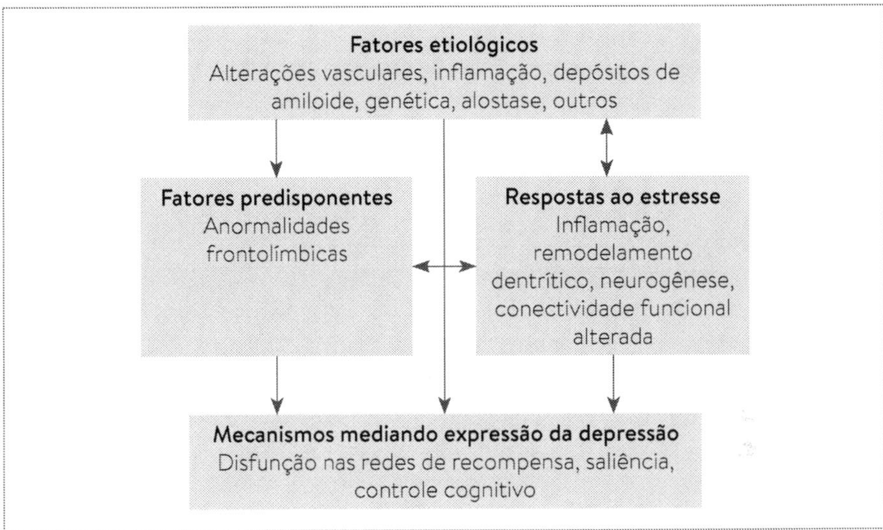

Figura 1 Adaptada de Alexopoulos, 2019[1].

Em casos de depressão psicótica, os delírios costumam ter temas como: culpa, hipocondria, niilismo, persecutoriedade e ciúmes.

Pode estar relacionada com síndromes depressivas específicas, como a depressão vascular (Tabela 1) e a síndrome da disfunção executiva da depressão (SDED). Esta última se apresenta clinicamente com anedonia, retardo psicomotor, incapacidade funcional, falta de *insight* e desconfiança. A ideação depressiva é menos proeminente. Cognitivamente, há prejuízo na fluência verbal, inibição de resposta, resolução de novos problemas, flexibilidade cognitiva, memória de trabalho e/ou planejamento ideomotor.

Tabela 1 Hipótese da depressão vascular

Quadro clínico	Início na depressão de forma tardia ou piora do curso da depressão de início precoce após o início da doença vascular.
	Retardo psicomotor, anedonia, falta de *insight*, incapacidade funcional. Menos sentimento de culpa.
	Fatores de risco cardiovasculares, rigidez arterial, placas carotídeas.
	Comprometimento cognitivo, incluindo disfunção executiva, a depender da localização e da extensão das lesões.
	Resposta pobre ou lenta aos antidepressivos.
Neuroimagem estrutural	Hiperintensidades na substância cinzenta subcortical, substância branca profunda ou áreas periventriculares.

A depressão tardia, quando comparada com a depressão que se desenvolve em uma idade mais precoce, costuma ter pior prognóstico, com curso mais crônico e maior taxa de recaídas, comorbidades médicas, comprometimento cognitivo e mortalidade. Apresenta relação bidirecional com a fragilidade em idosos.

Apesar de algumas discordâncias, de forma geral, idosos com depressão de início tardio, quando comparados com os depressão de início precoce, são menos propensos a ter história familiar positiva para transtornos afetivos e mais propensos a manifestar alterações estruturais do sistema nervoso central, maior comprometimento em testes neuropsicológicos e prevalência de demência, além de mais comprometimento auditivo neurossensorial.

Nem todos os estudos mostram diferenças em sintomatologia quando comparam idosos e jovens deprimidos, com achados inconsistentes, provavelmente por questões metodológicas. Não há evidência empírica suficiente para concluir que as diferenças fenomenológicas tenham um impacto na tomada de decisão diagnóstica clínica para depressão entre adultos mais jovens e idosos.

Uma metanálise realizada por Hegeman et al.[2], por exemplo, comparou a sintomatologia entre pacientes deprimidos jovens e idosos. Os idosos demonstraram maior agitação, sintomas somáticos gerais, gastrointestinais e hipocondria. Apresentaram menos culpa e menos redução de libido que os jovens. O estudo, no entanto, apresentou questões metodológicas significativas que limitaram possíveis conclusões, como, por exemplo, o fato de não ter sido ajustado para comorbidades médicas (poderia influenciar nas queixas somáticas); idade de início e cronicidades dos sintomas (poderia impactar na apresentação clínica); uma grande proporção de pacientes estava internada e gravemente doente (limitando a generalização dos sintomas para a comunidade).

Algumas escalas podem ser utilizadas como triagem e/ou avaliação de gravidade da depressão em idosos. Uma das mais usadas é a Escala de Depressão Geriátrica (GDS, do inglês *Geriatric Depression Scale*), mas também podemos citar a Escala de Avaliação de Depressão de Hamilton (HAM-D), a Escala de Depressão de Montgomery-Asberg (MADRS) e a Escala Cornell de Depressão em Demência (ECDD).

CRITÉRIOS DIAGNÓSTICOS

De acordo com o Manual Diagnóstico e Estatístico de Transtornos Mentais – 5ª edição (DSM-5), os critérios para transtorno depressivo maior são idênticos para pacientes jovens e idosos, conforme o Quadro 1.

Quadro 1 Critérios diagnósticos para transtorno depressivo maior (DSM-5)

A. Cinco (ou mais) dos seguintes sintomas estiveram presentes durante o mesmo período de duas semanas e representam uma mudança em relação ao funcionamento anterior; pelo menos um dos sintomas é (1) humor deprimido ou (2) perda de interesse ou prazer.
Nota: não incluir sintomas nitidamente decorrentes de outra condição médica.
1. Humor deprimido na maior parte do dia, quase todos os dias, conforme indicado por relato subjetivo (p. ex., sente-se triste, vazio, sem esperança) ou por observação feita por outras pessoas (p. ex., parece choroso). 2. Acentuada diminuição do interesse ou prazer em todas ou quase todas as atividades na maior parte do dia, quase todos os dias (indicada por relato subjetivo ou observação feita por outras pessoas). 3. Perda ou ganho significativo de peso sem estar fazendo dieta (p. ex., uma alteração de mais de 5% do peso corporal em um mês), ou redução ou aumento do apetite quase todos os dias. 4. Insônia ou hipersonia quase todos os dias. 5. Agitação ou retardo psicomotor quase todos os dias (observáveis por outras pessoas, não meramente sensações subjetivas de inquietação ou de estar mais lento). 6. Fadiga ou perda de energia quase todos os dias. 7. Sentimentos de inutilidade ou culpa excessiva ou inapropriada (que podem ser delirantes) quase todos os dias (não meramente autorrecriminação ou culpa por estar doente). 8. Capacidade diminuída para pensar ou se concentrar, ou indecisão, quase todos os dias (por relato subjetivo ou observação feita por outras pessoas). 9. Pensamentos recorrentes de morte (não somente medo de morrer), ideação suicida recorrente sem um plano específico, uma tentativa de suicídio ou plano específico para cometer suicídio.
B. Os sintomas causam sofrimento clinicamente significativo ou prejuízo no funcionamento social, profissional ou em outras áreas importantes da vida do indivíduo.
C. O episódio não é atribuível aos efeitos fisiológicos de uma substância ou a outra condição médica.
D. A ocorrência do episódio depressivo maior não é mais bem explicada por transtorno esquizoafetivo, esquizofrenia, transtorno esquizofreniforme, transtorno delirante, outro transtorno do espectro da esquizofrenia e outro transtorno psicótico especificado ou transtorno da esquizofrenia e outro transtorno psicótico não especificado.
E. Nunca houve um episódio maníaco ou um episódio hipomaníaco.

Nota: essa exclusão não se aplica se todos os episódios do tipo maníaco ou do tipo hipomaníaco são induzidos por substância ou são atribuíveis aos efeitos psicológicos de outra condição médica.

ASPECTOS COGNITIVOS ALTERADOS NO TRANSTORNO DEPRESSIVO TARDIO

O transtorno depressivo no idoso, como já dito anteriormente, é acompanhado de alterações estruturais e funcionais nos lobos frontais e suas conexões com os sistemas límbico e estriado.

A rede de controle cognitivo engloba o córtex pré-frontal dorsolateral, regiões dorsal e rostral do cíngulo anterior e regiões de associação parietal. Nessa rede, alteração se expressa, clinicamente, por meio de disfunção executiva, incluindo uma tendência a prestar atenção em informações irrelevantes, dificuldade de concentração, perseveração, dificuldade em desviar a atenção e desorganização. Cerca de 30 a 40% dos pacientes idosos deprimidos sem demência apresentam sinais de disfunção executiva.

Esses pacientes performam pior em testes de fluência verbal, teste Wisconsin (uma medida de resolução de problemas e flexibilidade cognitiva), Torre de Londres (avalia planejamento) e Teste Stroop (uma medida de inibição cognitiva).

Planejamento e organização semântica, também pertencentes às funções executivas, podem justificar déficits em aspectos selecionados da memória episódica e habilidades visuoespaciais.

DIAGNÓSTICO DIFERENCIAL

Parte da abordagem da depressão tardia é o raciocínio clínico em busca de diagnósticos diferenciais. Pesquisar minuciosamente sobre sinais e sintomas, comorbidades, uso de substâncias psicoativas e medicamentos, além de história familiar é de grande importância.

Quando se identifica um episódio depressivo, questionar ativamente sobre episódios prévios de mania ou hipomania é indispensável, uma vez que o transtorno afetivo bipolar é o principal diagnóstico diferencial dentro dos quadros psiquiátricos (ver Quadro 2). Sugere-se investigar ainda o transtorno depressivo persistente (distimia), que costuma ser mais leve e prolongado, com duração mínima de dois anos, além do transtorno do luto complexo persistente. Este último pode compartilhar tristeza, choro e pensamentos suicidas, mas é caracterizado pelo foco na perda de alguém com quem o enlutado tinha um relacionamento próximo.

A depender da apresentação, quadros demenciais também podem ser diagnósticos diferenciais importantes (Tabela 2) – este tópico será mais bem abordado à frente, em "fronteira com as demências".

A depressão geriátrica também pode estar associada ao uso de determinadas medicações (Quadro 3), sendo importante avaliar a correlação temporal entre o

Quadro 2 Sugestões de perguntas para investigação de episódio de (hipo)mania

Alguma vez já apresentou um período em que se sentia tão eufórico(a) ou cheio(a) de energia que isso lhe causou problemas? Era perceptível por pessoas à sua volta que você não estava em seu estado habitual?
Alguma vez teve um período em que, por vários dias, estava tão irritável que insultava as pessoas, gritava ou chegava até a brigar? Você mesmo ou alguém achou que você estava mais irritável ou hiperativo(a), comparado(a) a outras pessoas?
Tinha a sensação de que podia fazer coisas que os outros seriam incapazes de fazer ou que você era alguém especialmente importante?
Tinha menos necessidade de dormir do que o costume (p. ex., sentia-se descansado(a) com apenas poucas horas de sono)?
Falava sem parar ou tão rapidamente que as pessoas não conseguiam compreendê-lo(a)?
Os pensamentos corriam tão rapidamente na sua cabeça que não conseguia acompanhá-los?
Distraía-se com tanta facilidade que a menor interrupção o fazia perder o fio daquilo que estava fazendo ou pensando?
Estava tão ativo(a) e agitado(a) que as outras pessoas se preocupavam com você?
Desejava tanto fazer coisas que lhe pareciam agradáveis ou tentadoras que não pensava nos riscos ou nos problemas que isso poderia causar (gastar demais, dirigir de forma imprudente, ter uma atividade sexual pouco habitual para você etc.)?

Fonte: Sheehan, 1998[3].

Tabela 2 Comparação entre demência e depressão em idosos

Sinais e sintomas	Depressão	Demência
Início	Pelo menos 2 semanas	Meses a anos
Duração	Curta	Longa e progressiva
Insight	Bom	Provavelmente ruim
Atividades de vida diária	Intactas, mas podem estar negligenciadas	Inadequadamente concluídas ou negligenciadas
Concentração e memória	Dificuldade de concentração, mas geralmente performam bem em testes de memória	Pontuações baixas em testes de memória de curto prazo
Motivo da visita ao profissional de saúde	Preocupação consigo mesmo, insônia, ganho ou perda de peso	Encorajado por um membro da família a procurar ajuda

Fonte: Modificada de Myrick, 2019[4].

Quadro 3 Medicamentos relacionados à depressão

Benzodiazepínicos
Cimetidina
Clonidina
Dextropropoxifeno
Drogas antiparkinsonianas
Esteroides
Estrógenos
Hidralazina
Metildopa
Progesterona
Propranolol
Reserpina
Tamoxifeno
Vimblastina
Vincristina

início/progressão de dose de medicamentos e o surgimento de sintomas. Exceto por algumas substâncias (p. ex., corticosteroides e interferon), o risco de desenvolver depressão com uso de alguns medicamentos tem evidências insuficientes.

Recomenda-se investigar ativamente sobre abuso de álcool e outras substâncias psicoativas, inclusive confirmando a informação com anamnese objetiva e, se necessário e com consentimento, realização de teste toxicológico.

Depressão em razão de quadro médico deve ser cogitada quando há presença de tristeza e anedonia em pacientes portadores de doenças sabidamente associadas à depressão (Quadro 4).

EXAMES COMPLEMENTARES

Os exames complementares vão ser guiados pela anamnese e pelo exame físico, sendo individualizados.

Não havendo evidência de comorbidade clínica ou achados significantes no exame físico, sugere-se uma investigação básica que inclui: hemograma, funções renal e hepática, eletrólitos, eletrocardiograma e análise de urina. Alguns autores consideram também a solicitação de função tireoidiana, dosagens de vitamina B12 e ácido fólico, além de dosagens séricas de medicações em uso pelo paciente.

Considerar a solicitação de neuroimagem em quadros de início tardio, quando há sinais neurológicos associados e/ou depressão resistente ao tratamento.

Quadro 4 Condições médicas relacionadas à depressão

Infecção viral
Distúrbio eletrolítico • Hipernatremia, hipercalcemia, hipo e hipercalemia
Endocrinopatias • Hipotireoidismo, hipertireoidismo, hipoparatireoidismo, hiperparatireoidismo, hipoadrenocorticismo, hiperadrenocorticismo
Doenças neoplásicas • Leucemia, linfoma, câncer (pâncreas, pulmão, cavidade oral)
Doença cerebrovascular • Infartos lacunares, acidente vascular encefálico, demência vascular, aterosclerose cerebral • Infarto do miocárdio
Doenças neurológicas • Epilepsia, esclerose múltipla, doença de Parkinson
Doenças renais • Insuficiência renal crônica, pacientes dialíticos
Deficiências nutricionais • Vitamina B12, ácido fólico, tiamina

Adaptada de Alexopoulos, 2005[5]; Avasthi e Grover, 2018[6].

TRATAMENTO

Farmacológico

Com o envelhecimento, há alterações farmacocinéticas que podem reduzir a taxa de absorção; modificar a biodisponibilidade; aumentar a meia-vida para drogas lipossolúveis e a concentração relativa de drogas hidrossolúveis.

Com o aumento de comorbidades e polifarmácia, situações usuais nos idosos, o risco de interações medicamentosas é maior. Além disso, raros efeitos colaterais de psicofármacos tornam-se mais comuns em idosos, como perda óssea, síndrome serotoninérgica, síndrome neuroléptica maligna e sintomas extrapiramidais.

O início e a progressão de doses dos psicofármacos devem ser conservadores, porém suficientes. O tempo para resposta também pode ser maior. Em pacientes idosos, a resposta antidepressiva completa pode não acontecer até 9 a 12 semanas. No entanto, um estudo com 472 pacientes idosos com transtorno depressivo maior mostrou que, quando os pacientes não apresentavam nenhuma melhora até 4 semanas de tratamento, era muito improvável que respondessem nas 8 semanas seguintes, sendo candidatos para a troca precoce do plano terapêutico.

A seguir, abordamos as principais medicações relacionadas ao tratamento da depressão geriátrica.

Inibidores seletivos da recaptação de serotonina (ISRS)

Antidepressivos dessa classe apresentam boa eficácia e tolerabilidade, sendo considerados primeira linha no tratamento de depressão geriátrica. Destacamos a sertralina e o escitalopram.

Fluoxetina e fluvoxamina têm pior perfil de interação medicamentosa.

Apesar do citalopram ser efetivo, essa droga tem maior risco de prolongamento de intervalo QT. Em 2012, a agência federal dos Estados Unidos (FDA, do inglês Food and Drug Administration) sugeriu não usar doses maiores do que 20 mg em pacientes ≥ 60 anos. Doses mais altas podem levar a *torsades de pointes*, taquicardia ventricular ou morte súbita.

A paroxetina tem propriedades anticolinérgicas, levando à preocupação de que a população geriátrica possa ter mais efeitos adversos relacionados à mortalidade e declínio cognitivo, embora alguns estudos comparando a paroxetina com os outros ISRS não confirmem essas informações.

De forma geral, quedas, hiponatremia e sangramento gastrointestinal estão associados aos ISRS. Quando retirados de forma abrupta, a maioria apresenta sintomas de síndrome de descontinuação de antidepressivos. Paroxetina e fluvoxamina apresentam maior risco de ocorrência, e fluoxetina o menor.

Tabela 3 Propriedades farmacológicas e doses de antidepressivos inibidores seletivos da recaptação de serotonina (ISRS) em idosos

Droga	Dose inicial	Intervalo de dose sugerido (diário)	Precauções	Possíveis vantagens
Escitalopram	5 mg	5-20 mg	Sintomas de síndrome de descontinuação leve podem ocorrer se não houver redução gradual	Geralmente bem tolerados Não sedativos Baixo risco de distúrbios do sono
Citalopram	10 mg	10-20 mg	Risco dose-dependente de prolongamento de intervalo QT	Poucas interações medicamentosas, comparativamente
Sertralina	12,5-25 mg	25-200 mg	Sintomas gastrointestinais mais frequentes (diarreia) Biodisponibilidade oral variável	Não sedativo Baixo risco de insônia Sem efeitos cardiovasculares significativos

(continua)

Tabela 3 Propriedades farmacológicas e doses de antidepressivos inibidores seletivos da recaptação de serotonina (ISRS) em idosos (*continuação*)

Droga	Dose inicial	Intervalo de dose sugerido (diário)	Precauções	Possíveis vantagens
Fluoxetina	5-10 mg	5-60 mg	Ativador Interações medicamentosas significativas Meia-vida prolongada e metabólitos ativos necessitam de semanas para atingir o estado de equilíbrio, prolongando o tempo necessário para avaliar o efeito do ajuste de dose e complicando a eliminação da droga	Efeito ativador, podendo ser útil em paciente com baixa energia e hipersonia
Paroxetina	10 mg	10-40 mg	Propriedade anticolinérgica fraca. Pode causar constipação, xerostomia, sonolência Sintomas de descontinuação mais graves na ausência de redução gradual	Útil para pacientes com insônia
Fluvoxamina	25 mg	25-200 mg	Interações medicamentosas significativas	Pode ser útil para pacientes com insônia

Baseada em Espinoza e Unutzer, 2022[7].

Inibidores da recaptação de serotonina e noradrenalina (IRSN)

Geralmente são utilizados quando há falha com os ISRS ou queixa de dor comórbida. São considerados seguros em idosos, apesar do risco dose-dependente de hipertensão diastólica. Recomendamos a monitorização da pressão arterial durante o tratamento.

Antidepressivos tricíclicos

Essa classe tem eficácia bem estabelecida no tratamento da depressão geriátrica, apesar de atualmente não ser escolha de primeira ou segunda linha. Seu uso fica limitado pelo alto potencial de interações medicamentosas e pelos efeitos colaterais importantes. Dentre os mais descritos, destacam-se: hipoten-

Tabela 4 Propriedades farmacológicas e doses de antidepressivos inibidores da recaptação de serotonina e noradrenalina em idosos

<table>
<tr><th>Droga</th><th>Dose inicial</th><th>Intervalo de dose sugerido</th><th>Precauções</th><th>Possíveis vantagens</th></tr>
<tr><td>Venlafaxina (liberação prolongada)</td><td>37,5 mg 1x/dia</td><td>75-225 mg* 1x/dia</td><td rowspan="3">Ativadores
Podem causar aumento em pressão arterial e frequência cardíaca
Sintomas gastrointestinais podem ser mais proeminentes com formulação de liberação imediata
Sintomas de síndrome de descontinuação quando retirada abrupta</td><td rowspan="3">Efeitos ativadores podem ser úteis no tratamento de depressão melancólica com falta de energia e hipersonia
Útil em pacientes com dor comórbida</td></tr>
<tr><td>Venlafaxina (liberação imediata)</td><td>37,5 mg pela manhã</td><td>75-150 mg 2x/dia</td></tr>
<tr><td>Desvenlafaxina*</td><td>50 mg pela manhã
Clearance de creatinina < 30 mL/min: 50 mg em dias alternados</td><td>50 mg pela manhã
Clearance de creatinina < 30 mL/min: 50 mg em dias alternados</td></tr>
<tr><td>Duloxetina</td><td>30 mg/dia</td><td>30-60 mg/dia*</td><td>Interações medicamentosas significativas</td><td>Levemente sedativo
Útil em pacientes com dor comórbida</td></tr>
</table>

*Na experiência dos autores, é possível usar doses mais altas, se necessário. Fonte: Espinoza e Unutzer, 2022[7].

são ortostática, xerostomia, tremores, constipação, taquicardia, aumento dos intervalos PR e QRS no ECG. Ressaltamos ainda declínio cognitivo e *delirium*. Se necessário, em idosos, preferir a nortriptilina.

Inibidores da monoaminoxidase (IMAO)

Essa classe é raramente utilizada, exceto quando já foi previamente iniciada e tolerada ou em pacientes com depressão refratária a outros antidepressivos. Seu uso requer restrições dietéticas (evitar interações com comidas e bebidas que contenham altas doses de tiramina) e farmacológicas para evitar síndrome serotoninérgica e crises hiperadrenérgicas.

Outros

Mirtazapina

Apresenta poucos efeitos colaterais cardíacos e fraca associação com a hiponatremia. Seus principais efeitos colaterais são sedação, aumento de apetite, ganho de peso, tontura e boca seca. Pode ser particularmente útil em pacientes com insônia e inapetência e parece ser uma boa opção para idosos.

Bupropiona

Considerada um agente ativador, pode ser útil em pacientes com queixas de letargia, sedação diurna ou fadiga. É contraindicada em pacientes portadores de epilepsia. A hipertensão diastólica dose-dependente é uma preocupação em idosos.

Existem poucos estudos avaliando a eficácia da bupropiona em depressão tardia, mas é usada pelos efeitos colaterais cardiovasculares, sexuais e gastrointestinais limitados.

Trazodona

É raramente usada em monoterapia como antidepressivo, mas frequentemente utilizada como sedativo, principalmente em doses menores. Seu efeito antidepressivo tende a ocorrer em doses mais altas, situações em que a hipotensão ortostática e a sedação diurna podem limitar seu uso. Destacamos o priapismo como possível efeito colateral raro, mas potencialmente sério.

Antipsicóticos

Monoterapia com quetiapina pode ser eficaz no tratamento da depressão geriátrica, mas os efeitos colaterais em curto e longo prazos não a colocam dentre as primeiras opções. Um estudo randomizado, duplo-cego, com duração de 9 semanas comparou o uso de quetiapina com liberação prolongada (50 a 300 mg/dia, com dose média de 159 mg/dia) com placebo em 335 pacientes com depressão tardia unipolar e não psicótica. A remissão ocorreu em mais pacientes que receberam quetiapina do que placebo (45% *vs.* 17%). Efeitos colaterais comuns foram sedação, xerostomia e sintomas extrapiramidais.

Na prática, também costuma-se utilizar antipsicóticos, preferencialmente atípicos, em depressão psicótica, juntamente com um antidepressivo. O uso do aripiprazol será comentado adiante como estratégia de potencialização do tratamento antidepressivo.

Tabela 5 Propriedades farmacológicas e doses de antidepressivos em idosos

Droga	Dose inicial	Intervalo de dose sugerido	Precauções	Possíveis vantagens
Mirtazapina	7,5 mg (noite)	15-60 mg/noite	Meia-vida prolongada e metabólitos ativos Risco de acumulação com insuficiência renal ou hepática – reduzir dose Sonolência, ganho de peso Raros casos reportados de agranulocitose	Sedativo Baixo risco de disfunção sexual Efeitos antieméticos e estimulante de apetite podem ser notados em dias Útil para pacientes com insônia e que podem se beneficiar de ganho de peso
Bupropiona (liberação prolongada)	75 mg manhã	150 mg pela manhã e tarde (2x/dia)	Evitar em pacientes com convulsão e depressão com agitação Pode piorar insônia Aumento de pressão arterial diastólica dose-dependente	Efeito estimulante (pode ser útil em pacientes com baixa energia e apatia) Ação dopaminérgica pode ser uma vantagem em pacientes deprimidos com doença de Parkinson
Trazodona	25 mg 30 a 60 minutos antes da hora de deitar (efeito hipnótico)	25-100 mg 30 a 60 minutos antes da hora de deitar (efeito hipnótico) Para efeito antidepressivo requer doses mais altas	Sedação, hipotensão ortostática, náusea Sedação diurna residual e prejuízo cognitivo Relatos de hiponatremia	Usada em doses baixas como adjuvante aos ISRS para tratamento da insônia

Fonte: Espinoza e Unutzer, 2022[7].

Estratégias de potencialização

Um problema significativo é a resistência ao tratamento de primeira linha: 55 a 81% dos pacientes idosos com transtorno depressivo maior não remitem do quadro com o uso de ISRS ou IRSN.

A adição de aripiprazol, um antipsicótico atípico, mostrou-se eficaz como estratégia de potencialização visando remissão de sintomas, como evidenciado por Lenze et al.[8], que realizaram um estudo randomizado, duplo-cego, controlado com placebo, em que pacientes idosos que não atingiram a remissão dos sintomas depressivos com uso de venlafaxina (150 a 300 mg/dia) receberam placebo ou aripiprazol (dose inicial de 2 mg e alvo de 10 mg, com máximo de 15 mg/dia). Com relação à tolerabilidade, destaca-se o potencial de acatisia e parkinsonismo.

Há evidência para o uso do lítio em depressões refratárias. Atenção deve ser dada à hidratação do paciente, funções renal e tireoidiana. Pelo risco de intoxicação e intolerância, o início deve ser com doses menores do que as usadas em adultos jovens e o ajuste, guiado pela litemia.

Outra consideração de tratamento é o uso concomitante de estimulantes, como o metilfenidato, com ISRS, podendo melhorar os resultados terapêuticos.

Prevenção de recaída

Há boas evidências de que a manutenção terapêutica em pacientes acima de 60 anos que atingiram a remissão é efetiva em prevenir recaídas e recorrências. Dado o alto risco de recaída em idosos, a farmacoterapia deve ser mantida por pelo menos 2 anos.

Quando os pacientes apresentam quadro compatível com depressão recorrente, com múltiplos episódios durante a vida, considera-se não interromper mais a farmacoterapia antidepressiva.

Não farmacológico

Psicoeducação

A psicoeducação com paciente e familiares é indispensável, independentemente da gravidade do quadro. Explicar que se trata de condição médica passível de tratamento, esclarecendo mitos e estigmas e abordar questões como: tratamentos disponíveis; tempo esperado para resposta terapêutica; possíveis efeitos colaterais mais comuns; importância de adesão pelo tempo necessário; curso da doença; risco de recaída e identificação de sinais precoces são muito importantes.

Psicoterapia

A psicoterapia é uma modalidade útil para os idosos, tendo em vista o potencial dessa população de intolerância a doses terapêuticas dos medicamentos, de apresentar interações medicamentosas significativas e menor eficácia dos antidepressivos.

Modalidades psicoterapêuticas baseadas em terapia cognitivo-comportamental/terapia de resolução de problemas parecem ter evidência no tratamento da depressão geriátrica.

A dificuldade de condução e a heterogeneidade dos estudos sobre intervenções psicoterapêuticas são limitações significativas para mensurar sua efetividade.

Eletroconvulsoterapia (ECT)

A ECT é um tratamento efetivo e bem tolerado para depressão em idosos. Nesse contexto, algumas das indicações são: sintomas psicóticos; catatonia não responsiva a benzodiazepínicos; pacientes com recusa alimentar e nutricionalmente comprometidos; alto risco de suicídio e histórico de resposta positiva à ECT previamente. Atentar-se para as contraindicações relativas, dentre elas: infarto do miocárdio recente, aneurisma ou tumor cerebral, insuficiência cardíaca descompensada.

Dentre os efeitos colaterais mais comuns estão o risco aumentado de quedas, *delirium* pós-ECT e demência. Os pacientes devem ser monitorados para o surgimento de efeitos colaterais cognitivos. Aqueles com déficits cognitivos preexistentes são mais vulneráveis a efeitos colaterais cognitivos durante o curso de ECT e em risco de maior prolongamento desses eventos adversos. Podem ser minimizados com a mudança de eletrodo bilateral para unilateral.

Estimulação magnética transcraniana (EMT)

Existem poucos estudos que avaliaram especificamente a eficácia da EMT na população geriátrica. Essa modalidade cursa com poucos efeitos colaterais, sendo a cefaleia o mais comum. A EMT não interfere negativamente na cognição desses pacientes e não tem necessidade de anestesia, sendo promissora no tratamento da depressão geriátrica.

"FRONTEIRA" COM AS DEMÊNCIAS

A depressão geriátrica pode compartilhar caminhos fisiopatológicos com outras condições associadas ao envelhecimento cerebral como, por exemplo, a doença de Alzheimer. Idosos deprimidos podem demonstrar uma diversidade de alterações neuropatológicas como desequilíbrio entre fatores inflamatórios e neurotróficos, doença cerebrovascular subcortical, alterações de conectividade em circuitos frontoestriatais, níveis elevados de glicocorticoides, aumento da deposição cerebral de peptídeo beta-amiloide e atrofia hipocampal. Pode-se, então, compreender a depressão geriátrica como uma manifestação clínica de um conjunto de alterações que cursam com declínio cognitivo, mas também poderíamos observar o declínio cognitivo como uma consequência da própria depressão.

Alguns idosos com depressão tardia podem desenvolver síndrome demencial, anteriormente denominada "pseudodemência", termo atualmente em desuso. Ou seja, o idoso deprimido atinge um nível de comprometimento cognitivo em que perde a independência para as atividades de vida diária, condição que é potencialmente reversível com a remissão da depressão. Em geral, apresentam quadro depressivo grave e demencial leve. Apesar de a síndrome demencial desaparecer após remissão da depressão, uma grande porcentagem progride para demência irreversível dentro de 2 a 3 anos. Sintomas cognitivos graves em pacientes geriátricos deprimidos parecem aumentar o risco de desenvolver demência.

A variabilidade de anormalidades cognitivas encontradas em depressão geriátrica sugere que essa síndrome representa transtornos heterogêneos. Muitos idosos deprimidos não apresentam comprometimento cognitivo significativo. Nos casos em que apresentam as duas síndromes (depressiva e cognitiva), estas podem ser por uma causa em comum (p. ex., doença vascular) ou simplesmente coexistir e ter causas distintas (p. ex., recorrência de depressão de início precoce em idoso com doença de Alzheimer inicial). Os sintomas depressivos podem ainda ser um pródromo de quadro demencial.

BIOMARCADORES

Estudos recentes têm tentado identificar biomarcadores para a depressão geriátrica, apesar de não apresentarem indicação formal na prática clínica, até o momento. Idosos deprimidos apresentam alterações em processos biológicos relacionados ao controle de resposta inflamatória, cascatas neurotróficas e do metabolismo de peptídeo beta-amiloide, além de alterações estruturais cerebrais.

Em uma revisão sistemática de 2019, a maioria dos estudos identificou uma diminuição de Aβ42 e aumento da razão Aβ40/Aβ42 em plasma ou soro, quando comparava idosos deprimidos com controles saudáveis. Não houve alteração em proteínas tau, homocisteína e neurogranina. A avaliação dos estudos dos marcadores circulantes da depressão no idoso evidenciou um aumento em plasma ou soro dos marcadores inflamatórios, principalmente de IL-6, IL-1β e TNF-alfa. Identificou ainda a diminuição dos marcadores neurotróficos, tendo como exemplo NGF (fator de crescimento neural) e GDNF (fator neurotrófico derivado da glia).

Com relação à neuroimagem estrutural, estudos identificaram uma associação significativa entre lesões cerebrovasculares e quadros depressivos em idosos, tópico já abordado anteriormente. No entanto, um subgrupo de pacientes pode apresentar atrofia hipocampal significativa, correlacionando-se à história de episódios depressivos recorrentes, à duração dos sintomas e à presença de alguns polimorfismos genéticos, como alelo ε4 do gene da apolipoproteína ε.

APONTAMENTOS SURGIDOS NA PRÁTICA CLÍNICA

Suicídio

Pacientes idosos deprimidos apresentam maior risco de suicídio consumado do que adultos jovens. A depressão é o fator de risco mais comum, além de: sexo masculino; idade avançada; ansiedade grave; luto; comorbidade com transtorno relacionado ao uso de álcool; morar sozinho(a); dor física e histórico de tentativas de suicídio prévias.

É importante questionar ativamente sobre pensamentos de morte, ideação e planejamento suicida, além de avaliar o acesso aos meios de suicídio. Havendo risco, o paciente deve ser supervisionado constantemente e a internação hospitalar pode ser considerada.

Luto *vs.* depressão

O DSM-5 pontua diferenças entre luto e episódio depressivo maior. No luto, habitualmente há predomínio de sentimentos de vazio e perda, com presença de disforia ocorrendo em ondas. Estas podem diminuir de intensidade ao longo do tempo e, geralmente, têm associação com pensamentos ou lembranças do falecido. A autoestima costuma estar preservada (se ideação autodepreciativa, tipicamente envolve percepção de falha com relação ao falecido). Se houver pensamento de morte, há foco no falecido e em se "unir" a ele. Por outro lado, no episódio depressivo maior, o humor deprimido é persistente, podendo haver descrição de anedonia. Não costuma estar associado a pensamentos ou preocupações específicas e, geralmente, há sentimentos de menos-valia. Estes são a causa dos pensamentos de morte.

É importante ressaltar que um paciente vivenciando o luto pode evoluir com episódio depressivo maior. O DSM-5 revisado já traz o transtorno do luto complexo persistente como um possível diagnóstico.

VINHETA CLÍNICA

Paciente do sexo feminino, 62 anos, divorciada, 16 anos de escolaridade (graduada em Administração). Há 2 anos houve falecimento da mãe e, há 6 meses, término de relacionamento amoroso. Havia parado de trabalhar para cuidar da mãe, que estava doente, e não conseguiu se recolocar no mercado de trabalho posteriormente. Há cerca de 1 ano, com piora nos últimos 4 meses, evoluiu com queixas de desânimo na maior parte dos dias, anedonia, angústia intensa, insônia inicial e despertares noturnos, além de redução de energia, lentificação psicomotora, discurso de ruína e desesperança. O que mais lhe preocupava eram as dores abdominais e inapetência, com perda de 8 kg nos últimos meses. Quando questionada ativamente, dizia que não tinha mais motivos para viver e esboçava pensamentos passivos de morte. Passou por diversos gastroenterologistas em investigação para dor abdominal, sobretudo por ter antecedente de cirurgia bariátrica, mas não foi identificada causa orgânica para suas queixas. Foi referenciada ao psiquiatra, época em que iniciou tratamento com uso de sertralina (100 mg/dia) e mirtazapina (15 mg/dia), apresentando melhora significativa do quadro.

Por conta própria decidiu reduzir as medicações. Teve nova piora do quadro, evoluindo com lentificação psicomotora, hipobulia, ideação suicida e desconfiança com relação aos familiares. Acreditava que estariam roubando dinheiro de sua conta e se recusava a comer as refeições preparadas pela irmã (não exteriorizava o motivo). A paciente, em vigência de agitação psicomotora e discurso persecutório, ameaçou os familiares com uma faca e tentou suicídio em seguida, com cortes em região de pescoço. Foi levada ao pronto-socorro, onde foi realizada sutura da lesão e, posteriormente, encaminhada ao hospital psiquiátrico para internação por risco de suicídio, auto e heteroagressividade.

Portadora de hipotireoidismo, com antecedente de cirurgia bariátrica há 15 anos, sem outras comorbidades. Fazia uso de levotiroxina 75 mcg/dia e suplementação vitamínica desde a cirurgia. Negava quadros depressivos ou maniformes prévios ao relatado.

Foram realizados exames laboratoriais e ressonância magnética de crânio sem alterações significativas. Além disso, foi feito ajuste medicamentoso com substituição gradual de sertralina por venlafaxina até a dose de 300 mg/dia, olanzapina 10 mg/noite e mirtazapina 15 mg/noite. Paciente evoluiu com melhora significativa do quadro, remissão de sintomas psicóticos e atingiu a eutimia. Recebeu alta com orientação de acompanhamento em regime de hospital-dia com acompanhamento psiquiátrico e multidisciplinar.

Comentários

Muitos pacientes passam por outros especialistas antes de chegar ao psiquiatra, seja por uma queixa aparentemente física mais proeminente, por receio ou estigma relacionado aos transtornos mentais. Uma boa anamnese consegue direcionar melhor o tratamento, mas destaca-se a importância de investigar causas orgânicas que possam estar justificando ou contribuindo para o quadro. Ressalta-se, ainda, a importância da psicoeducação, visando evitar a má adesão ao tratamento, fator importante de recidiva de sintomas. Quadros depressivos sem o tratamento adequado podem evoluir com gravidade, devendo considerar a internação quando há risco de integridade à vida do paciente ou de terceiros. Acompanhar a cognição longitudinalmente é muito importante.

REFERÊNCIAS BIBLIOGRÁFICAS

1. Alexopoulos GS. Mechanisms and treatment of late-life depression. Transl Psychiatry. 2019;9(188).
2. Hegeman AJM, Kok RM, Van Der Mast RC, Giltay EJ. Phenomenology of depression in older compared with younger adults: Meta-analysis. Br J Psychiatry. 2012;200(4):275-81.
3. Sheehan DV, Lecrubier Y, Sheehan KH, Amorim P, Janavs J, Weiller E, et al. The Mini-International Neuropsychiatric Interview (M.I.N.I.): The development and validation of a structured diagnostic psychiatric interview for DSM-IV and ICD-10. J Clin Psychiatry. 1998;59(suppl 20):22-33.
4. Myrick L. Recognizing and treating late-life depression. J Am Acad Physician Assist. 2019;32(7):51-3.
5. Alexopoulos GS. Depression in the elderly. Lancet. 2005;365(9475):1961-70.
6. Avasthi A, Grover S. Clinical practice guidelines for management of depression in elderly. Indian J Psychiatry. 2018;60(Suppl3):S341-S362.
7. Espinoza RT, Unutzer, J. Diagnosis and management of late-life unipolar depression. UpToDate. 2022. Disponível em: www.uptodate.com. Acesso em: 14ago.2022.
8. Lenze EJ, Mulsant BH, Blumberger DM, Karp JF, Newcomer JW, Anderson SJ, et al. Efficacy, safety, and tolerability of augmentation pharmacotherapy with aripiprazole for treatment-resistant depression in late life: a randomised, double-blind, placebo-controlled trial. Lancet. 2015;386(10011):2404-12.
9. Allan CL, Ebmeier KP. Review of treatment for late-life depression. Adv Psychiatr Treat. 2013;19(4): 302-9.
10. Bali V, Chatterjee S, Carnahan RM, Chen H, Johnson ML, Aparasu RR. Risk of dementia among elderly nursing home patients using paroxetine and other selective serotonin reuptake inhibitors. Psychiatr Serv. 2015;66(12):1333-40.
11. Bali V, Chatterjee S, Johnson ML, Chen H, Carnahan RM, Aparasu RR. Risk of cognitive decline associated with paroxetine use in elderly nursing home patients with depression. Am J Alzheimers Dis Other Demen. 2016;31(8):678-86.
12. Bali V, Chatterjee S, Johnson ML, Chen H, Carnahan RM, Aparasu RR. Risk of mortality in elderly nursing home patients with depression using paroxetine. Pharmacotherapy. 2017;37(3):2.
13. Barcelos-Ferreira R, Izbicki R, Stefens DC, Bottino CM. Depressive morbidity and gender in community-dwelling Brazilian elderly: systematic review and meta-analysis. Int Psychogeriatr. 2010;22(5):712-26.
14. Beyer JL, Johnson KG. Advances in pharmacotherapy of late-life depression. Curr Psychiatry Rep. 2018;20(34).

15. Cooper C, Katona C, Lyketsos K, Blazer D, Brodaty H, Rabins P, et al. A systematic review of treatments for refractory depression in older people. Am J Psychiatry. 2011;168(7):681-8.
16. Fountoulakis KN, O'Hara R, Iacovides A, Camilleri CP, Kaprinis S, Kaprinis G, et al. Unipolar late-onset depression: A comprehensive review. Ann Gen Hosp Psychiatry. 2003;2:1-14.
17. Haigh EAP, Bogucki OE, Sigmon ST, Blazer DG. Depression among older adults: a 20-year update on five common myths and misconceptions. Am J Geriatr Psychiatry. 2018;26(1):107-22.
18. Ismail Z, Fischer C, McCall WV. What characterizes late-life depression? Psychiatr Clin North Am. 2013;36(4):483-96.
19. Katila H, Mezhebovsky I, Mulroy A, Berggren L, Eriksson H, Earley W, et al. Randomized, double-blind study of the efficacy and tolerability of extended release quetiapine fumarate (quetiapine XR) monotherapy in elderly patients with major depressive disorder. Am J Geriatr Psychiatry. 2013;21(8):769-84.
20. Lavretsky H, Reinlieb M, Cyr NS, Siddarth P, Ercoli LM, Senturk D. Combined citalopram and methylphenidate improved treatment response compared to either drug alone in geriatric depression: a randomized double-blind, placebo-controlled trial. Am J Psychiatry. 2015;172(6):561-9.
21. Machii K, Cohen D, Ramos-Estebanez C, Pascual-Leone A. Safety of rTMS to non-motor cortical areas in healthy participants and patients. Clin Neurophysiol. 2006;117(2):455-71.
22. MacQueen GM, Frey BN, Ismail Z, Jaworska N, Steiner M, Lieshout RJV, et al. Canadian Network for Mood and Anxiety Treatments (CANMAT) 2016 clinical guidelines for the management of adults with major depressive disorder: Section 6. Special populations: Youth, women, and the elderly. Can J Psychiatry. 2016;61(9):588-603.
23. Mol GC. Avaliação de biomarcadores circulantes da depressão geriátrica e da doença de Alzheimer: uma revisão sistemática. Belo Horizonte: Dissertação [Mestrado em Neurociências] - Universidade Federal de Minas Gerais; 2019.
24. Morimoto SS, Kanellopoulos D, Manning KJ, Alexopoulos GS. Diagnosis and treatment of depression and cognitive impairment in late life. Ann N Y Acad Sci. 2015;1345(1):36-46.
25. Mulsant BH, Houck PR, Gildengers AG, Andreescu C, Dew MA, Pollock BG, et al. What is the optimal duration of a short-term antidepressant trial when treating geriatric depression? J Clin Psychopharmacol. 2006;26(2):113-20.
26. Scalco MZ. Tratamento de idosos com depressão utilizando tricíclicos, IMAO, ISRS e outros antidepressivos. Rev Bras Psiquiatr. 2002;24(suppl 1):55-63.
27. Zenebe Y, Akele B, Selassie M, Necho M. Prevalence and determinants of depression among old age: a systematic review and meta-analysis. Ann Gen Psychiatry. 2021;20(1):1-19.

3

Transtornos de ansiedade no idoso

Marcos Vasconcelos Pais
Guilherme Prado Mattar

INTRODUÇÃO

O termo "ansiedade" se refere ao estado emocional de antecipação direcionada a um evento futuro que, com frequência, vem associado a uma série de sinais identificáveis fácil e universalmente conhecidos: hipervigilância, sudorese profusa, extremidades frias, tensão muscular, pensamentos de preocupação ou catastróficos, comportamento esquivo e de evitação ou de preparação para uma possível ameaça. A ansiedade é um mecanismo adaptativo e característico do ser humano[1] e, como tal, é reconhecido por todos.

Sintomas ansiosos são bastante comuns em idosos e, muitas vezes, não são, necessariamente, resultantes de adoecimento psíquico. Os sintomas isolados não devem ser confundidos com os transtornos de ansiedade, condições persistentes que podem causar impacto significativo na funcionalidade do idoso. Este capítulo tem o objetivo de discutir os principais transtornos de ansiedade que acometem o idoso, suas características e os tratamentos disponíveis.

EPIDEMIOLOGIA

Os transtornos de ansiedade são muito prevalentes na população idosa, ainda que em menor grau se comparada à população adulta jovem. Estudos revelam dados bastante divergentes da prevalência dos transtornos de ansiedade nos idosos. Entretanto, alguns elementos comuns a esses estudos podem, de forma mais objetiva, nortear a compreensão da epidemiologia dos transtornos de ansiedade nessa população, conforme texto a seguir.

A prevalência é maior em adultos jovens que em idosos

Apesar da grande variabilidade de resultados de estudos de prevalência de transtornos de ansiedade em idosos, observa-se uma tendência de que esses transtornos sejam mais comuns em adultos jovens. Alguns aspectos característicos do envelhecimento, nos níveis neurobiológico e psicossocial, podem explicar esse achado[2]. Além disso, a persistência de um transtorno de ansiedade desde a juventude é mais comum que a ocorrência de um novo episódio tardio.

Estudos que consideram características específicas dessa população e utilizam instrumentos adaptados estimam melhor a prevalência

Estudos vêm demonstrando que o uso de ferramentas adaptadas à faixa etária para diagnóstico de transtornos de ansiedade na população idosa deveria ser adotado para estimativas mais reais de prevalência[3]. A presença de comprometimento cognitivo e/ou demência contribui para a dinâmica do transtorno de ansiedade e sua prevalência pela não realização desse diagnóstico nesses contextos[2]. A determinação de características como gênero e localização poderia contribuir para melhor estimativa, já que há uma evidente diferença entre gêneros no que concerne à prevalência dos transtornos de ansiedade[3], além de uma subestimação em diversos países, pela escassez de estudos com esse foco.

A prevalência dos tipos de transtornos de ansiedade é diferente

Os três tipos de transtornos de ansiedade mais comuns na população idosa apresentam diferentes índices de prevalência. Parece haver maior ocorrência do transtorno de ansiedade generalizada (TAG) entre idosos e de transtorno de ansiedade social (TAS) entre jovens. Nos estudos, as fobias, particularmente a agorafobia, dividem com o TAG o lugar de diagnóstico mais comum entre idosos[2-4].

A prevalência dos transtornos de ansiedade é subestimada nessa população

Os transtornos de ansiedade não recebem proporcional atenção nessa população e sua prevalência é possivelmente subestimada. Tratando-se de condição crônica, costuma ser subvalorizada em comparação às ocorrências comuns a essa faixa etária[5].

ETIOPATOGENIA E NEUROBIOLOGIA

A modulação da resposta fisiológica a estímulos estressores, realizada ao se recrutarem as regiões pré-frontais do córtex, está envolvida na gênese da ansiedade. Essas áreas são recrutadas de modo ineficiente, resultando em inadequado controle comportamental. Estudos de neuroimagem funcional revelaram atividades anormais (hiperatividade basal e hiper-reatividade) na amígdala cerebral, estrutura aparentemente relacionada ao medo e à ansiedade[6-8]. Do ponto de vista dos neurotransmissores envolvidos na gênese da ansiedade, estudos mostram que a serotonina, a noradrenalina, as vias gabaérgicas e glutamatérgicas representam papel importante ao serem ativadas na resposta emocional ao estresse agudo. Outra via de importância é a interferência no eixo hipotálamo-hipófise-adrenal (HHA), com aumento dos níveis basais de cortisol[7,8]. Nesses modelos descritos não foram consideradas as alterações neurobiológicas e neurofisiológicas específicas relacionadas ao envelhecimento.

Biomarcadores

Os estudos em biomarcadores dos transtornos de ansiedade têm se concentrado naqueles que podem colaborar na predição de resposta a tratamentos, tolerabilidade e vigilância de efeitos adversos. Dois estudos mais relevantes exploram o papel de marcadores neuropsicológicos, como as medidas de atenção e processamento[9], e marcadores farmacogenéticos, como o genótipo 5-HTTLPR/rs25531, que parece modular a resposta terapêutica ao escitalopram[10]. Entretanto, um aprofundamento de estudos semelhantes se faz necessário até que o uso de biomarcadores se torne uma realidade na prática clínica.

PSICOPATOLOGIA E QUADRO CLÍNICO

Transtorno de ansiedade generalizada

O transtorno de ansiedade generalizada (TAG) é o mais prevalente em idosos, com estimativas entre 1,2 e 11,2%[12,13]. O aumento da frequência de preocupações excessivas sobre diversos aspectos da vida, da ansiedade, além da característica dificuldade em controlar tais sentimentos caracteriza o TAG. Agrega-se a essa apresentação sentimentos de medo, apreensão e inquietação ocorrendo na maioria dos dias. O prejuízo da regulação ou diminuição das preocupações associadas aos componentes físicos e psíquicos da ansiedade (taquicardia, cansaço, tensão muscular, dificuldades de concentração, falta de ar, sudorese, inquietação, irritabilidade, alterações do sono) cursa com impacto clínico significativo[11,12]. É um transtorno frequentemente negligenciado, sobretudo pela sobreposição de sintomas físicos com o envelhecimento normal. Com os efeitos adversos dos medicamentos em uso e da polifarmácia frequente nessa população, além de comorbidades clínicas comumente presentes, o diagnóstico se torna desafiador. É uma condição crônica, que pode durar por décadas. Fatores como gênero feminino, eventos de vida adversos e presença de comorbidades clínicas e doença crônica são os principais determinantes de ocorrência do transtorno[14].

Transtornos relacionados ao medo

Fobias específicas de objetos ou situações são comuns em idosos. Esses sintomas são compreendidos em conjunto e reúnem-se para caracterizar outros transtornos de ansiedade específicos que incluem agorafobia, ansiedade de separação, mutismo seletivo, transtorno do pânico e fobias específicas. Medo de cair é um sintoma que chega a acometer cerca de 50% dos idosos, sobretudo àqueles que caíram recentemente. A diferenciação precisa entre agorafobia e medos associados à fragilidade comum do envelhecimento passa a ser difícil de se estabelecer[15]. Um estudo revelou prevalência de cerca de 14% dos casos de transtorno de ansiedade em idosos com fobias específicas e observou redução com o avançar da idade, a partir dos 70 anos[16].

DIFERENÇA ENTRE A PSICOPATOLOGIA DOS TRANSTORNOS NO ADULTO JOVEM E NOS TRANSTORNOS DE INÍCIO TARDIO

Sintomas físicos como fadiga e dores difusas estão mais frequentemente presentes na apresentação clínica dos transtornos de ansiedade na população idosa. Os transtornos relacionados a fobias específicas e o transtorno de ansiedade generalizada são as apresentações mais comuns nessa população. Apesar desses aspectos distintos, a apresentação clínica dos transtornos ansiosos em idosos é bastante semelhante à observada em adultos jovens. Outro aspecto importante a se pontuar é que sintomas como prejuízo do sono ou da memória são bastante comuns e, muitas vezes, não referidos como queixas de ansiedade. As diferenças na apresentação dos transtornos de ansiedade no adulto jovem e no idoso parecem ser responsáveis por uma dificuldade em estudar esses transtornos na população idosa. A Tabela 1 reúne alguns aspectos que marcam essas diferenças de apresentação.

Tabela 1 Aspectos que marcam as diferenças de apresentação do transtorno de ansiedade no idoso e no adulto jovem

Diferente apresentação de sintomas	Idosos parecem sentir e interpretar afeto de modo diferente dos adultos jovens Idosos referem maior preocupação com a saúde, adultos jovens referem maior preocupação com família e finanças Idosos referem-se menos a queixas afetivas como depressão, ansiedade, culpa e vergonha do que adultos jovens Idosos muitas vezes referem medos de situações que não são incluídas em questionários e anamneses, como ter medo de ser um peso para os familiares Idosos costumam minimizar suas experiências e sintomas psíquicos mais que adultos jovens
Presença de muitas comorbidades clínicas	A presença de muitas comorbidades colabora com apresentações mais somáticas dos transtornos ansiosos A presença de polifarmácia complica a avaliação da presença de sintomas ansiosos O prejuízo do sono é comum no idoso mesmo sem a presença de um transtorno de ansiedade
Presença de comorbidades psiquiátricas	Há aumento da comorbidade de ansiedade e depressão no idoso A coexistência de transtorno de ansiedade e comprometimento cognitivo/demência é bastante comum e pouco explorada
Processo de envelhecimento	Mesmo no idoso cognitivamente preservado, o declínio cognitivo normal do envelhecimento se confunde com apresentações comuns do transtorno de ansiedade nessa faixa etária Dificuldades de concentração e cansaço, sintomas comuns do envelhecimento, podem ser erroneamente atribuídas à ansiedade A ansiedade não patológica precisa ser contemplada como hipótese para alguns sintomas

Adaptado de Balsamo et al., 2018[17].

Aspectos neurobiológicos e interface com os transtornos neurocognitivos

Declínio cognitivo subjetivo (DCS) refere-se a uma percepção subjetiva, por um indivíduo, de declínio em sua cognição (tipicamente de memória), ocorrendo apenas em contexto de cognição normal, ou seja, sem comprometimento objetivo da cognição[18]. É uma condição bastante frequente na população idosa e tem sido reconhecida por estar relacionada a uma maior chance de desenvolvimento de demência[18,19], inclusive com a incorporação recente do DCS, em 2018, pelo

National Institute on Aging-Alzheimer's Association (NIA-AA) como uma etapa de transição entre cognição normal e um transtorno neurocognitivo precoce[20].

Pesquisas têm mostrado que DCS se correlaciona intimamente com sintomas de ansiedade (essas duas condições são reportadas de modo concomitante com muita frequência), gerando dúvida se a ansiedade presente no idoso não é o preditor de evolução para um transtorno neurocognitivo, e não o DCS, como evidenciado em algumas metanálises[21-23]. Três hipóteses tentam explicar esses achados: (i) a ansiedade como resultado da percepção de declínio cognitivo em curso; (ii) o DCS como um sintoma da ansiedade e esta sendo o principal preditor do transtorno neurocognitivo e, finalmente, (iii) a ansiedade e o DCS como fatores independentes na predição de um transtorno neurocognitivo[24].

Do ponto de vista neurobiológico, as duas condições parecem advir de disfunções em áreas distintas do cérebro. DCS foi relacionado a alterações no sistema colinérgico pré-frontal, à presença de lesões de substância branca, volume hipocampal menor à esquerda e atrofia do lobo temporal[25,26], enquanto a ansiedade tem sido associada a alterações no metabolismo (hipometabolismo) no córtex entorrinal bilateral, no giro para-hipocampal anterior e no giro temporal superior esquerdo e na ínsula, com metabolismo na amígdala relativamente bem preservado[27].

SISTEMAS DE CLASSIFICAÇÃO

Na última atualização do Manual Diagnóstico e Estatístico de Transtornos Mentais (DSM-5), elaborado pela Associação Psiquiátrica Americana (APA) em 2014[1], o capítulo de transtornos de ansiedade passou a incluir os diagnósticos de transtorno de ansiedade de separação e mutismo seletivo e excluiu o transtorno obsessivo-compulsivo, o transtorno de estresse agudo e o transtorno de estresse pós-traumático, abordados em capítulos distintos. O Quadro 1 ilustra a composição atual do capítulo de ansiedade do DSM-5.

Na nova Classificação Estatística Internacional de Doenças e Problemas Relacionados à Saúde (CID-11), os transtornos de ansiedade estão classificados no capítulo 6, "Transtornos mentais, do comportamento e do neurodesenvolvimento", como "Transtornos de ansiedade ou relacionados ao medo", apresentando semelhanças com as categorias apresentadas no DSM-5.

Quadro 1 Categorias diagnósticas de ansiedade no DSM-5

DSM-5 Transtornos de ansiedade
Transtorno de ansiedade de separação
Mutismo seletivo
Fobia específica
Transtorno de ansiedade social (fobia social)
Transtorno de pânico
Agorafobia
Transtorno de ansiedade generalizada
Transtorno de ansiedade induzido por substância/medicamento
Transtorno de ansiedade devido a outra condição médica
Outro transtorno de ansiedade especificado
Transtorno de ansiedade não especificado

Adaptado de American Psychiatric Association, 2014[1].

Quadro 2 Categorias diagnósticas de ansiedade da CID-11

CID-11 Transtornos de ansiedade ou relacionados ao medo
Transtorno de ansiedade generalizada
Transtorno de pânico
Agorafobia
Fobia específica
Transtorno de ansiedade social
Transtorno de ansiedade de separação
Mutismo seletivo
Outros transtornos de ansiedade e transtornos relacionados ao medo especificados
Ansiedade e transtornos relacionados ao medo não especificados

Adaptado de WHO, 2020[11].

DIAGNÓSTICO DIFERENCIAL

A depressão representa papel duplo no diagnóstico dos transtornos de ansiedade. É a principal condição a ser diferenciada, mas também a principal comorbidade presente, chegando a uma ocorrência concomitante em até 23% dos casos[28-30]. Um terceiro aspecto relevante na relação entre as duas condições é que o transtorno de ansiedade é considerado um fator de risco para a ocorrência de depressão no idoso[30].

A ansiedade é relativamente frequente no comprometimento cognitivo leve (CCL) e nas fases iniciais da demência na doença de Alzheimer. Fases iniciais de outras demências também podem desencadear transtornos de ansiedade. Ansiedade é fator de risco para a incidência de comprometimento cognitivo (RR = 1,77) e para demência (RR = 1,57), segundo uma metanálise recente[22], apesar de suas bases neurobiológicas ainda não estarem bem estabelecidas.

Instrumentos específicos para a investigação da ansiedade em idosos são bastante indicados para diagnósticos mais precisos. Entre eles estão o *Geriatric Anxiety Inventory*[31], validado para o português brasileiro[32], e a *Geriatric Anxiety Scale*[33].

TRATAMENTO

Tratamento não farmacológico

Paciente e familiares devem ser informados sobre os sintomas do transtorno de ansiedade e seu impacto na qualidade de vida do idoso. Minimizações são frequentes de ambas as partes nessa faixa etária e não é incomum a negligência por parte de profissionais de saúde. Medidas não farmacológicas são importantes e fundamentais para resultados mais consistentes, além de representarem sustentação para a melhora da qualidade de vida do idoso em outros diversos aspectos, mas não se deve excluir, *a priori*, a necessidade de tratamento farmacológico.

Psicoterapia

A terapia cognitivo-comportamental (TCC) é a abordagem psicológica mais estudada no tratamento de ansiedade em idosos. Em metanálise recente, e eficácia da TCC foi considerada moderada no tratamento do TAG[34].

Uma metanálise avaliou a eficácia da TCC para o tratamento dos transtornos de ansiedade em idosos. Nesse estudo, a TCC foi mais efetiva que o tratamento usual ou a lista de espera. O pequeno efeito sugere que a TCC pode ser mais eficaz em jovens que em idosos. Questiona-se se a explicação para isso seria a presença de declínio cognitivo[35]. Recomenda-se que, antes de encaminhar um idoso a qualquer intervenção psicoterápica, seja realizada avaliação cognitiva criteriosa.

Estimulação magnética transcraniana

Estudos recentes sugerem que os mecanismos neuropatológicos associados aos transtornos ansiosos, como adaptação estrutural e funcional precária da neuroplasticidade do córtex pré-frontal e regiões límbicas[36], podem ser modulados pela estimulação magnética transcraniana (EMT). Em recente revisão sistemática realizada por Vicario et al.[37], investigou-se o uso de EMT para transtornos de ansiedade em adultos. Houve melhora de sintomas ansiosos com estimulação do córtex pré-frontal, com benefícios observados na estimulação excitatória aplicada ao córtex pré-frontal dorsolateral esquerdo e estimulação inibitória aplicada ao córtex pré-frontal dorsolateral direito[37]. Mais estudos são necessários para investigar a eficácia dessa intervenção nos transtornos ansiosos em idosos.

Tratamento farmacológico

A prescrição de medicamentos para o tratamento da ansiedade em idosos segue as mesmas recomendações que a prescrição das demais classes de medicamentos. O Quadro 3 reúne recomendações na avaliação e na prescrição de medicamentos para idosos com transtornos de ansiedade.

Antes do início da medicação, deve-se colher uma história completa e minuciosa. Apresentação dos sintomas, tempo de início, aspectos que cola-

Quadro 3 Medidas que contemplam demandas específicas da população idosa e organizam a sua prescrição

Colher história detalhada dos sintomas, marcadamente sobre a ocorrência prévia de sintomas e sobre tratamentos já realizados, bem como resultados alcançados.
Analisar a prescrição medicamentosa em busca de efeitos farmacológicos indesejáveis, interações nocivas ou prescrição de substâncias consideradas inapropriadas para pacientes idosos.
Revisar e eliminar medicamentos redundantes ou potencialmente inadequados que podem estar agravando os sintomas comportamentais.
Alguns efeitos adversos menos comuns em adultos jovens podem apresentar maior incidência em idosos, como perda óssea, síndrome serotoninérgica, efeitos extrapiramidais e síndrome neuroléptica maligna.
Orientar a escolha de medicamentos nessa população a partir da listagem dos Critérios de Beers atualizados em 2019 pela Sociedade Americana de Geriatria[38]. Os Critérios de Beers têm por objetivo orientar a prescrição médica, atenuar efeitos adversos e reduzir a exposição de pacientes idosos a drogas com efeitos potencialmente deletérios.
Escolher medicamentos com perfis mais adequados e favoráveis. As interações medicamentosas são um risco comum nessa faixa etária pela presença frequente de polifarmácia.
Realizar retornos mais frequentes para orientação sobre efeitos, observação de mudança do padrão sintomático e vigilância quanto à ocorrência de ideação suicida, bem como para ajustes mais lentos de dose, especialmente no início da administração de um novo medicamento.

boram com piora ou melhora devem ser investigados. O profissional de saúde não deve ignorar queixas de memória associadas. O histórico de tratamentos prévios, bem-sucedidos ou não, também deve ser analisado. Comorbidades atuais e medicamentos em uso podem colaborar com alguns sintomas passíveis de mimetizar a apresentação de um transtorno de ansiedade. Além disso, as interações medicamentosas potenciais com o tratamento a ser instaurado precisam ser antecipadas. Orientações sobre o tratamento, forma de início, potenciais efeitos colaterais e tempo de tratamento devem ser frequentemente revisitadas em consulta. As consultas, preferencialmente, devem ocorrer com maior frequência até remissão mais consistente de sintomas, e o profissional de saúde sempre deve se manter acessível.

Os inibidores seletivos da recaptação de serotonina (ISRS) e os inibidores da recaptação de serotonina e noradrenalina (IRSN) são a primeira linha para o tratamento. Ensaios clínicos revelaram que citalopram, escitalopram, paroxetina, sertralina, venlafaxina e duloxetina se mostraram eficazes se comparados ao placebo. A prescrição de antidepressivos deve ser sempre acompanhada de monitoramento em razão de possíveis efeitos colaterais.

Os benzodiazepínicos são comumente utilizados em adultos como adjuvantes ao tratamento com antidepressivos. No entanto, na população idosa os riscos geralmente superam os benefícios, já que o uso de benzodiazepínicos pode levar a quedas, fraturas de quadril e comprometimento cognitivo[39].

Inibidores seletivos da recaptação de serotonina e inibidores da recaptação de serotonina e noradrenalina

Os ISRS e IRSN são recomendados como primeira escolha no tratamento dos transtornos de ansiedade, em razão de sua tolerabilidade e perfil de segurança na população idosa[39]. Citalopram, escitalopram, paroxetina, sertralina, venlafaxina e duloxetina são eficazes para o tratamento dos transtornos de ansiedade[40]. Escitalopram e venlafaxina apresentam as maiores evidências de eficácia, assim como a duloxetina, apesar de menos tolerada[41]. Efeitos adversos em idosos fazendo uso de serotoninérgicos devem ser monitorados por conta do aumento do risco de queda[42], sangramento gastrointestinal[43], hiponatremia e aumento da perda óssea[44]. Medicamentos serotoninérgicos, especialmente o citalopram, podem causar prolongamento do intervalo QTc no ECG[45]. Os inibidores da recaptação de serotonina e noradrenalina, quando usados em doses altas, podem levar a aumento da pressão arterial[46].

As evidências da mirtazapina são limitadas e inconsistentes, embora alguns idosos possam se beneficiar dos sintomas colaterais, como melhora do padrão de sono e apetite[47]. A pregabalina é bem tolerada e tem boa eficácia na população idosa, sendo indicada para TAG[48].

Quadro 4 Medicamentos para o tratamento dos transtornos de ansiedade

Fármaco	Indicação
Escitalopram	Transtorno do pânico, TAG, transtorno de ansiedade social
Paroxetina	Transtorno do pânico, TAG, transtorno de ansiedade social
Venlafaxina	TAG, transtorno de ansiedade social, transtorno do pânico
Duloxetina	TAG
Pregabalina	TAG
Merecem atenção	
Tricíclicos Ação em receptores serotoninérgicos, noradrenérgicos e também em receptores histaminérgicos, alfa-adrenérgicos, muscarínicos e dopaminérgicos, tendo como sintomas colaterais mais comuns: boca seca, hipotensão postural, tremores, taquicardia, alargamentos dos intervalos PR e QRS no ECG[49]. Ação anticolinérgica, o que se torna problemático na população idosa em razão de efeitos cognitivos, retenção urinária, obstipação intestinal e *delirium*[49]. Preferir nortriptilina por conta do melhor perfil de efeitos adversos e metabolização mais rápida[50].	
Benzodiazepínicos Benefício questionável. Prescrição por curto período em fase aguda e sintomática. Limitar a prescrição em fobias específicas e pouco frequentes. Evidência do aumento do risco de quedas e fratura do quadril, principalmente os de meia-vida de eliminação longa[38]. Preferir os de meia-vida de eliminação mais curta, como o alprazolam, e baixas doses. Evitar em idosos com demência, *delirium* ou algum comprometimento cognitivo. Não há consenso na literatura sobre a relação entre o uso de benzodiazepínicos e a ocorrência de declínio cognitivo em idosos[51-53].	

Adaptado de Blay, 2014[7].

"*START SLOW AND GO SLOW (AND KEEP GOING)*"

Recomenda-se (i) iniciar o medicamento em doses baixas, mesmo que subterapêuticas (*start slow*), objetivando a redução da ocorrência de efeitos adversos e melhor tolerabilidade pelo idoso; (ii) a dose terapêutica do medicamento deve ser conhecida e atingida, com (iii) acréscimos lentos e graduais após seguidas reavaliações (*go slow*). Deve-se estar atento acerca de mudanças na absorção e na biodisponibilidade dos medicamentos. Essas características podem ser alteradas por mudanças fisiológicas do envelhecimento. Ajustes na dose-alvo frequentemente serão necessários.

VINHETA CLÍNICA

Idoso do sexo masculino, 69 anos, casado, 3 filhos, com 11 anos de escolaridade, contador aposentado. Procurou atendimento por queixas de dificuldades para se organizar, com problemas para se concentrar e concluir algumas tarefas, iniciando diversas delas ao mesmo tempo. Referia também sensação de agitação e inquietação, angústia e episódios de mal-estar súbito, taquicardia e sudorese com extremidades frias. Também apresentava prejuízo do sono, permanecendo deitado na cama, pensando sobre suas finanças, suas obrigações e planejando o dia seguinte. Demorava até 1 hora para adormecer e despertava diversas vezes à noite. Sentia-se frequentemente cansado no final do dia. Também relatou que vinha apresentando preocupações excessivas com sua própria saúde, pensando muitas vezes que teria um problema de saúde sério, com alguns episódios de dor torácica que o levaram diversas vezes a procurar o pronto-socorro. Os familiares afirmaram que vinham observando que o paciente estava cada vez mais desatento, parecia sempre aflito, pensativo e que, muitas vezes, presenciaram os episódios de mal-estar e precisaram acompanhá-lo ao pronto-socorro. Mais recentemente, o paciente passou a apresentar crises de choro que aconteciam após os episódios de mal-estar. Familiares também relataram que há pelo menos três meses observaram piora progressiva dos sintomas do paciente, com episódios recorrentes de angústia e prejuízo do sono. Os sintomas se iniciaram após endividamento da família por conta de investimentos em um restaurante que faliu. Desde o episódio, o paciente não foi mais o mesmo. Apesar de decidido a se reorganizar e superar o evento, inclusive com suporte financeiro dos filhos, passou a ficar mais ansioso. Durante toda a sua consulta o paciente queixava-se de angústia, sensação de aperto no peito e chorava bastante. Não apresentava pensamentos negativos, mas sentia-se incomodado em sentir tudo aquilo. Mantinha-se independente e autônomo, inclusive com as finanças, conseguindo gradativamente melhorar sua situação e se recuperar dos investimentos perdidos. O paciente foi submetido, na ocasião da consulta, à avaliação cognitiva de triagem, que evidenciou prejuízo, principalmente atencional. Exames gerais e eletrocardiograma estavam sem alterações. Antecedentes pessoais incluíam dislipidemia e HAS. Estava em uso de: losartana 50 mg e atorvastatina 10 mg. Sem antecedentes familiares relevantes. O paciente foi diagnosticado com transtorno de ansiedade generalizada (TAG). Foi iniciado o escitalopram na dose de 5 mg com aumento posterior para 10 mg ao longo de duas semanas. Apresentou náusea inicialmente, com melhora espontânea após três dias.

No primeiro retorno, ainda se apresentava ansioso e mantinha parte das queixas que relatou na primeira consulta. Tolerou o aumento da dose até 15 mg sem outros efeitos adversos. Observou melhora dos episódios de mal-estar súbito e sudorese, do sono e da inquietação. Também não estava tão preocupado com o futuro imediato, conseguindo reconhecer que as coisas caminhavam bem. Exames laboratoriais e eletrocardiograma de controle permaneceram sem alterações. No terceiro retorno relatou remissão completa de sintomas. No mesmo período iniciou psicoterapia em sessões semanais. Relatou que a psicoterapia o ajudava a se organizar, priorizando tarefas, além de ter aprendido técnicas de relaxamento que agora ensinava para a esposa.

APONTAMENTOS SURGIDOS NA PRÁTICA CLÍNICA

Os transtornos de ansiedade são frequentemente subdiagnosticados e negligenciados na população idosa

Alguns cuidados na realização da anamnese e na avaliação das queixas relatadas podem facilitar o diagnóstico. Atenção a queixas físicas inespecíficas e cansaço excessivo. Preocupações excessivas com questões corriqueiras podem colaborar para a identificação de um transtorno de ansiedade. Ao se utilizar de escalas para avaliação de sintomas, dar preferência àquelas que contemplam características específicas dessa população, como a possível presença de um comprometimento cognitivo.

As fobias específicas e o transtorno de ansiedade generalizada são os transtornos de ansiedade mais comuns na população idosa

Na prática clínica, o transtorno de ansiedade generalizada parece se sobrepor aos demais tipos, sendo o mais prevalente. Dentro das fobias específicas, o medo de cair e a agorafobia têm sido apontados como ocorrências comuns entre idosos e são bastante limitantes. Questiona-se se a agorafobia não seja desencadeada pelo próprio medo de cair.

O tratamento farmacológico dos transtornos de ansiedade segue as mesmas recomendações do tratamento no adulto jovem, com algumas particularidades no manejo de doses que devem ser conhecidas

O medicamento deve ser iniciado em dose subterapêutica, muitas vezes menor que a dose usual de início de tratamento em adultos jovens.

(continua)

(continuação)

O aumento de dose deve ser lento e gradual, sempre com monitoramento da ocorrência de efeitos adversos. A dose terapêutica das medicações deve ser conhecida e deve ser atingida no tratamento de idosos com transtorno de ansiedade. Algumas características inerentes à fisiologia do idoso devem ser destacadas e levadas em consideração quando da prescrição de medicamentos e psicofármacos, como a redução na velocidade do metabolismo hepático e da excreção, redução de albumina e aumento do tecido adiposo.

Sobre as medicações indicadas para o tratamento dos transtornos de ansiedade no idoso

Os ISRS e IRSN são recomendados como primeira escolha no tratamento dos transtornos de ansiedade, especialmente do transtorno de ansiedade generalizada (TAG). O benefício da prescrição de benzodiazepínicos para idosos é geralmente questionável, e as recomendações atuais sugerem que todos os benzodiazepínicos devem ser evitados para a maioria dos adultos acima dos 65 anos.

Sobre as opções de tratamento não farmacológico para os transtornos de ansiedade no idoso

A terapia cognitivo-comportamental (TCC) é a abordagem de escolha, sendo a técnica com maior registro de eficácia. Estimulação magnética transcraniana (EMT) representa excelente opção de tratamento dos transtornos de ansiedade, com melhora de sintomas ansiosos com estimulação do córtex pré-frontal.

CONSIDERAÇÕES FINAIS

A pesquisa científica tem se dedicado de forma limitada à abordagem e ao tratamento dos transtornos de ansiedade em idosos. Apesar disso, compreende-se que existam diferenças entre as apresentações no adulto jovem e no idoso que merecem estudos mais aprofundados. Manifestações físicas e associação com sintomas cognitivos parecem ser muito frequentes e merecem atenção. Do ponto de vista do tratamento dos transtornos de ansiedade na população idosa, este deve contar sempre com a combinação de intervenções não farmacológicas com medicamentos recomendados. O início da medicação, seu aumento de dose e as doses-alvo pretendidas devem ter um acompanhamento cauteloso e minucioso, controlando sinais de resposta e de ocorrência de efeitos adversos. Os ISRS e os IRSN são a primeira linha no tratamento da ansiedade. Compreende-se que a ansiedade é aspecto comum ao envelhecimento, mas a não identificação dos transtornos de ansiedade nessa população tem impacto negativo significativo na qualidade de vida do idoso.

REFERÊNCIAS BIBLIOGRÁFICAS

1. American Psychiatric Association. Manual diagnóstico e estatístico de transtornos mentais. 5. ed. Porto Alegre: Artmed, 2014.
2. Canuto A, Weber K, Baertschi M, Andreas S, Volkert J, Dehoust MC, et al. Anxiety disorders in old age: psychiatric comorbidities, quality of life, and prevalence according to age, gender, and country. Am J Geriatr Psychiatry. 2018;26(2):174-85.
3. Reynolds K, Pietrzak RH, El-Gabalawy R, Mackenzie CS, Sareen J. Prevalence of psychiatric disorders in U.S. older adults: findings from a nationally representative survey. World Psychiatry. 2015;14(1):74-81.
4. Pary R, Sarai SK, Micchelli A, Lippmann S. Anxiety disorders in older patients. Prim Care Companion CNS Disord. 2019;21(1).
5. Andreescu C, Varon D. New research on anxiety disorders in the elderly and an update on evidence-based treatments. Curr Psychiatry Rep. 2015;17(7):53.
6. Engel K, Bandelow B, Gruber O, Wedekind D. Neuroimaging in anxiety disorders. J Neural Transm (Vienna). 2009;116(6):703-16.
7. Blay SL, Marinho V. Transtornos ansiosos em idosos. In: Forlenza OV, Radanovic M, Aprahamian I. Neuropsiquiatria geriátrica. 2.ed. São Paulo: Atheneu; 2014. p. 179-182.
8. Nuss P. Anxiety disorders and GABA neurotransmission: a disturbance of modulation. Neuropsychiatr Dis Treat. 2015;11:165-75.
9. Steiner AR, Petkus AJ, Nguyen H, Wetherell JL. Information processing bias and pharmacotherapy outcome in older adults with generalized anxiety disorder. J Anxiety Disord. 2013;27(6):592-7.
10. Lenze EJ, Goate AM, Nowotny P, Dixon D, Shi P, Bies RR, et al. Relation of serotonin transporter genetic variation to efficacy of escitalopram for generalized anxiety disorder in older adults. J Clin Psychopharmacol. 2010;30(6):672-7.
11. World Health Organization. ICD-11. Disponível em: <http://www.who.int/classifications/icd/revision/en/>. Acesso em: fev. 2020.
12. Gould RL, Wetherell JL, Serfaty MA, Kimona K, Lawrence V, Jones R, et al. Acceptance and commitment therapy for older people with treatment-resistant generalised anxiety disorder: the FACTOID feasibility study. Health Technol Assess. 2021;25(54):1-150.
13. Wolitzky-Taylor KB, Castriotta N, Lenze EJ, Stanley MA, Craske MG. Anxiety disorders in older adults: a comprehensive review. Depress Anxiety. 2010;27(2):190-211.
14. Zhang Y, Zhou XH, Meranus DH, Wang L, Kukull WA. Benzodiazepine use and cognitive decline in elderly with normal cognition. Alzheimer Dis Assoc Disord. 2016;30(2):113-7.
15. Ramos K, Stanley MA. Anxiety disorders in late life. Psychiatr Clin North Am. 2018;41(1):55-64.
16. Sigström R, Skoog I, Karlsson B, et al. Nine-year follow up of specific phobia in a population sample of older people. Depress Anxiety. 2016;33(4):339-46.
17. Balsamo M, Cataldi F, Carlucci L, Fairfield B. Assessment of anxiety in older adults: a review of self-report measures. Clin Interv Aging. 2018;13:573-93.
18. Jessen F, Amariglio RE, van Boxtel M, Breteler M, Ceccaldi M, Chetelat G, et al. A conceptual framework for research on subjective cognitive decline in preclinical Alzheimer's disease. Alzheimers Dement. 2014;10(6):844-52.

19. Molinuevo JL, Rabin LA, Amariglio R, Buckley R, Dubois B, Ellis KA, et al. Implementation of subjective cognitive decline criteria in research studies. Alzheimers Dement. 2017;13(3):296-311.
20. Jack CR, Jr, Bennett DA, Blennow K, Carrillo MC, Dunn B, Haeberlein SB, et al. NIA-AA research framework: toward a biological definition of Alzheimer's disease. Alzheimers Dement. 2018;14(4):535-62.
21. Santabarbara J, Lipnicki DM, Villagrasa B, Lobo E, Lopez-Anton R. Anxiety and risk of dementia: systematic review and meta-analysis of prospective cohort studies. Maturitas. 2019;119:14-20.
22. Gulpers B, Ramakers I, Hamel R, Kohler S, Oude Voshaar R, Verhey F. Anxiety as a predictor for cognitive decline and dementia: a systematic review and meta-analysis. Am J Geriatr Psychiatry. 2016;24(10):823-42.
23. Becker E, Orellana Rios CL, Lahmann C, Rucker G, Bauer J, Boeker M. Anxiety as a risk factor of Alzheimer's disease and vascular dementia. Br J Psychiatry. 2018;213(5):654-60.
24. Liew TM. Subjective cognitive decline, anxiety symptoms, and the risk of mild cognitive impairment and dementia. Alzheimers Res Ther. 2020;12(1):107.
25. Scheef L, Grothe MJ, Koppara A, Daamen M, Boecker H, Biersack H, Schild HH, Wagner M, Teipel S, Jessen F. Subregional volume reduction of the cholinergic forebrain in subjective cognitive decline (SCD). Neuroimage Clin. 2019;21:101612.
26. Mark RE, Sitskoorn MM. Are subjective cognitive complaints relevant in preclinical Alzheimer's disease? A review and guidelines for healthcare professionals. Rev Clin Gerontol. 2013;23(1):61-74.
27. Van Dam D, Vermeiren Y, Dekker AD, Naudé PJW, Deyn PPD. Neuropsychiatric disturbances in Alzheimer's disease: what have we learned from neuropathological studies? Curr Alzheimer Res. 2016;13(10):1145-64.
28. Craske MG, Rauch SL, Ursano R, Prenoveau J, Pine DS, Zinbarg RE. What is an anxiety disorder? Depress Anxiety.2009;26(12):1066-85.
29. Byers AL, Yaffe K, Covinsky KE, Friedman MB, Bruce ML. High occurrence of mood and anxiety disorders among older adults: The National Comorbidity Survey Replication. Arch Gen Psychiatry. 2010;67(5):489-96.
30. Lenze EJ, Wetherell JL. A lifespan view of anxiety disorders. Dialogues Clin Neurosci. 2011;13(4):381-99.
31. Pachana NA, Byrne GJ, Siddle H, Koloski N, Harley E, Arnold E. Development and validation of the Geriatric Anxiety Inventory. Int Psychogeriatr. 2007;19(1):103-14.
32. Massena PN, de Araújo NB, Pachana N, Laks J, de Pádua AC. Validation of the Brazilian Portuguese Version of Geriatric Anxiety Inventory--GAI-BR. Int Psychogeriatr. 2015;27(7):1113-9.
33. Segal DL, June A, Payne M, Coolidge FL, Yochim B. Development and initial validation of a self-report assessment tool for anxiety among older adults: the Geriatric Anxiety Scale. J Anxiety Disord. 2010;24(7):709-14.
34. Hofmann SG, Smits JA. Cognitive-behavioral therapy for adult anxiety disorders: a meta-analysis of randomized placebo-controlled trials. J Clin Psychiatry. 2008;69(4):621-32.
35. Gould RL, Coulson MC, Howard RJ. Efficacy of cognitive behavioral therapy for anxiety disorders in older people: A meta-analysis and meta-regression of randomized controlled trials. J Am Geriatrics Society. 2012.60(2):218-29.
36. Mansson KNT, Salami A, Frick A, Carlbring P, Andersson G, Furmark T, et al. Neuroplasticity in response to cognitive behavior therapy for social anxiety disorder. Transl Psychiatry. 2016;6(2):e727.
37. Vicario CM, Salehinejad MA, Felmingham K, Martino G, Nitsche MA. A systematic review on the therapeutic effectiveness of non-invasive brain stimulation for the treatment of anxiety disorders. Neurosci Biobehav Rev. 2019;96:219-31.
38. 2019 American Geriatrics Society Beers Criteria Update Expert Panel. American Geriatrics Society 2019 Updated AGS Beers Criteria for potentially inappropriate medication use in older adults. J Am Geriatr Soc. 2019;67(4):674-94.

39. Crocco EA, Jaramillo S, Cruz-Ortiz C, et al. Pharmacological management of anxiety disorders in the elderly. Curr Treat Options Psych. 2017;4: 33-46.
40. Bower ES, Wetherell JL, Mon T, Lenze EJ. Treating anxiety disorders in older adults: current treatments and future directions. Harvard Review of Psychiatry. 2015;23:329-42.
41. He H, Xiang Y, Gao F, Bai L, Gao F, Fan Y, et al. Comparative efficacy and acceptability of first-line drugs for the acute treatment of generalized anxiety disorder in adults: A network meta-analysis. J Psychiatric Res. 2019.
42. Laghrissi-Thode F, Pollock BG, Miller MC, Mulsant BH, Altieri L, Finkel MS. Double-blind comparison of paroxetine and nortriptyline on the postural stability of late-life depressed patients. Psychopharmacol Bull. 1995;31(4):659-63.
43. Yuan Y, Tsoi K, Hunt RH. Selective serotonin reuptake inhibitors and risk of upper GI bleeding: confusion or confounding? Am J Med. 2006;119(9):719-27.
44. Diem SJ, Blackwell TL, Stone KL, Yaffe K, Haney EM, Bliziotes MM, et al. Use of antidepressants and rates of hip bone loss in older women: the study of osteoporotic fractures. Arch Intern Med. 2007;167(12):1240-5.
45. Cooke MJ, Waring WS. Citalopram and cardiac toxicity. Eur J Clin Pharmacol. 2013;69:755-60.
46. Baldwin DS, Waldman S, Allgulander C. Evidence-based pharmacological treatment of generalized anxiety disorder. Int J Neuropsychopharmacol. 2011;14(5):697-710.
47. Schutters SI, Van Megen HJ, Van Veen JF, Denys DA, Westenberg HG. Mirtazapine in generalized social anxiety disorder: a randomized, double-blind, placebo-controlled study. Int Clin Psychopharmacol. 2010;25(5):302-4.
48. Montgomery S, Chatamra K, Pauer L, Whalen E, Baldinetti F. Efficacy and safety of pregabalin in elderly people with generalized anxiety disorder. Br J Psychiatry. 2008;193(5):389-94
49. Mulsant BHP. Psychopharmacology. In: Thakur M, Blazer DG, Steffens DC (eds.). Clinical manual of geriatric psychiatry. Washington: American Psychiatric Publishing; 2014.
50. Hashemi S, Shirazi H, Mohammadi A, Zadeh-Bagheri G, Noorian K, Malekzadeh, M. Nortriptyline versus fluoxetine in the treatment of major depressive disorder: A six-month, double-blind clinical trial. Clinical Pharmacology: Advances and Applications. 2012;4:1-6.
51. Picton JD, Marino AB, Nealy KL. Benzodiazepine use and cognitive decline in the elderly. Am J Health Syst Pharm. 2018;75(1):e6-e12.
52. Imfeld P, Bodmer M, Jick SS, Meier CR. Benzodiazepine use and risk of developing Alzheimer's disease or vascular dementia: a case-control analysis. Drug Saf. 2015;38:909-19.
53. Lagnaoui R, Begaud B, Moore N, Chaslerie A, Fourrier A, Letenneur L, et al. Benzodiazepine use and risk of dementia: a nested case-control study. J Clin Epidemiol. 2002;55:314-8.

4

Transtorno afetivo bipolar no idoso

Paulo Chenaud Neto
Jéssica Formiga e Silva
Mariana Vieira Fernández Echegaray
Leandro da Costa Lane Valiengo

INTRODUÇÃO

O crescimento da população mundial idosa tem atingido níveis sem precedentes. Até 2025-2030, a população com mais de 60 anos crescerá 3,5 vezes mais rápido do que a população em geral. Nesse contexto, entender o curso clínico do transtorno afetivo bipolar (TAB) no processo de envelhecimento é importante para prestar serviços adequados, eficientes e otimizar a qualidade de vida desses pacientes[1].

Neste capítulo, abordaremos o TAB em idosos, população heterogênea que representa 25% dos portadores do transtorno. Englobaremos tanto pacientes com início precoce quanto com início tardio. Este último grupo é definido pela maioria dos autores, apesar de algumas controvérsias, quando o primeiro episódio de mania ou hipomania ocorre com 50 anos ou mais.

EPIDEMIOLOGIA

Estudos epidemiológicos sugerem que o transtorno bipolar em idosos é cerca de três vezes menos comum do que em populações mais jovens. Os tipos I e II afetam 0,5 a 1% dos idosos na comunidade. Essas taxas aumentam em centros especializados e ambientes protegidos, como hospitais e instituições de longa permanência, podendo chegar a 10%. Estudos nos Estados Unidos identificaram que 17% dos idosos em emergências psiquiátricas eram portadores de TAB[1].

Não há estimativas precisas da incidência e prevalência dessa condição em amostras aleatórias de idosos no Brasil. Um estudo transversal de base populacional, conduzido no Rio Grande do Sul, incluiu indivíduos com 60 anos ou mais cadastrados na atenção primária. A amostra foi composta por 550 idosos e a prevalência ao longo da vida de transtorno bipolar foi de 5,8%, enquanto a prevalência no momento do estudo foi de 1,5%[3].

Com relação à idade de início, estima-se que 5 a 10% dos indivíduos bipolares apresentarão o primeiro episódio maniforme após os 50 anos.

Aproximadamente 70% dos idosos bipolares são mulheres, enquanto a proporção entre sexo feminino e masculino é de 1:1 em populações jovens[4].

ETIOPATOGENIA

A patogênese do TAB ainda é desconhecida, porém a etiologia é baseada em um modelo multifatorial, envolvendo aspectos biológicos, psicológicos e sociais, em que gene e meio ambiente interagem entre si.

A etiologia do transtorno bipolar de início tardio é possivelmente diferente do de início precoce. Enquanto o último está mais relacionado à história familiar de transtorno afetivo, o primeiro estaria mais associado a patologias do sistema nervoso central. Um estudo de neuroimagem detectou lesões cerebrovasculares (sem sinal neurológico focal) em mais pacientes bipolares geriátricos de início tardio do que nos de início precoce. Outros possíveis achados de neuroimagem que talvez possam estar relacionados à patogênese do transtorno bipolar geriátrico incluem: volume reduzido de estruturas da substância cinzenta (p. ex., estruturas frontais e subcorticais), hiperintensidades da substância branca e alterações bioquímicas[5].

Nota-se uma deterioração progressiva do sistema nervoso central no envelhecimento, evidenciada por sinais de inflamação, disfunção mitocondrial e estresse oxidativo, podendo também desempenhar um papel na patogênese do transtorno em questão. Outros possíveis mecanismos parecem contribuir, como, por exemplo, a redução das neurotrofinas cerebrais, como o fator neurotrófico derivado do cérebro (BNDF) e alterações epigenéticas[6].

Ressalta-se, ainda, que os episódios de humor que ocorrem em pacientes bipolares geriátricos podem ser, em parte, decorrentes de eventos estressores, tais como: mudanças no papel familiar, residência, emprego, finanças, discórdia conjugal etc.[7].

QUADRO CLÍNICO

De forma geral, a apresentação psicopatológica dos pacientes mais idosos em uma fase não difere da apresentação da população geral. Podem existir algumas diferenças específicas, a saber: aumento do comprometimento cognitivo e diminuição da ansiedade, do uso de substâncias, da impulsividade e do interesse sexual excessivo. Ainda, a maioria dos estudos demonstrou menor frequência de psicose e mania no TAB geriátrico, porém maiores taxas de depressão e episódios com características mistas[8].

Não está claro se existem e quais são as diferenças entre as apresentações dos quadros de início precoce e tardio, pois os estudos apresentaram resultados conflitantes e as diferenças específicas encontradas variam entre eles. Dados escassos da literatura parecem indicar que o TAB de início tardio é menos frequente, tem curso progressivo, com maior risco de recorrência, maior comprometimento cognitivo e maior taxa de doença cerebrovascular[8].

Quanto a outras diferenças no curso do transtorno, a gravidade dos episódios parece diminuir ao longo do tempo, mas a quantidade aparentemente se mantém constante até os 70 anos. Pacientes idosos com TAB têm menor risco de cometer suicídio do que pacientes jovens.

Em relação às comorbidades psiquiátricas, as mais comuns são transtornos de ansiedade e transtorno por uso de substâncias (principalmente transtorno por uso de álcool), ainda que sejam menos frequentes do que em pacientes bipolares adultos[9].

CRITÉRIOS DIAGNÓSTICOS

O diagnóstico de TAB no idoso é realizado seguindo os mesmos critérios do adulto jovem, regidos pelo Manual Diagnóstico e Estatístico de Transtornos Mentais – 5ª edição (DSM-5)[2].

O transtorno pode ser composto por episódios maníacos (Quadro 1), hipomaníacos, depressivos maiores (Quadro 2) e, ainda, apresentar características mistas.

O episódio de hipomania segue a maioria dos critérios apresentados no Quadro 1, porém a duração é de pelo menos 4 dias consecutivos (e não 7 dias como na mania), não pode haver sintomas psicóticos e não é suficientemente grave a ponto de causar prejuízo acentuado no funcionamento social ou profissional ou para necessitar de hospitalização.

Os episódios com características mistas são uma combinação de sintomas depressivos e maniformes, concomitantemente.

O diagnóstico de TAB tipo I é dado quando foram atendidos os critérios para pelo menos um episódio maníaco durante a vida. Já no TAB tipo II há histórico de pelo menos um episódio hipomaníaco e um episódio depressivo, jamais tendo apresentado um episódio de mania. A ocorrência desses episódios não pode ser mais bem explicada por outros transtornos psiquiátricos[2].

Quadro 1 Critérios para episódio maníaco (DSM-5)

A. Um período distinto de humor anormal e persistentemente elevado, expansivo ou irritável e aumento anormal e persistente da atividade dirigida a objetivos ou da energia, com duração mínima de uma semana e presente na maior parte do dia, quase todos os dias (ou qualquer duração, se a hospitalização se fizer necessária).
B. Durante o período de perturbação do humor e aumento da energia ou atividade, três (ou mais) dos seguintes sintomas (quatro se o humor é apenas irritável) estão presentes em grau significativo e representam uma mudança notável do comportamento habitual: 1. Autoestima inflada ou grandiosidade. 2. Redução da necessidade de sono (p. ex., sente-se descansado com apenas três horas de sono). 3. Mais loquaz que o habitual ou pressão para continuar falando. 4. Fuga de ideias ou experiência subjetiva de que os pensamentos estão acelerados. 5. Distratibilidade (i.e., a atenção é desviada muito facilmente por estímulos externos insignificantes ou irrelevantes), conforme relatado ou observado. 6. Aumento da atividade dirigida a objetivos (seja socialmente, no trabalho ou escola, seja sexualmente) ou agitação psicomotora (i.e., atividade sem propósito não dirigida a objetivos). 7. Envolvimento excessivo em atividades com elevado potencial para consequências dolorosas (p. ex., envolvimento em surtos desenfreados de compras, indiscrições sexuais ou investimentos financeiros insensatos).
C. A perturbação do humor é suficientemente grave a ponto de causar prejuízo acentuado no funcionamento social ou profissional ou para necessitar de hospitalização a fim de prevenir dano a si mesmo ou a outras pessoas, ou existem características psicóticas.
D. O episódio não é atribuível aos efeitos fisiológicos de uma substância (p. ex., droga de abuso, medicamento, outro tratamento) ou a outra condição médica.
Nota: um episódio maníaco completo que surge durante tratamento antidepressivo (p. ex., medicamento, eletroconvulsoterapia), mas que persiste em um nível de sinais e sintomas além do efeito fisiológico desse tratamento, é evidência suficiente para um episódio maníaco e, portanto, para um diagnóstico de transtorno bipolar tipo I.

Fonte: adaptado de American Psychiatric Association, 2014[2].

ASPECTOS COGNITIVOS ALTERADOS NO TAB EM IDOSOS E A "FRONTEIRA" COM DEMÊNCIAS

A disfunção cognitiva afeta uma proporção significativa de pessoas com TAB, relação esta que tem sido cada vez mais estudada. Esforços têm sido feitos para melhorar a compreensão da causa, da trajetória e dos correlatos associados a essa disfunção. Um melhor entendimento acerca dos déficits possibilita o desenvolvimento de estratégias para prevenir e tratar o declínio cognitivo.

Quadro 2 Episódio depressivo maior (DSM-5)

A. Cinco (ou mais) dos seguintes sintomas estiveram presentes durante o mesmo período de duas semanas e representam uma mudança em relação ao funcionamento anterior; pelo menos um dos sintomas é (1) humor deprimido ou (2) perda de interesse ou prazer. Nota: não incluir sintomas que sejam claramente atribuíveis a outra condição médica. 1. Humor deprimido na maior parte do dia, quase todos os dias, conforme indicado por relato subjetivo (p. ex., sente-se triste, vazio ou sem esperança) ou por observação feita por outra pessoa (p. ex., parece choroso). 2. Acentuada diminuição de interesse ou prazer em todas, ou quase todas, as atividades na maior parte do dia, quase todos os dias (conforme indicado por relato subjetivo ou observação feita por outra pessoa). 3. Perda ou ganho significativo de peso sem estar fazendo dieta (p. ex., mudança de mais de 5% do peso corporal em um mês) ou redução ou aumento no apetite quase todos os dias. 4. Insônia ou hipersonia quase diária. 5. Agitação ou retardo psicomotor quase todos os dias (observável por outras pessoas; não meramente sensações subjetivas de inquietação ou de estar mais lento). 6. Fadiga ou perda de energia quase todos os dias. 7. Sentimentos de inutilidade ou culpa excessiva ou inapropriada (que podem ser delirantes) quase todos os dias (não meramente autorrecriminação ou culpa por estar doente). 8. Capacidade diminuída para pensar ou se concentrar, ou indecisão quase todos os dias (por relato subjetivo ou observação feita por outra pessoa). 9. Pensamentos recorrentes de morte (não somente medo de morrer), ideação suicida recorrente sem um plano específico, tentativa de suicídio ou plano específico para cometer suicídio.
B. Os sintomas causam sofrimento clinicamente significativo ou prejuízo no funcionamento social, profissional ou em outras áreas importantes da vida do indivíduo.
C. O episódio não é atribuível aos efeitos fisiológicos de uma substância ou a outra condição médica.

Fonte: adaptado de American Psychiatric Association, 2014[2].

Estudos se debruçaram sobre a investigação de declínio cognitivo pré-mórbido como fator de risco para o desenvolvimento de TAB, mas os resultados são controversos. Nesse sentido, o alto funcionamento cognitivo pré-mórbido na adolescência em reconhecimento espacial, conhecimentos gerais e compreensão linguística esteve associado a baixo risco de desenvolvimento de TAB em um estudo de coorte. Por outro lado, há estudos que não encontraram tal associação ou que indicaram o oposto[10].

Sabe-se que os déficits cognitivos em pacientes com TAB persistem mesmo após a resolução dos sintomas de humor e geram importante impacto no funcionamento psicossocial. Uma metanálise com pacientes com TAB eutímicos, na população geriátrica, encontrou comprometimento em domínios de aprendizado e memórias verbal e visual, bem como em memória de trabalho. Pacientes com início precoce do transtorno tendem a ter déficits cognitivos mais severos. Tais achados levantam a hipótese de que há alterações intrínsecas nos pacientes com TAB que levam à disfunção cognitiva[10].

Nos idosos, os transtornos neurodegenerativos são mais prevalentes e podem apresentar-se como TAB ou psicose, na forma de pródromo. O TAB de início tardio e o comprometimento cognitivo associado podem, portanto, ser marcadores prodrômicos para o desenvolvimento de demência, como a doença de Alzheimer. Os principais domínios cognitivos no paciente com TAB costumam ser em atenção e disfunção executiva, além da memória verbal e semântica[11].

Pacientes com TAB, independentemente da idade de início, estão sob alto risco para desenvolvimento de demência em comparação à população geral. Um estudo dinamarquês feito por Kessing e Andersen se propôs a investigar se o risco de desenvolver demência em pacientes com TAB aumenta a depender da quantidade de episódios de humor. Os autores encontraram um aumento de 6% a cada fase de humor em que há necessidade de internação. Além disso, os pacientes com TAB têm mais que o dobro de chance de desenvolver demência em comparação à população geral. Quanto aos mecanismos envolvidos, sabe-se que são multifatoriais e envolvem a carga do transtorno psiquiátrico; a presença de comorbidades clínicas e neurológicas, em especial cerebrovasculares; uso crônico das medicações, além de mecanismos intrínsecos do paciente que precisam ser mais bem compreendidos[12].

É importante ressaltar que, apesar de existir declínio cognitivo nos pacientes com TAB e esse transtorno ser fator de risco para demência, aparentemente os mecanismos envolvidos são distintos do que ocorre na doença de Alzheimer. Estudos demonstraram que não há um papel importante relacionado à apolipoproteína E nessa patologia. Além disso, não foram encontradas alterações em biomarcadores liquóricos sugestivas de doença de Alzheimer nos pacientes com TAB. Portanto, os pacientes que convivem com o transtorno bipolar, especialmente de longa data e com quadros graves durante o curso da doença, apresentam declínio cognitivo gradual, levando ao conceito de neuroprogressão[13].

DIAGNÓSTICO DIFERENCIAL

A exclusão de causas orgânicas é obrigatória na população idosa, principalmente nos pacientes sem histórico psiquiátrico. Diversas condições clínicas podem mimetizar uma fase maníaca, sejam elas neurológicas (demências, esclerose múltipla, acidente vascular encefálico, tumores cerebrais, traumatismo cranioencefálico, epilepsia e hidrocefalia) ou sistêmicas (HIV, hipertireoidismo, sífilis terciária, infecções sistêmicas, uremia e lúpus eritematoso sistêmico)[14].

Entre as demências, destacamos o diagnóstico diferencial com demência frontotemporal variante comportamental (DFTvc). Desinibição, comportamentos ritualísticos/compulsivos e perda de empatia, por exemplo, podem ser confundidos com um episódio maniforme, bem como a apatia pode ser erroneamente considerada sintoma depressivo. A disfunção executiva ainda pode estar presente tanto no TAB como na DFTvc[15].

Acidente vascular encefálico, hemorragia ou isquemia culminam em injúria neurológica aguda e podem causar perda focal de função cerebral[16]. Quando afetam áreas como lobos orbitofrontal direito, temporal, gânglios da base ou tálamo podem estar associados a quadro maniforme. Tumores cerebrais podem se apresentar com sintomas generalizados (p. ex., cefaleia, convulsão, náuseas) ou sintoma neurológico focal (p. ex., fraqueza ou perda sensorial). No hipertireoidismo, encontraremos sintomas como palpitação, intolerância ao calor, dispneia aos esforços, perda de peso, tremor e tireoide aumentada. Ou seja, uma anamnese bem-feita traz sinais e sintomas que corroboram ou afastam diagnósticos diferenciais que podem cursar com alteração de humor. Também é extremamente importante investigar a introdução de novos medicamentos e fitoterápicos, como corticosteroides e agonistas dopaminérgicos, além do uso de substâncias psicoativas[17]. O Quadro 3 lista algumas possíveis causas de mania secundária. As condições clínicas que podem mimetizar um quadro depressivo já foram discutidas no Capítulo 2 – "Depressão geriátrica".

Ainda, os diagnósticos psiquiátricos diferenciais para TAB incluem, principalmente: depressão unipolar, esquizofrenia, transtorno esquizoafetivo, transtorno delirante persistente e transtorno por uso de substâncias.

EXAMES COMPLEMENTARES

Como explicado anteriormente, é necessário excluir condições orgânicas que possam ter apresentação clínica semelhante a uma fase de humor, assim como acompanhar possíveis alterações causadas pelo tratamento farmacológico. Recomendamos uma avaliação inicial com os seguintes exames: hemograma, eletrólitos, funções renal e tireoidiana, enzimas e função hepática, vitamina B12 e ácido fólico, sorologias para HIV e sífilis, exame de urina, eletrocardiograma e exame de imagem estrutural, devendo haver individualização e possível complementação dos exames a depender das queixas apresentadas[4].

Nos exames laboratoriais, o hemograma pode revelar macrocitose, que está associada a hipovitaminoses e etilismo importante, além de neutropenia induzida por fármacos. A avaliação dos eletrólitos (principalmente sódio), função renal e enzimas e função hepática é fundamental para a escolha e o manejo dos psicotrópicos. Alterações na tireoide, tanto hipo como hipertireoidismo, podem

Quadro 3 Algumas causas de mania secundária

Neurológicas	Doença de Alzheimer Lesões cerebrovasculares Encefalopatia por HIV Epilepsia Encefalites Esclerose múltipla Demência vascular Doença de Wilson Hidrocefalia de pressão normal	Neurossífilis Doença de Parkinson Doença de Pick Coreia de Sydenham Tumores do sistema nervoso central Traumatismo cranioencefálico Outras demências
Sistêmicas	Doença de Addison Síndrome de Cushing Doença renal em estágio final Hipertireoidismo Influenza *Delirium*	Policitemia Pós-operatório Uremia Deficiência de vitamina B12 Doenças autoimunes
Medicamentos/ substâncias psicoativas	Álcool Apomorfina Amantadina Anfetaminas Anticolinérgicos Benzodiazepínicos Barbitúricos Broncodilatadores Bromocriptina Baclofeno Cocaína Antidepressivos Reposição de cálcio Intoxicação por brometo Esteroides anabolizantes Carbamazepina	Estrogênio Alucinógenos Cimetidina Retirada de clonidina Ciclobenzaprina Carbamazepina Intoxicação por lítio Fenitoína Procainamida Propafenona Zidovudina Indometacina Metoclopramida Aminas simpaticomiméticas Agonistas dopaminérgicos Corticotrofina (ACTH)

Fonte: adaptado de Tampi, 2021[17].

causar sintomas de humor, por isso se recomenda a dosagem inicial de TSH e T4L, e avaliação posterior de anticorpos antitireoidianos se necessário[18]. Como será descrito a seguir, a escolha do uso de lítio, por exemplo, obriga a realização de avaliações periódicas das funções renal e tireoidiana, com necessidade de acompanhamento mais regular em idosos. Se há suspeita de uso de substâncias psicoativas, o exame toxicológico deve ser considerado. A realização de exame de imagem, de preferência ressonância magnética (RM) de crânio, também é importante para a exclusão de causas orgânicas[18].

TRATAMENTO

O tratamento de TAB nos idosos segue, de maneira geral, as mesmas diretrizes do tratamento de TAB em adultos, aparentemente também com boa eficácia. No entanto, pelo fato de o paciente ser idoso, algumas especificidades precisam ser respeitadas. Além disso, há uma menor quantidade de estudos com evidências científicas robustas sobre tratamento especificamente na população idosa. Para facilitar a compreensão, abordaremos separadamente o tratamento farmacológico e o não farmacológico.

Tratamento farmacológico

O tratamento farmacológico deve ser individualizado. Deve-se sempre levar em consideração a história psiquiátrica prévia, a gravidade do quadro clínico atual, bem como a eficácia do agente, a tolerabilidade e a segurança, especialmente nos pacientes idosos. As medicações mais prescritas para o tratamento de TAB na população geral são estabilizadores de humor, prescritos em 68% dos casos, antipsicóticos, em 54%, e antidepressivos, em 34% dos casos. Na maioria dos casos, em torno de 57%, ocorre associação de medicações. Ainda assim, mesmo com medicações otimizadas, a remissão completa de sintomas costuma ser atingida em apenas 35% dos pacientes tratados. Em 32% dos pacientes, não há melhora significativa dos sintomas[19].

O tratamento de TAB costuma ser dividido entre a fase de apresentação (mania, depressão ou com características mistas) e a de manutenção. Em todas as fases, almeja-se a menor quantidade de medicação e em menor dose possível, visando a remissão dos sintomas e a diminuição de possíveis efeitos colaterais.

Mania

Nas fases de mania, os tratamentos de primeira linha em monoterapia para a população geral incluem lítio, valproato, quetiapina, asenapina, aripiprazol, risperidona e cariprazina. Tratando-se de idosos, o tratamento de primeira linha é feito em monoterapia, sendo optado por introdução de lítio ou valproato[19].

Um estudo prospectivo randomizado duplo-cego feito por Young et al. investigou os efeitos do tratamento com lítio e valproato em idosos com TAB e encontrou que menos de 20% dos pacientes inicialmente tratados em monoterapia precisaram de adjuvância com antipsicóticos, mesmo tendo apresentação psicopatológica com sintomas psicóticos em 34% dos casos estudados[20]. Deve-se esperar pelo menos duas semanas em dose efetiva da medicação antes de se cogitar mudança terapêutica ou associação de medicações. Destaca-se que cerca de metade dos casos tratados com monoterapia apresenta melhora dos sintomas em intervalo de até 4 semanas. No entanto, a decisão de utilizar combinação medicamentosa ou monoterapia deve ser individualizada, de acordo com o julgamento clínico e o potencial de efeitos adversos. Em casos com sintomatologia grave, a combinação pode ser uma opção melhor que monoterapia com valproato ou lítio. A quetiapina é um antipsicótico que pode ser utilizado em associação com o estabilizador de humor, visando remissão mais rápida dos sintomas. Como opção, há estudos também com utilização de aripiprazol na população idosa.

Quetiapina é tida como medicação de segunda linha no tratamento e, como terceira linha, pode-se lançar mão de aripiprazol, risperidona, asenapina e carbamazepina. A lamotrigina não é recomendada para tratamento de fase maníaca por pouca efetividade nessa fase. Em quadros graves e/ou resistentes, deve-se cogitar uso de clozapina ou eletroconvulsoterapia[21].

Depressão bipolar

Assim como na fase maníaca, há poucos estudos robustos sobre terapêutica de depressão bipolar em idosos. O tratamento deve ser feito com medicações de primeira linha, extrapolando os conhecimentos acerca da população geral. São elas a quetiapina ou a lurasidona em monoterapia. A combinação de olanzapina com fluoxetina pode ser usada com cautela. O lítio e a lamotrigina podem ser usados como segunda linha de tratamento e, como terceira linha, o valproato, a carbamazepina e o aripiprazol.

Se sintomas psicóticos estiverem presentes durante a fase depressiva, deve-se considerar associação com antipsicótico e/ou eletroconvulsoterapia, especialmente em casos graves em que há resistência, suicidalidade, catatonia ou baixa ingesta calórica. Destaca-se que medicações antidepressivas podem ser usadas com atenção, desde que o paciente esteja em uso de estabilizador de humor, para evitar virada maníaca[22,23].

Outra opção terapêutica que tem sido utilizada para tratamento de episódio depressivo é a cetamina ou a escetamina. Em relação à depressão bipolar, há poucos estudos, especialmente quando se trata da população idosa. A literatura incipiente apresenta que o tratamento para depressão bipolar resistente é seguro e bem tolerado, com efeitos colaterais leves por minutos ou horas após a aplicação. No entanto, mais estudos precisam ser desenvolvidos em populações especiais, como de alto risco cardiovascular e em pacientes idosos[24,25].

Características mistas

Em razão da pouca evidência, levando em consideração os critérios do DSM-5 para fases de mania ou depressão com características mistas, em que foi abandonada a definição de episódio misto do DSM-IV, nenhum agente é considerado de primeira linha. Na população geral, para mania com características mistas, o tratamento de segunda linha inclui asenapina, cariprazina, valproato e aripiprazol. Para depressão com características mistas são incluídas como segunda linha cariprazina e lurasidona. Levando em consideração os estudos com a definição antiga de episódio misto, do DSM-IV, o tratamento de primeira linha inclui asenapina e aripiprazol e, como segunda linha, divalproato, carbamazepina e olanzapina (em monoterapia ou combinação). Não há recomendações específicas para o tratamento em idosos[26].

Tratamento de manutenção

Em relação ao tratamento durante a fase de manutenção do transtorno, quando os sintomas agudos estão remitidos, o mais importante é levar em consideração o tratamento que teve mais sucesso na fase aguda. As medicações que possuem alguma evidência para o tratamento de manutenção em idosos com TAB são lítio, valproato e lamotrigina. Destaca-se que a lamotrigina é menos efetiva para prevenir fases de mania[27].

De maneira geral, pacientes idosos costumam apresentar menor tolerabilidade e mais efeitos adversos, especialmente com antipsicóticos. Tais medicações devem ser usadas pelo menor tempo e dose possíveis, com o intuito de diminuir efeitos colaterais como sintomas extrapiramidais, sedação, constipação, retenção urinária, sintomas cognitivos e metabólicos. Aumento de mortalidade associada ao uso de antipsicóticos em idosos acontece em pacientes com demência. Apesar de não ser bem estabelecido se o mesmo ocorre em pacientes com TAB, o uso deve ser evitado[28]. Ainda sobre efeitos colaterais, o valproato costuma causar maior incidência de tremores e parkinsonismo em idosos, além de efeitos metabólicos. Quanto ao lítio, idosos têm risco aumentado de intoxicação. Deve-se iniciar tal medicação em dose baixa e fazer escalonamento lento de dose, além de monitorizar a função renal e a litemia por 5 a 7 dias após mudança de dose ou a cada 3 a 6 meses se dose estável. Deve-se atentar a medicações introduzidas que possam interferir em nível sérico, como diuréticos e anti-inflamatórios não hormonais. A faixa terapêutica média preconizada é de 0,6 a 0,8 mmol/L. Em idosos entre 60 e 79 anos, pode-se manter entre 0,4 e 0,8 mmol/L, e naqueles acima de 80 anos, 0,4 a 0,7 mmol/L[29]. Apesar dos cuidados necessários, o lítio costuma ser uma medicação efetiva no tratamento do TAB em idosos, tanto em fase maníaca como depressiva, ou para manutenção, tendo evidência quanto à redução da suicidalidade, bem como protetor para declínio cognitivo.

Os idosos não costumam apresentar diferença em relação aos adultos jovens a respeito do tempo para remissão dos sintomas. No entanto, costumam apresentar mais recorrência, que ocorre em intervalos cada vez menores[30].

Tratamento não farmacológico

Psicoterapia

A psicoterapia tem sido um tratamento não farmacológico estudado na população geral em transtorno de humor, majoritariamente em fase depressiva, seja em monoterapia ou como terapêutica adjuvante. Em relação à população idosa, os dados são mais escassos e especificidades devem ser consideradas, sobretudo a presença de sintomas cognitivos que possam dificultar o processo psicoterapêutico. Dentre as psicoterapias estudadas, a terapia cognitivo-comportamental (TCC) apresenta evidência quanto ao benefício em quadros depressivos na população idosa. O tratamento psicoterapêutico pela internet também tem sido uma opção, pensando em maior acessibilidade. Aparentemente, a combinação entre psicoterapia e psicofarmacologia tem sido o tratamento de escolha para idosos com depressão bipolar e para manutenção[21].

Eletroconvulsoterapia (ECT)

A eletroconvulsoterapia é uma opção terapêutica importante no tratamento de TAB em idosos. A sua principal indicação nessa população é em quadros depressivos agudos, sendo a maior robustez de evidência para depressão unipolar. A depressão bipolar tem evidências mais escassas, mas é uma estratégia também utilizada, inclusive para fase maníaca. É indicada para casos graves, refratários ou que não podem fazer uso de antidepressivos, seja por comorbidades que impeçam o uso ou por intolerância. Outras indicações são para fase maníaca refratária, catatonia, psicose e agitação grave em pacientes com demência.

A ECT costuma ser utilizada como tratamento de segunda linha, quando há falha de tratamento farmacológico. No entanto, pode ser utilizada de maneira mais imediata em casos graves, quando há necessidade de resposta mais rápida, a exemplo de catatonia, risco de suicídio, agitação importante e recusa de ingesta hídrica ou alimentar. É preciso ter atenção quanto à avaliação clínica pré-ECT especialmente em pacientes idosos, sobretudo dos pontos de vista cardiovascular e pulmonar. Ainda, o acompanhamento cognitivo faz-se importante, pois pode haver piora da cognição durante a vigência do tratamento. A ECT pode ser utilizada também como tratamento de manutenção[31,32].

Estimulação magnética transcraniana (EMT)

A EMT pode ser uma alternativa para o tratamento de quadros depressivos na população idosa, apesar de as evidências serem escassas, especialmente tratando-se de depressão bipolar. No entanto, há alguma evidência sugerindo que o tratamento em idosos é tão eficaz quanto em adultos jovens. A EMT em idosos aparenta ser bem tolerada e com poucos efeitos colaterais[33].

BIOMARCADORES

Como os mecanismos fisiopatológicos do TAB não são conhecidos, a busca por biomarcadores tem gerado crescente interesse na comunidade científica. O desenvolvimento tecnológico, refletido principalmente na neuroimagem, possibilita estudar as possíveis relações neuroanatômicas, bioquímicas e funcionais com o quadro clínico. No entanto, os estudos atuais com idosos ainda não permitem extrapolação para a prática, pois são escassos, têm amostras pequenas e trazem resultados discordantes.

Com relação às alterações estruturais, a maioria dos estudos em TAB com RNM demonstrou alterações de substância cinzenta, principalmente em estruturas frontais e subcorticais, porém ainda não foi possível estabelecer um padrão de acometimento[34,35]. Parece haver maior redução do volume do caudado em pacientes mais velhos com TAB, quando comparados à população adulta com o transtorno[36]. A redução do volume hipocampal em pacientes com TAB é um achado inconsistente na literatura, mas é possível que o volume hipocampal seja inversamente proporcional à idade. Estudos em neuropatologia demonstrando alterações estruturais não possuem valor clínico pela alta inconsistência dos achados, assim como ocorre com os estudos demonstrando alterações inflamatórias e de estresse oxidativo[35].

Em razão das possíveis convergências entre TAB e demências, pesquisa na área tem sido desenvolvida com o objetivo de encontrar mecanismos fisiopatológicos semelhantes. Por ora, sabe-se que pacientes com TAB e declínio cognitivo não possuem alterações no alelo e4 da apoliproteína E (APOE*4), nem alterações do liquor típicas da doença de Alzheimer. Tampouco é conhecido um padrão de herança mendeliano, em contrapartida ao que acontece na demência frontotemporal, por exemplo[37].

Por último e como dito anteriormente, a diferenciação do TAB de inícios precoce e tardio provavelmente foi o tópico que despertou maior interesse científico dentro do universo de TAB nos idosos. Parece haver mais doença cerebrovascular em pacientes com quadro de início tardio se comparados aos de início precoce, além de maior redução de volume da substância cinzenta e maior hiperintensidade de substâncias brancas profundas frontal e parietal, o que corrobora a hipótese de mecanismos fisiopatológicos distintos[38,39].

VINHETA CLÍNICA

Paciente do sexo feminino, 54 anos, casada, católica, trabalhava com comércio, sem antecedente psiquiátrico conhecido. Há cerca de 1 ano iniciou quadro de irritabilidade sustentada, redução da necessidade de sono, taquilalia e agressividade verbal. Evoluiu com hiper-religiosidade e discurso persecutório com o marido, planejando separar-se e morar na praia ou em comunidade religiosa. Em determinado dia, apresentou episódio de frangofilia e ameaça de se jogar pela janela (negava que tivesse intenção suicida e justificava que estava querendo chamar a atenção de jornalistas para que tivesse um programa seu de televisão), motivando internação em enfermaria psiquiátrica. Durante todo esse período vinha acumulando lixo em casa, o que justificava como material para artesanato. Não havia flutuação do nível de consciência, hiperoralidade ou mudanças dietéticas significativas.

Portadora de *diabetes mellitus*, hipertensão arterial sistêmica e obesidade, em uso de losartana e metformina. Referia uso social de álcool, negando abuso de outras substâncias psicoativas. Histórico familiar de tia e mãe com transtorno mental, sem informações detalhadas.

Na enfermaria, foi realizada investigação diagnóstica, com exames físico e laboratoriais gerais sem alteração, incluindo sorologias para HIV e sífilis, dosagem de vitaminas e função tireoidiana. Realizada ressonância magnética de crânio, que não identificou anormalidades. Iniciado tratamento farmacológico para quadro de mania psicótica, estabilizando com uso de 1.500 mg de ácido valproico e risperidona 4 mg/dia.

Durante o acompanhamento longitudinal, notou-se que a paciente estava apática, sem iniciativa, porém negava sofrimento, sentimentos de menos-valia ou outros sintomas depressivos. Deixou de preparar as refeições e negligenciou os cuidados da casa que costumavam ser sua responsabilidade. O marido minimizava perda de funcionalidade e dizia que ela estava bem, mas notou-se dependência para atividades instrumentais de vida diária e para banho (descrevia como uma limitação motora em que não conseguia lavar suas costas).

Ao exame físico, notou-se rigidez em roda denteada e tremores em membros superiores. Optou-se por reduzir gradualmente risperidona, com melhora significativa do parkinsonismo e retomada da independência para o banho. Houve melhora parcial da apatia, mas sem retorno ao funcionamento basal até então. Testes de triagem cognitiva sugeriam disfunção executiva. Foi encaminhada à terapia ocupacional.

Acompanhamento longitudinal demonstrou melhora da testagem cognitiva e recuperação gradual da funcionalidade.

Comentários

Paciente apresentando quadro maniforme de início tardio, sem antecedente psiquiátrico, requer investigação clínica para excluir causas orgânicas, principalmente em paciente com fatores de risco cardiovascular significativos. Ressalta-se a importância de saber todas as medicações em uso visando investigação para causas potencialmente reversíveis de sintomatologia neuropsiquiátrica, bem como pelo maior risco de efeitos colaterais em pacientes idosos. Nesse caso, a risperidona estava interferindo em aspectos motores e de modulação do afeto. O fato de a paciente ter histórico de desinibição, comportamentos compulsivos relacionados à acumulação, apatia, disfunção executiva e aparente perda de funcionalidade fez com que a demência frontotemporal variante comportamental fosse um diagnóstico diferencial importante. É comum a dúvida diagnóstica, sendo importante o seguimento longitudinal com atenção para queixas cognitivas e funcionais.

APONTAMENTOS SURGIDOS NA PRÁTICA CLÍNICA

Diagnóstico diferencial com *delirium*

Não é infrequente que alterações comportamentais surjam em vigência de *delirium* e sejam confundidas com sintomatologia psiquiátrica primária, culminando em atraso do tratamento adequado. No caso do TAB, o *delirium* hiperativo pode ser confundido com quadro maniforme e o hipoativo, com quadro depressivo. Pesquisar por alteração comportamental de início agudo, curso flutuante, com dificuldade de sustentar atenção é imprescindível para uma boa investigação diagnóstica. Indagar ativamente por queixas clínicas, alterações em medicações, abuso de substâncias e considerar o exame psíquico podem contribuir para a melhor resolução do quadro.

Uso de doses suficientes

Os pacientes idosos geralmente apresentam comorbidades clínicas, uso de múltiplas medicações e alterações fisiológicas relacionadas ao envelhecimento que podem alterar a farmacodinâmica e a farmacocinética da medicação, potencialmente influenciando nos efeitos terapêutico e adverso. Esse cenário requer atenção, porém ressalta-se a importância de atingir doses suficientes para a melhora do quadro. O receio de continuar a progressão de doses (caso haja indicação) pelas especificidades dessa população pode atrasar a melhora clínica e a recuperação de qualidade de vida dos pacientes. Sugere-se iniciar doses mais baixas que o habitual para adultos jovens e progredir mais lentamente, com monitoramento frequente.

REFERÊNCIAS BIBLIOGRÁFICAS

1. Arnold I, Dehning J, Grunze A, Hausmann A. Old age bipolar disorder-epidemiology, aetiology and treatment. Medicina (Kaunas). 2021;57(6):587.
2. American Psychiatric Association. Manual diagnóstico e estatístico de transtornos mentais: DSM-5. 5. ed. Porto Alegre: Artmed; 2014.
3. Bisol LW, Porciúncula LR, Mello EF, Nogueira EL, Gomes I, Cataldo Neto A. Prevalence of bipolar disorder in a sample of older adults. Sci Med. 2017;27(4):ID28026.
4. Valiengo LCL, Pinto BS, Richinho VP. Transtorno bipolar no idoso. In: Miguel EC, Lafer B, Elkis H, Forlenza OV (eds.). Clínica psiquiátrica volume 2: as grandes síndromes psiquiátricas. Seção 3. Capítulo 15. 2.ed. Barueri: Manole, 2021. p. 937-45.
5. Soni A, Singh P, Kumar S, Shah R, Batra L, Verma M. Role of age at onset in the clinical presentation of bipolar disorder in Indian population. Ind Psychiatry J. 2021;30(1):41.
6. Harrison PJ, Colbourne L, Harrison CH. The neuropathology of bipolar disorder: systematic review and meta-analysis. Mol Psychiatry. 2018;1-22.
7. Beyer JL, Burchitt B, Gersing K, Krishnan KR. Patterns of pharmacotherapy and treatment response in elderly adults with bipolar disorder. Psychopharmacol Bull. 2008;41:10214.
8. Depp CA, Jeste DV. Bipolar disorder in older adults: a critical review. Bipolar Disord. 2004;6(5):343.
9. Goldstein BI, Herrmann N, Shulman KI. Comorbidity in bipolar disorder among the elderly: results from an epidemiological community sample. Am J Psychiatry. 2006;163(2):319.
10. Robinson LJ, Thompson JM, Gallagher P, Goswami U, Young AH, Ferrier IN, Moore PB. A meta-analysis of cognitive deficits in euthymic patients with bipolar disorder. Journal of affective disorders. 2006;93(1-3):105-15.
11. Kessing LV, Andersen PK. Does the risk of developing dementia increase with the number of episodes in patients with depressive disorder and in patients with bipolar disorder? J Neurol, Neurosurg Psychiatr. 2004;75(12):1662.
12. Van Rheenen TE, Lewandowski KE, Bauer IE, Kapczinski F, Miskowiak K, Burdick KE, Balanzá-Martínez V. Current understandings of the trajectory and emerging correlates of cognitive impairment in bipolar disorder: An overview of evidence. Bipolar Disorders. 2020;22(1):13-27.
13. Grande I, Berk M, Birmaher B, Vieta E. Bipolar disorder. Lancet. 2016;387(10027):1561–72.
14. Nascimento C, Nunes VP, Diehl Rodriguez R, Takada L, Suemoto CK, Grinberg LT, Nitrini R, Lafer B. A review on shared clinical and molecular mechanisms between bipolar disorder and frontotemporal dementia. Prog Neuropsychopharmacol Biol Psychiatry. 2019;93:269-283.
15. Fujikawa T, Yamawaki S, Touhouda Y. Silent cerebral infarctions in patients with late-onset mania. Stroke. 1995;26:946.

16. Van Gerpen MW, Johnson JE, Winstead DK. Mania in the geriatric patient population: A review of the literature. Am J Geriatr Psychiatry. 1999;7(3):188-202.
17. Tampi RR, Joshi P, Bhattacharya G, Gupta S. Evaluation and treatment of older-age bipolar disorder: a narrative review. Drugs Context. 2021;10:2021-1-8.
18. Yatham LN, Kennedy SH, Parikh SV, Schaffer A, Bond DJ, Frey BN, et al. Canadian Network for Mood and Anxiety Treatments (CANMAT) and International Society for Bipolar Disorders (ISBD) 2018 guidelines for the management of patients with bipolar disorder. Bipolar Disord. 2018;20:97170.
19. Young RC, Mulsant BH, Sajatovic M, Gildengers AG, Gyulai L, Jurdi RKAl, et al. GERIBD: A randomized doubleblind controlled trial of lithium and divalproex in the treatment of mania in older patients with bipolar disorder. Focus. 2019;17:31421.
20. Martinez LD, Silva LFAL, Loureiro JC, Valiengo LCL. Tratamento dos transtornos do humor no idoso. In: Miguel EC, Lafer B, Elkis H, Forlenza OV (eds.). Clínica psiquiátrica volume 3: a terapêutica psiquiátrica. Seção 9. Capítulo 5. 2.ed. Barueri: Manole, 2021. p. 1050-7.
21. Wilkins KM, Ostroff R, Tampi RR. Efficacy of electroconvulsive therapy in the treatment of non-depressed psychiatric illness in elderly patients: a review of the literature. J Geriatric Psychiatry Neurol. 2008;21:311.
22. Versiani M, Cheniaux E, Landeira-Fernandez J. Efficacy and safety of electroconvulsive therapy in the treatment of bipolar disorder: A systematic review. J ECT. 2011;27:153–164.
23. Correia-Melo FS, Argolo FC, Araújo-de-Freitas L, Leal GC, Kapczinski F, Lacerda AL, Quarantini LC. Rapid infusion of esketamine for unipolar and bipolar depression: A retrospective chart review. Neuropsychiatr Dis Treat. 2017;13:1627-32.
24. Włodarczyk A, Cubała WJ. Safety and tolerability of ketamine use in treatment-resistant bipolar depression patients with regard to central nervous system symptomatology: Literature Review and Analysis. Medicina (Kaunas). 2020;56(2):67.
25. Yatham LN, Chakrabarty T, Bond DJ, Schaffer A, Beaulieu S, Parikh SV, et al. Canadian Network for Mood and Anxiety Treatments (CANMAT) and International Society for Bipolar Disorders (ISBD) recommendations for the management of patients with bipolar disorder with mixed presentations. Bipolar Disord. 2021;23(8):767-788.
26. Ljubic N, Ueberberg B, Grunze H, et al. Treatment of bipolar disorders in older adults: a review. Ann Gen Psychiatry. 2021;20:45.
27. Maust DT, Kim HM, Seyfried LS, Chiang C, Kavanagh J, Schnneider LS, et al. Antipsychotics, other psychotropics, and the risk of death in patients with dementia: number needed to harm. JAMA Psychiatry. 2015;72:43845.
28. Shulman KI, Sajatovic M, Dols A. Laboratories should provide a separate therapeutic range for serum lithium levels in maintenance treatment of older adults with bipolar disorder (OABD). Bipolar Disord. 2019;21:1901.
29. Beyer JL, Kuchibhatla M, Cassidy F, Krishnan KR. Stressful life events in older bipolar patients. Int J Geriatr Psychiatry. 2008;23(12):1271-5.
30. American Psychiatric Association. The practice of electroconvulsive therapy: recommendations for treatment, training, and privileging: a task force report of the American Psychiatric Association. 2. ed. Philadelphia: American Psychiatric Association; 1990.
31. Sajatovic M, Strejilevich SA, Gildengers AG, Dols A, Jurdi RKAl, Forester BP, et al. A report on older age bipolar disorder from the International Society for Bipolar Disorders Task Force. Bipolar Disord. 2015;17:689704.
32. Sabesan P, Lankappa S, Khalifa N, Krishnan V, Gandhi R, Palaniyappan L. Transcranial magnetic stimulation for geriatric depression: Promises and pitfalls. World J Psychiatry. 2015;5:17081.
33. Hibar D, Westlye L, van Erp T, et al. Subcortical volumetric abnormalities in bipolar disorder. Mol Psychiatry. 2016;21:1710-6.
34. Huang SH, Tsai SY, Hsu JL, Huang YL. Volumetric reduction in various cortical regions of elderly patients with early-onset and late-onset mania. Int Psychogeriatr. 2011;23(1):149-54.

35. Beyer JL, Kuchibhatla M, Payne M, et al. Caudate volume measurement in older adults with bipolar disorder. Int J Geriatr Psychiatry. 2004;19:109-14.
36. Chen M-H, Li C-T, Tsai C-F, et al. Risk of subsequent dementia among patients with bipolar disorder or major depression: a nationwide longitudinal study in Taiwan. J Am Med Dir Assoc. 2015;16(6):504-8.
37. Silva J, Gonçalves-Pereira M, Xavier M, Mukaetova-Ladinska EB. Affective disorders and risk of developing dementia: systematic review. Br J Psychiatry. 2018;202(3):177-186.
38. Pacchiarotti I, Bond DJ, Baldessarini RJ, Nolen WA, Grunze H, Licht RW, et al. The International Society for Bipolar Disorders (ISBD) task force report on antidepressant use in bipolar disorders. Am J Psychiatry. 2013;170:124962.
39. Samamé C, Martino DJ, Strejilevich SA. A quantitative review of neurocognition in euthymic late-life bipolar disorder. Bipolar Disord. 2013;15:633-44.

5

Transtornos psicóticos no idoso: *late-onset schizophrenia-like psychosis* e transtorno delirante persistente

Martinus T. Van de Bilt

INTRODUÇÃO

As psicoses de início tardio têm sido historicamente bem menos estudadas do que as que têm início na adolescência ou no começo da vida adulta[1]. Esse relativo desinteresse pela área pode ser explicado pelas dificuldades para se definir e se distinguir as diferentes psicoses que têm início nos estágios mais avançados da vida adulta.

Karl Friedrich Canstatt, em 1841, foi o primeiro a introduzir o conceito de "psicose" na literatura psiquiátrica, combinando as palavras gregas *psique* (vida, alma, mente) e *osis* (uma condição anormal). O termo "neurose" vinha sendo usado desde o século anterior para se referir a todas as doenças do sistema nervoso. Com o termo "psicose", usado como sinônimo de "neurose psíquica", Canstatt procurou nominar especificamente a manifestação psíquica de uma doença do cérebro[2].

Na linguagem médica atual, o termo "psicose", de acordo com a Classificação Internacional de Doenças, décima primeira edição (CID-11)[3], indica simplesmente uma deficiência significativa no teste de realidade – a capacidade de diferenciar estímulos autogerados (p. ex., pensamentos, imagens e sentimentos) de estímulos externos (ou seja, percepções) e atribuir significado apropriado às experiências – em geral acompanhada de falta de percepção sobre esse déficit e de alterações no comportamento.

Essas alterações podem se manifestar como:

- Delírios persistentes: pensamentos e falsas crenças caraterizados por convicção extraordinária, incorrigibilidade e impossibilidade de conteúdo.

- Alucinações persistentes: experiências semelhantes a uma percepção, que apresentam a clareza e o impacto de uma verdadeira percepção, mas que ocorrem sem estimulação externa do órgão sensorial associado.
- Pensamento desorganizado (normalmente manifestado como fala desorganizada): incluem frouxidão associativa, em que as respostas parecem ser impulsionadas por processos internos em vez de demandas da tarefa; pensamento combinatório, no qual percepções, ideias ou imagens são unidas de maneira inadequada, incongruente ou irreal; respostas desorganizadas, em que se manifestam falta de clareza de pensamento e sensação de confusão; verbalizações desviantes, em que o uso da palavra é estranho, idiossincrático ou indecifrável.
- Comportamento expressivamente desorganizado: ações ou gestos bizarros ou inadequados.
- Experiências de passividade e controle: crença de que os pensamentos ou ações são influenciados ou controlados por um agente externo, por exemplo, quando um paciente psicótico está experimentando o movimento de seus próprios membros como um observador passivo.
- Embotamento afetivo: desconexão entre a experiência subjetiva e a demonstração expressiva de emoções.
- Avolição.
- Distúrbios psicomotores: principalmente a lentidão psicomotora: redução observável e mensurável na iniciação, quantidade ou velocidade do movimento que resulta de déficits nos processos cognitivos automáticos envolvidos no movimento ou na execução direta do movimento em si.

O Manual Diagnóstico e Estatístico de Transtornos Mentais, 5ª edição (DSM-5) se alinha à CID-11, afirmando que os transtornos psicóticos são definidos por "anormalidades em um ou mais dos cinco seguintes domínios: delírios, alucinações, pensamento desorganizado (fala), comportamento motor grosseiramente desorganizado ou anormal (incluindo catatonia) e sintomas negativos"[4].

EPIDEMIOLOGIA

A psicose tardia é bastante prevalente em idosos[5]:

- Representa 5 a 15% das internações psiquiátricas de idosos.
- Manifesta-se em 10 a 62% dos pacientes de casas de repouso.
- Manifesta-se em até 27% dos pacientes psiquiátricos ambulatoriais residentes na comunidade.

- O risco ao longo da vida para sintomas psicóticos em idosos é de até 23%, sendo a demência o principal fator contribuinte.

Apesar de sua prevalência generalizada em idosos, o diagnóstico e o tratamento da psicose de início tardio permanecem um desafio.

As psicoses podem ser primárias ou secundárias (decorrentes de um problema médico ou um transtorno neurológico).

Sessenta por cento dos transtornos psicóticos em idosos são decorrentes de uma condição secundária[6].

A prevalência estimada das condições mais comumente associadas às psicoses em idosos está listada na Tabela 1.

Tabela 1 Condições associadas às psicoses em idosos

	Duração	% das causas de psicose	Tipo de psicose
Delirium	Dias a semanas	10%	2ª
Drogas, álcool, toxinas	Dias a meses	11%	2ª
Doenças	Dias a meses	10%	2ª
Depressão e outros transtornos afetivos	Semanas a meses	33% depressão 5% TAB	1ª
Demência	Meses a anos	40%	1ª
Transtornos delirantes e transtornos do espectro da esquizofrenia	Meses a décadas	Delírios 2% Esquizofrenia 1%	1ª

Uma variedade de fatores de risco associados ao envelhecimento torna os idosos mais propensos à psicose (Quadro 1)[7].

Quadro 1 Fatores de risco para psicose em idosos

Declínio cognitivo
Isolamento social
Déficits sensoriais
Comorbidades médicas
Comorbidades psiquiátricas como demência e *delirium*
Uso simultâneo de vários fármacos e alterações relacionadas à idade na farmacocinética e farmacodinâmica
Alterações relacionadas à idade nas estruturas cerebrais como córtex frontotemporal
Alterações neuroquímicas associadas ao envelhecimento

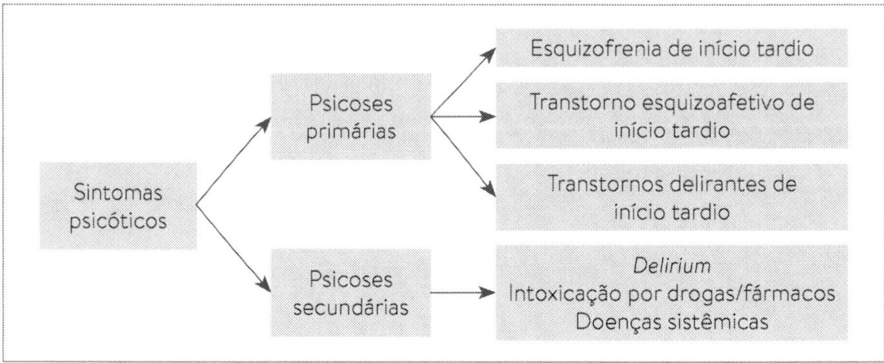

Figura 1 Síndromes psicóticas em idosos.

QUADRO CLÍNICO

O diagnóstico preciso da psicose em idosos é de extrema importância em razão da possibilidade de que condições médicas graves possam se manifestar, pelo menos de início, exclusivamente como um transtorno psicótico[8,9].

Não há sinais patognomônicos para distinguir os transtornos psicóticos primários dos secundários; por essa razão, um transtorno psicótico primário deve ser considerado um diagnóstico de exclusão, feito apenas após a eliminação das causas secundárias da psicose.

Anamnese e exame físico detalhados são partes essenciais da investigação de um distúrbio psicótico, bem como o histórico objetivo obtido junto a familiares e outros informantes.

Vários achados de anamnese e de exame clínico devem levantar suspeitas de causas secundárias de psicose (Quadro 2).

Quadro 2 Apresentações clínicas sugestivas de psicoses secundárias

Idade atípica de início dos sintomas psiquiátricos
Ausência de histórico familiar de doenças mentais
Ausência de antecedentes psiquiátricos
Resposta limitada ao tratamento dos sintomas psiquiátricos
Sintomas mais graves do que o esperado para a suposta síndrome psiquiátrica
Presença de uma condição psicopatológica desenvolvida após uma mudança abrupta de personalidade
Presença de condição médica comórbida com uma associação conhecida com sintomas psicóticos
Anormalidades da cognição, particularmente memória e nível de consciência

Os exames subsidiários utilizados para auxílio no diagnóstico inicial de quadros psicóticos em idosos não diferem daqueles utilizados em adultos jovens. Dentre os vários algoritmos de diagnóstico propostos, a maioria deles propõe o exposto no Quadro 3.

Quadro 3 Exames subsidiários para a pesquisa de quadros psicóticos

Hemograma
Painel metabólico básico: glicemia, cálcio, sódio, potássio, bicarbonato, cloro, ureia, creatinina
Hormônio estimulador da tireoide (TSH)
Vitamina B12
Proteína C-reativa/velocidade de hemossedimentação
Pesquisa de anticorpos autoimune
Teste de HIV
Toxicologia
Ressonância magnética ou tomografia computadorizada da cabeça
Eletrocardiograma

TRANSTORNOS PSICÓTICOS PRIMÁRIOS DE INÍCIO TARDIO

Os transtornos psicóticos de início tardio são:

- A esquizofrenia de início tardio.
- O transtorno esquizoafetivo de início tardio.
- As psicoses do tipo esquizofrenia de início muito tardio (VLOSLP, *very-late onset schizophrenia-like psychosis*), que compreendem a parafrenia tardia.
- Os transtornos delirantes de início tardio, que compreendem a paranoia tardia.

Breve desenvolvimento histórico dos conceitos

Desde a introdução do termo "*dementia praecox*" por Kraepelin, na quarta edição de seu *Compêndio de psiquiatria*, em 1893, para designar o transtorno que hoje chamamos de esquizofrenia, diferenciar as quatro condições anteriores segue sendo complexo. Naquela edição, Kraepelin definiu a esquizofrenia como o transtorno caracterizado pela "deterioração de funções nas esferas emocional e volitiva da vida mental" (*dementia*) e com início na juventude (*praecox*)[10]. Porém, nas edições posteriores de seu *Compêndio*, Kraepelin admitiu a existência de pacientes em que o aparecimento dos sintomas se dava em idades muito mais avançadas. Na 8ª e última edição de seu *Compêndio*, menciona "um grupo relativamente pequeno de casos, com vários pontos comuns com a demência precoce, mas que, devido a um desenvolvimento mais suave das perturbações da emoção e volição, a harmonia interna da vida psíquica fica consideravelmente menos afetada ou, pelo menos, limitada a certas faculdades intelectuais"[11]. Kraepelin divide esse grupo em quatro subtipos, que denomina parafrenias sistemática, expansiva, confabulatória e fantástica. A primeira corresponde em boa medida àquela que ficaria tradicionalmente conhecida pelo nome de "parafrenia".

A introdução dos sistemas formais de diagnóstico e classificação não ajudou na solução dos problemas terminológicos com respeito aos transtornos psicóticos de início tardio. Ao contrário, as contínuas mudanças nos dois sistemas classificatórios (Manual Diagnóstico e Estatístico da American Psychiatric Association – DSM; e a Classificação Internacional de Doenças da World Health Organization) apenas aumentaram as dificuldades.

Manual Diagnóstico e Estatístico de Transtornos Mentais (DSM)

Na terceira edição do DSM (APA, 1980), o diagnóstico de esquizofrenia só podia ser dado até os 45 anos. Um transtorno delirante crônico iniciado após os 45 anos deveria ser classificado como uma "psicose atípica". Refutando essas diretrizes, Rabins et al.[12] publicaram um artigo intitulado "Pode a esquizofrenia começar depois dos 44 anos?", em que descreveram 32 pacientes que preenchiam os critérios do DSM-III para esquizofrenia ou transtorno esquizofreniforme, com exceção da idade de corte de 45 anos. Em consequência, na edição revista do DSM-III (APA, 1987), o diagnóstico de esquizofrenia passou a poder ser feito mesmo com início acima de 45 anos, porém com o especificador "início tardio".

A partir da 4ª edição do DSM[13], todos os pacientes que preenchiam os critérios para esquizofrenia deveriam ser diagnosticados como tal, independentemente da idade de início. Isso levou à incorporação da parafrenia tardia ao grupo das esquizofrenias, negligenciando dados que demonstram que, comparados às psicoses de início precoce, as de início tardio são caracterizadas por preponderância de pacientes do sexo feminino, melhores antecedentes maritais e de trabalho, preponderância de delírios paranoicos, conjunto mais amplo de alucinações, menor desorganização e menor prevalência de sintomas negativos.

O outro transtorno psicótico não afetivo, não esquizofreniforme, contido no DSM, o transtorno delirante ou paranoia (nas edições prévias ao DSM-III-R), nunca foi associado a uma determinada idade de corte ou a um especificador. A menção mais próxima de um DSM a um início tardio nos transtornos delirantes ocorreu no DSM-III-R[14], que afirmou que "a idade de início média foi encontrada entre 40 e 55 anos". Na mais recente edição, no entanto, informa-se que a "idade de início do transtorno delirante é variável, podendo correr da adolescência até fases tardias".

Em resumo, a 4ª edição do DSM:

- Incluiu a parafrenia tardia no grupo das esquizofrenias.
- Incluiu a paranoia (tardia ou não) no grupo dos transtornos delirantes.

A 5ª edição do DSM[15], lançada em maio de 2013, mantém as diretrizes explicitadas. O termo parafrenia não é usado e há somente uma observação, no item "Desenvolvimento e Curso", sobre o fato de que casos de início tardio, isto é, "com início após os 40 anos", "ainda podem preencher critérios para o diagnóstico de esquizofrenia, mas ainda não está claro se este é o mesmo transtorno diagnosticado como esquizofrenia antes da meia-idade, isto é, antes dos 55 anos de idade".

Classificação Internacional de Doenças (CID)

A Classificação Internacional de Doenças, por sua vez, foi mais influenciada pela visão britânica acerca das psicoses de início tardio, que historicamente favoreceu a tese de que os processos etiológicos desses quadros seriam diferentes dos processos etiológicos das psicoses com início precoce.

A 8ª edição da CID (1967)[16] incluiu, na categoria "outros estados paranoides", o diagnóstico de "parafrenia (tardia)" no capítulo das esquizofrenias e não acrescentou um limite para a idade de início.

A 9ª edição (1978)[17] incluiu o diagnóstico de parafrenia com um código específico, dentro da categoria de "transtornos delirantes". Porém, definiu parafrenia como "uma forma de esquizofrenia caracterizada por delírios". Apesar da definição não incluir idade para início do quadro, isto ficou implícito pela inclusão dos termos "estado paranoide involutivo", "parafrenia tardia" e "parafrenia involutiva", como parte do diagnóstico de parafrenia.

Os primeiros rascunhos da 10ª edição, dadas as inconsistências tanto do termo "parafrenia" quanto de sua definição, procuraram não incluir qualquer menção aos termos parafrenia ou parafrenia tardia, o que levou a críticas: Almeida et al.[18] argumentaram que havia uma quantidade crescente de evidências sugerindo que os processos etiológicos da parafrenia tardia poderiam ser diferentes dos relacionados à esquizofrenia e outros transtornos delirantes de início precoce.

Por fim, a 10ª edição da CID[19] incluiu "parafrenia tardia", porém, somente como um termo (e não uma categoria diagnóstica em si) dentro do diagnóstico de "Transtornos delirantes", o que levou a novas críticas, uma vez que, na parafrenia, as alucinações são sintomas proeminentes e não poderiam estar presentes para o diagnóstico de transtorno delirante. A revisão de 2007 da CID-10 procurou dar resposta a esse argumento permitindo a inclusão, nesse grupo, de pacientes apresentando "alucinações auditivas ocasionais ou transitórias, particularmente em pacientes idosos, desde que estes não sejam tipicamente esquizofrênicos e desde que as alucinações sejam somente pequena parte do quadro clínico global". Tal saída parece ter gerado apenas mais dificuldades para a reclassificação dos pacientes anteriormente diagnosticados como portadores de parafrenia tardia entre os diagnósticos de esquizofrenia e transtorno delirante.

Com relação ao diagnóstico de transtorno delirante, não se menciona uma idade limite para início dos quadros, apenas é mencionado que o transtorno delirante tem início comumente na meia-idade.

Já a 11ª edição da CID[20], já em uso por cerca de 35 países e já com versões disponíveis para uso eletrônico, não faz qualquer menção aos termos parafrenia ou paranoia, sugerindo o completo desuso dessas categorias nosológicas nas principais classificações utilizadas. Apesar dos esforços de harmonização entre o DSM-5 e a CID-11, a recém-aprovada CID em sua 11ª edição mantém a solução adotada pela CID na 10ª edição, mantendo a parafrenia e a paranoia dentro da categoria "Transtorno Delirante", enquanto o DSM-5 incluiu a parafrenia no capítulo das Esquizofrenias e a paranoia no capítulo dos transtornos delirantes (Figura 2).

Esquizofrenia de início tardio

Apesar de a esquizofrenia ser um transtorno com incidência maior no final da adolescência e no início da vida adulta, uma revisão de estudos sobre es-

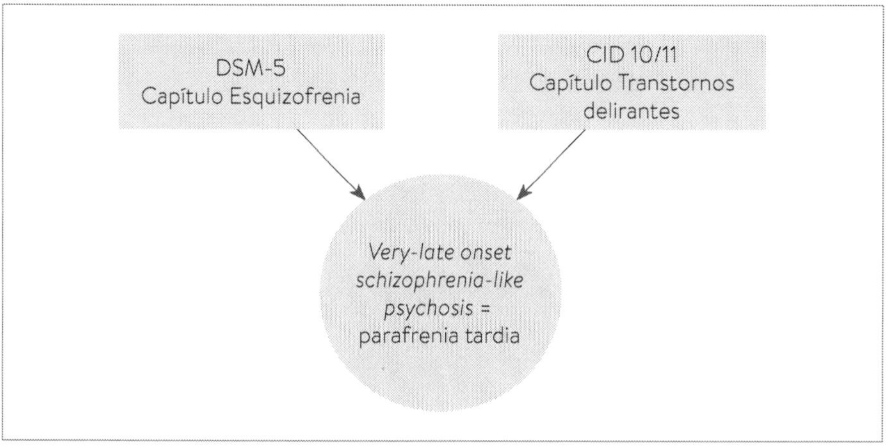

Figura 2 Um mesmo transtorno, capítulos diferentes.

quizofrenia de início tardio constatou que, em aproximadamente 20 a 25% dos pacientes, os sintomas tiveram início após os 40 anos[21,22].

Embora nem o DSM-5 nem a CID-11 mencionem a idade de início como critério ou especificador da esquizofrenia, o International Late-Onset Schizophrenia Group (Grupo Internacional de Esquizofrenia de Início Tardio) propôs que o termo "esquizofrenia de início tardio" (LOS, *late-onset schizophrenia*) fosse usado para os transtornos psicóticos primários com início entre os 40 e os 60 anos e semelhantes à esquizofrenia de início precoce (*early-onset schizophrenia*, EOS)[23].

Principais diferenças entre a esquizofrenia de início tardio (LOS) e a esquizofrenia de início precoce (EOS):

- Maior predomínio de mulheres na LOS.
- Menor gravidade das alterações formais de pensamento na LOS.
- Menos sintomas negativos na LOS.
- Em estudos eletroencefalográficos, ausência de redução da amplitude do P300 na LOS, proposto como marcador de traço de esquizofrenia em EOS.

Transtorno esquizoafetivo

O diagnóstico de transtorno esquizoafetivo requer a presença de um componente importante do humor durante a maior parte do tempo, ao longo da vida. O diagnóstico é estabelecido após um período ininterrupto de doença e deve incluir pelo menos um episódio importante de humor simultaneamente com os critérios de esquizofrenia. Delírios ou alucinações devem ocorrer na ausência de um episódio de humor por pelo menos 2 semanas, em qualquer ponto do curso da doença. O distúrbio é ainda classificado nos tipos bipolar e deprimido.

Já em 1971, Post[24] apresentou características clínicas e os riscos do transtorno esquizoafetivo tardio, observando a gravidade do quadro, a refratariedade ao tratamento e o elevado risco de suicídio. Uma revisão retrospectiva mais recente demonstrou maior risco de tentativas de suicídio em pacientes com mais de 60 anos esquizoafetivos do tipo deprimido em relação a pacientes esquizoafetivos do tipo bipolar[25].

Psicoses do tipo esquizofrenia de início muito tardio (*very-late onset schizophrenia-like psychosis*, VLOSLP)/parafrenia tardia

Conforme vimos, há duas visões distintas para a VLOSLP/parafrenia:

- Nada mais é do que uma esquizofrenia de início muito tardio (após os 60 anos).

- Os sintomas paranoides de início tardio têm início diferente da esquizofrenia e se originam da interação de vários fatores patogênicos associados, sugerindo um componente neurodegenerativo, incluindo mais anormalidades cerebrais e déficits neuropsicológicos.

Fatores de risco

Dos dados epidemiológicos é possível a obtenção dos principais fatores de risco para o desenvolvimento da VLOSLP/parafrenia, conforme mostrado no Quadro 4.

Quadro 4 Fatores de risco para os transtornos delirantes de início tardio

Fatores de risco
Sexo feminino
Personalidade e funcionamento pré-mórbidos
Antecedentes familiares
Déficits sensoriais
Isolamento social e imigração
Doença cerebral

Sexo feminino

Independentemente dos critérios diagnósticos utilizados, desde Kraepelin já se observou prevalência maior de pacientes do sexo feminino entre os portadores de psicoses de início tardio[26]. Castle[27] concluiu que fatores meramente sociais, como diferenças em termos de expectativas de papéis sociais, comportamento de busca por auxílio, *status* conjugal e ajustamento pré-morbido entre os gêneros não seriam suficientes para explicar a maior prevalência feminina nas psicoses de início tardio. Uma possível explicação tem sido o efeito protetor dos estrógenos e sua redução no climatério como facilitadores para a eclosão das psicoses de início tardio[28].

Personalidade e funcionamento pré-mórbidos

Os transtornos psicóticos de início tardio também têm sido, desde Kraepelin, associados a um funcionamento pré-mórbido melhor em termos ocupacionais, sociais e conjugais, quando comparados com as psicoses de início precoce[29].

Por outro lado, quando comparados a idosos saudáveis, os pacientes com psicoses de início tardio apresentam caracteristicamente mais traços de personalidade esquizoide ou paranoide[30].

Antecedentes familiares

Pacientes portadores de transtornos psicóticos de início tardio têm menor probabilidade de ter familiares com esquizofrenia do que portadores de transtornos psicóticos de início precoce[29] e probabilidade comparável a controles normais[29].

Déficits sensoriais

A ideia de que déficits auditivos e visuais estariam associados ao surgimento das psicoses de início tardio e poderiam se constituir em fatores de risco, proposta ainda em 1961 por Kay e Roth[31] tem sido desafiada por investigações mais recentes. Prager e Jeste[32] não encontraram diferenças nos resultados de testes auditivos ou visuais a que foram submetidos portadores de psicoses de início tardio, portadores de esquizofrenia de início precoce, portadores de transtornos afetivos e idosos saudáveis. Por outro lado, uma revisão sistemática já citada concluiu que déficit visual, mas não auditivo, seria fator de risco para o desenvolvimento de psicose tardia[7].

Isolamento social e imigração

Portadores de psicoses de início tardio são mais isolados socialmente se comparados com idosos saudáveis[30], idosos com transtornos afetivos e psicoses orgânicas[31] ou idosos portadores de esquizofrenia de início precoce.

Outros estudos sugerem que algumas populações de imigrantes podem ter maior risco de desenvolvimento de psicoses após os 60 anos, comparadas a populações de idosos não imigrantes[33], o que foi interpretado como consequência do relativo isolamento social dos imigrantes ou dos eventos estressantes associados à experiência de imigração.

Doença cerebral

Já Kay e Roth[31] encontraram evidências de acometimento orgânico em 21% da sua amostra de pacientes. Almeida et al.[34] encontraram dois tipos de sinais neurológicos em portadores de parafrenia tardia: movimentos anormais discinéticos, que foram associados ao uso de neurolépticos, e sinais neurológicos leves (*soft signs*). Também demonstraram preservação da memória e prejuízo nas funções executivas.

Diagnóstico diferencial entre VLOSLP e *late-onset schizophrenia*

Na VLOSLP, encontramos:

- Prevalência muito maior entre mulheres.
- Maior prevalência de delírios persecutórios.
- Maior prevalência de alucinações visuais, táteis e olfativas.

- Menor carga genética.
- Mais anormalidades sensoriais.
- Ausência de sintomas negativos ou distúrbio formal do pensamento.

Transtornos delirantes de início tardio – paranoia tardia

De acordo com o DSM-5, o transtorno delirante – independentemente da idade de início – é diagnosticado pela presença de um ou mais delírios por mais de um mês[15]. Os critérios de diagnóstico para esquizofrenia ou distúrbio esquizoafetivo não devem ser atendidos. É feita ainda uma classificação adicional por subtipo de delírio: erotomania, grandiosidade, ciúmes, persecutoriedade, somático e misto.

Há poucos dados de literatura sobre transtornos delirantes em idosos. Estudos indicam uma prevalência de 0,03% em idosos[35].

Paranoia tardia

Conforme vimos, o diagnóstico de paranoia foi definido por Kraepelin[36] como o "desenvolvimento insidioso de um sistema delirante permanente e inabalável, de causas internas, que é acompanhado por uma perfeita preservação de pensamento, vontade e ação claros e ordenados". Disse ainda Kraepelin que "a conduta é invariavelmente muito mais fundamentada em processos de deliberação ou processos emocionais do que as peculiaridades impulsivas do esquizofrênico" e "toda a personalidade, apesar de suas características mórbidas, parece mais compreensível". Em outras palavras, na paranoia há uma ausência do comportamento, pensamentos e afetos desorganizados que caracterizam a esquizofrenia. Já a distinção entre parafrenia e paranoia seria, na visão de Kraepelin, muito mais difícil de justificar, especialmente "nos primeiros períodos da doença". Fundamentalmente, o curso da doença para o paciente paranoico seria relativamente mais leve e, em geral, sem necessidade de institucionalização, como ocorreria com mais frequência com o paciente parafrênico.

Diagnóstico

O diagnóstico da paranoia também é eminentemente clínico-funcional.

Os achados psicopatológicos mais proeminentes se encontram no Quadro 5.

Diagnóstico diferencial

O diagnóstico diferencial entre a paranoia, o subtipo paranoide da esquizofrenia e a VLOSLP/parafrenia é baseado:

Quadro 5 Principais achados psicopatológicos da paranoia

Presença de delírios, ausência de alucinações
Delírios não bizarros, isto é, envolvem situações que podem ocorrer na vida real, tais como ser seguido, envenenado, infectado, amado a distância, ter uma doença, ser enganado pelo cônjuge ou amante
Ausência de distúrbios formais do pensamento
Menor severidade dos sintomas positivos em geral
Ausência ou menor grau de sintomas negativos
Bom funcionamento pré-mórbido
Depressão como comorbidade é frequente

- Nas características dos delírios: na paranoia, os delírios são caracteristicamente não bizarros e bem sistematizados, isto é, monotemáticos, organizados e imutáveis. No subtipo paranoide da esquizofrenia e na VLOSLP/parafrenia, os delírios são caracteristicamente bizarros e mal sistematizados.
- Na presença de alucinações: no subtipo paranoide da esquizofrenia e na VLOSLP/parafrenia, as alucinações são comuns, facilmente notáveis e em mais de uma modalidade. Na paranoia, alucinações verdadeiras não ocorrem.

TRATAMENTO DOS TRANSTORNOS PSICÓTICOS NO IDOSO

Tratamento farmacológico

A primeira regra de tratamento da psiquiatria geriátrica, "comece em dose baixa, suba devagar", deve ser seguida ao se iniciar o uso de um antipsicótico.

Em decorrência do pouco interesse pelas psicoses de início tardio, os estudos dedicados ao tratamento farmacológico de idosos com psicoses também são escassos.

Esquizofrenia de início tardio

Uma revisão da Cochrane Library de 2012[37] encontrou apenas três ensaios clínicos randomizados envolvendo 252 pessoas. Um envolveu medicamentos que não estão mais disponíveis. Os outros estudos não encontraram diferenças entre risperidona *vs.* olanzapina e olanzapina *vs.* haloperidol. Concluiu que não havia evidências baseadas em estudos que pudessem estabelecer diretrizes para o tratamento da esquizofrenia de início tardio e que os pacientes com esquizofrenia de início tardio continuariam sendo tratados pelo julgamento clínico e pelos hábitos de prescrição dos profissionais, ou seja, na experiência clínica adquirida no acompanhamento de indivíduos com esquizofrenia de início precoce que sobreviveram até a vida adulta.

Há, atualmente, considerável experiência clínica com risperidona, olanzapina, aripiprazol e clozapina para o tratamento da esquizofrenia tardia[38-40].

As diretrizes de consenso atualmente recomendadas para esquizofrenia de início tardio se encontram no Quadro 6.

Quadro 6 Diretrizes de tratamento da esquizofrenia de início tardio

Tratamento de 1ª escolha: risperidona 1,25 a 3,5 mg/dia
Ou:
• Quetiapina 100 a 300 mg/dia
• Olanzapina 7,5 a 15 mg/dia
• Aripiprazol 15 a 30 mg/dia

As doses iniciais para pacientes com início tardio devem ser 25% das doses recomendadas para adultos e as doses de manutenção, entre 25 e 50% das doses para adultos.

Transtorno esquizoafetivo

Existem poucos estudos sobre tratamentos específicos para o transtorno esquizoafetivo na vida adulta; em geral, esse grupo de pacientes é incluído nos consensos de tratamento da esquizofrenia de início tardio[41].

Assim, recomenda-se, da mesma forma, uma abordagem cautelosa com a menor dosagem eficaz de antipsicóticos, acompanhada de tratamento adjuvante, tendo como base o subtipo de transtorno esquizoafetivo e de acordo com as diretrizes de consenso para adultos. Os estabilizadores do humor (lítio, divalproato de sódio, carbamazepina, lamotrigina) e antidepressivos devem ser usados de modo criterioso e nas menores doses efetivas.

Transtorno delirante de início tardio e *very-late onset schizophrenia-like psychosis*, VLOSLP

Não existem estudos disponíveis sobre o tratamento do transtorno delirante de início tardio. As diretrizes de consenso de especialistas[38] se encontram no Quadro 7.

Quadro 7 Diretrizes de tratamento do transtorno delirante de início tardio

Tratamento de 1ª escolha: risperidona 0,75 a 2,5 mg/dia
Ou:
• Olanzapina 5 a 10 mg/dia
• Quetiapina 50 a 200 mg/dia

Os idosos são especialmente sujeitos a efeitos adversos, incluindo efeitos cardiovasculares, metabólicos, sedação, efeitos anticolinérgicos, sintomas extrapiramidais, discinesia tardia, hipotensão ortostática, quedas, hiperprolactinemia, agranulocitose e síndrome neuroléptica maligna[39,42].

O monitoramento dos pacientes idosos em uso de antipsicóticos deve ser feito de forma regular, com os exames subsidiários listados no Quadro 8.

Quadro 8 Itens de monitoramento do idoso em uso de antipsicóticos

Hemograma
Painel metabólico abrangente: • Glicemia de jejum • Cálcio • Ureia/creatinina • Sódio/potássio • Cloro • CO_2 • Eletroforese de proteínas • Bilirrubina • Fosfatase alcalina (ALP), aspartato aminotransferase (AST ou TGO), amino alanina-transferase (ALT ou TGP)
Painel lipídico
Hemoglobina glicada
Eletrocardiograma
Sinais vitais ortostáticos
Aplicação da escala anormal de movimento involuntário (AIMS, *Abnormal Involuntary Movement Scale*)
Verificação do peso e circunferência abdominal

Efeitos colaterais dos antipsicóticos em idosos – particularidades

Discinesia tardia

Aspecto de grande importância no manejo dos antipsicóticos em idosos é a discinesia tardia, porque a idade avançada é importante fator de risco para seu desenvolvimento.

A síndrome clínica é composta por movimentos involuntários e repetitivos, principalmente na região perioral e na língua. São comuns: protrusão da língua, franzimento do rosto, caretas e movimentos mastigatórios. São menos comuns: movimentos anormais das mãos, pernas, pés e mesmo do tronco. A discinesia pode ser severa e persistente, e pode levar a consequências tanto médicas quanto psicossociais[43].

Em muitos casos, uma vez estabelecida, não pode ser revertida e tem sido associada a pior qualidade de vida[44] e aumento da mortalidade[45].

Os sinais de discinesia são tipicamente observados em pacientes em uso prolongado de antipsicóticos, especialmente em doses maiores, associadas a sintomas extrapiramidais.

Pelos critérios do DSM-5[15], o diagnóstico de discinesia tardia pode ser estabelecido se há a presença dos movimentos anormais com duração de, no mínimo, algumas semanas, e surgidos em associação com o uso de um medicamento neuroléptico durante pelo menos alguns meses ou após período mais curto em idosos.

No entanto, o diagnóstico de discinesia tardia pode representar considerável desafio para o clínico:

- Em geral, o início é insidioso.
- Nas fases iniciais, os sintomas podem ser flutuantes.
- Esses sintomas podem ser confundidos com sintomas de comorbidades clínicas ou efeitos colaterais de outros fármacos: anti-histamínicos, estimulantes, fenitoína, antidepressivos ou mesmo cafeína[46].
- Desordens de movimento similares foram observadas em pacientes com esquizofrenia mesmo antes do desenvolvimento dos fármacos antagonistas dopaminérgicos, o que poderia sugerir que a própria esquizofrenia pode estar associada a alterações no sistema dopaminérgico, que podem levar a movimentos involuntários anormais em alguns pacientes[47].

Um metanálise recente[48] mostrou conclusões interessantes:

- As taxas combinadas de prevalência de discinesia foram de 20,7% para os antipsicóticos de 2ª geração e de 30,0% para os de 1ª geração.
- Nos estudos em que houve uma combinação de uso de antipsicóticos de 1ª e 2ª gerações, o risco de discinesia tardia foi menor do que com o uso exclusivo de antipsicóticos de 1ª geração, sugerindo que o uso combinado diminuiria o risco. Outra possível explicação seria a de que o antipsicótico de 1ª geração só foi associado ao de 2ª geração mais tarde, e em baixa dose, como estratégia de potencialização de um tratamento anterior somente com antipsicóticos de 2ª geração, o que poderia ter levado ao menor risco de discinesia.
- Nos estudos em que os pacientes foram expostos somente a antipsicóticos de 2ª geração, a prevalência de discinesia foi de 7,2%, enquanto em pacientes em tratamento com antipsicóticos de 2ª geração anteriormente expostos a antipsicóticos de 1ª geração a prevalência foi de 23,4%. Esse achado pode sugerir que, em pelo menos um subgrupo de pacientes em uso de antipsi-

cóticos de 2ª geração, os sintomas de discinesia tardia são decorrentes do tratamento prévio com antipsicóticos de 1ª geração.

A incidência de discinesia com o início do emprego de antipsicóticos de 1ª geração em pacientes acima de 55 anos é ainda maior: 25% após 1 ano, 34% após 2 anos e 53% após 3 anos[49]. Essas taxas são de 3 a 5 vezes mais altas do que as encontradas em adultos jovens, ainda que as doses de antipsicóticos empregadas nos idosos sejam mais baixas.

Além da idade avançada, outros fatores de risco para discinesia tardia são[50]:

- Sexo feminino.
- Transtornos do humor preexistentes.
- Prejuízo cognitivo.
- Abuso de álcool e outras substâncias.
- Uso de lítio ou de antiparkinsonianos.
- História anterior de sintomas extrapiramidais.
- Diabetes.

Assim, outros fatores de risco são, por sua vez, associados à idade avançada.

Desse modo, algumas medidas para prevenção de discinesia tardia em idosos devem ser adotadas[51] (Quadro 9).

Quadro 9 Medidas para prevenção da discinesia tardia

Buscar indicações objetivas para a prescrição de antipsicóticos
Limitar o uso prolongado de antipsicóticos a indicações baseadas em estudos clínicos – portanto, para transtornos psicóticos crônicos
Evitar o uso *off-label* de antipsicóticos
Buscar tratamentos alternativos aos antipsicóticos se sinais de discinesia aparecem precocemente
Usar a dose mais baixa efetiva de um único antipsicótico
Buscar de forma regular e específica sinais precoces de discinesia

O emprego de anticolinérgicos pode piorar a discinesia tardia em alguns pacientes[52]. A necessidade de seu uso, por outro lado, sinaliza a presença de sintomas extrapiramidais, que, como vimos, é fator de risco para o aparecimento futuro de discinesia tardia.

As altas prevalência e incidência da discinesia tardia em idosos tornam altamente recomendável que tantos os pacientes quanto seus familiares/cuidadores sejam orientados sobre o risco para discinesia tardia antes do início do uso de antipsicóticos.

Os pacientes devem ser monitorados com relação ao aparecimento de movimentos anormais, preferencialmente pelo uso de escalas empregadas antes do início e a intervalos periódicos no curso do tratamento. A mais empregada é a Escala de Movimentos Involuntários Anormais (AIMS)[53].

Nos anos 2000, uma vez estabelecido o diagnóstico de discinesia tardia, se o paciente estivesse em uso de um antipsicótico de 1ª geração, a primeira estratégia proposta era sua substituição gradual por um de 2ª geração e a retirada das medicações anticolinérgicas[54]. Se não houvesse melhora, a troca do primeiro antipsicótico de 2ª geração por um segundo de 2ª geração poderia ser tentada. Se ainda assim não houvesse melhora, a recomendação era a substituição do 2º antipsicótico de 2ª geração pela clozapina.

Em 2013, a Associação Americana de Neurologia publicou um manual baseado em evidências para o tratamento da discinesia[55], em que concluiu que não havia dados suficientes comprovando que a interrupção da medicação associada à discinesia tardia levaria à supressão dos sintomas. Tampouco haveria evidências em suporte à estratégia de substituição por um antipsicótico de 2ª geração. O aumento da dose do antipsicótico poderia reduzir levemente os sintomas, porém, em geral, por um tempo limitado, o que levaria a aumentos sucessivos das doses dos antipsicóticos.

Poucas intervenções farmacológicas reuniam alguma evidência para seu emprego:

- Clonazepam: parece haver uma eficácia específica dos agonistas gabaérgicos na discinesia tardia. Em 1990, 19 pacientes participaram de um estudo randomizado, duplo-cego, placebo-controlado, com *crossover*[56]. O tratamento com clonazepam, em doses entre 2 e 4,5 mg, reduziu os escores em 37% e esse efeito foi perdido quando o fármaco foi substituído por placebo. O problema relatado foi o desenvolvimento de tolerância ao clonazepam em número expressivo dos pacientes após alguns meses de uso.
- Amantadina: é um bloqueador de receptores NMDA. Em um estudo de 2010[57], duplo-cego, placebo-controlado com *crossover*, 22 pacientes receberam amantadina até a dose máxima de 400 mg/dia ou placebo. Houve redução de 22% nos escores da AIMS nos pacientes em uso de amantadina, e nenhuma redução nos pacientes em uso de placebo.
- Tetrabenazina: foi sintetizada ainda na década de 1950. É um inibidor reversível e específico do transportador de monoamina vesicular 2 (VMAT2). O VMAT2 transporta neurotransmissores monoaminérgicos em vesículas para liberação nas sinapses. A redução nos níveis da dopamina nas sinapses

limitaria a superestimulação dopaminérgica e, com isso, reduziria os movimentos involuntários associados à discinesia tardia[58]. O uso da tetrabenazina permaneceu limitado à doença de Huntington, em razão dos efeitos colaterais (sonolência, parkinsonismo, acatisia), meia-vida curta (requerindo 2 a 3 doses por dia) e interações farmacológicas potencialmente graves[59]. Os efeitos colaterais são mais pronunciados quando há uso concomitante de inibidores da CYD2D6.

Em 2017, dois inibidores do VMAT2 derivados de modificações da tetrabenazina foram aprovados pelo FDA para o tratamento da discinesia tardia:

- A modificação para deutetrabenazina levou à melhora da tolerabilidade e a uma redução na velocidade da metabolização, permitindo a posologia em uma única dose diária.
- A modificação para valbenazina também viabilizou sua posologia em uma dose diária e houve melhora do perfil de efeitos colaterais.

A valbenazina é comercializada sob o nome de Ingrezza e tem duas apresentações: cápsulas de 40 e 80 mg. A deutrabenazina é comercializada sob o nome de Austedo, com apresentação única em comprimidos de 12 mg.

Ainda que a eficácia e a tolerabilidade desses fármacos sejam encorajadoras, seu custo segue sendo proibitivo. O custo anual de tratamento com a valbenazina pode chegar a US$ 76.000,00 e com a deutrabenazina, a US$ 90.000,00, se as doses máximas diárias forem necessárias. Ambos não estão disponíveis no Brasil.

Eventos cerebrovasculares em idosos em uso de antipsicóticos

Os primeiros dados sobre o aumento do risco para eventos cerebrovasculares adversos associados ao uso de antipsicóticos em pacientes idosos com demência foram relatados já no início dos anos 2000[60,61].

Os potenciais mecanismos que podem contribuir para essa associação incluem: efeitos tromboembólicos, alteração da função plaquetária, efeitos cardiovasculares (hipotensão ortostática, arritmias) e efeitos ateroscleróticos decorrentes da desregulação do metabolismo da glicose e dos lipídios[62].

Com base em análises *post-hoc* de ensaios clínicos randomizados[63,64], o Food and Drug Administration (FDA) emitiu alertas e exigiu a inclusão de aviso nas bulas dos antipsicóticos sobre esse risco[65].

Além disso, achados de estudos epidemiológicos sugeriram que o risco de eventos cerebrovasculares adversos também pode ser maior com o uso de antipsicóticos convencionais[66,67], o que levou à inclusão de aviso semelhante nas bulas dos antipsicóticos convencionais também.

Porém, alguns estudos mostraram achados negativos na associação entre antipsicóticos e risco dė eventos cerebrovasculares[68]. Desse modo, a possível relação entre o risco de acidente vascular cerebral e o uso de antipsicóticos em pacientes idosos com demência permanece controversa.

Apesar da controvérsia, poucos estudos buscaram investigar o risco de eventos cerebrovasculares em pacientes idosos não demenciados. Percudani et al.,[69] em estudo farmacoepidemiológico envolvendo dados de 35 mil idosos acima de 65 anos que receberam antipsicóticos por qualquer diagnóstico (portanto, não só quadros demenciais) durante o período de um ano, concluíram haver risco aumentado de eventos cerebrovasculares em indivíduos previamente expostos a antipsicóticos, principalmente aos atípicos.

Um estudo[70] envolvendo todos os pacientes registrados no banco de dados GPRD (*General Practice Research Database*) da Grã-Bretanha levantou dados de 6.790 pacientes, independentemente da idade, que, no período de um ano, tiveram um registro de acidente cerebrovascular e pelo menos uma prescrição de qualquer medicamento antipsicótico. Concluiu-se que todos os antipsicóticos estão associados a um risco aumentado de acidente cerebrovascular (razão de taxas = 1,73) e que ele pode ser maior em pacientes recebendo antipsicóticos atípicos (razão de taxas = 2,32) do que naqueles recebendo antipsicóticos típicos (razão de taxa = 1,69). Pacientes com demência parecem estar em maior risco de acidente vascular cerebral associado (razão de taxas = 3,50) em comparação com pacientes sem demência (razão de taxas = 1,41).

Outra possível abordagem da controvérsia seria a investigação de coortes de pacientes com esquizofrenia independentemente da idade. Hsieh et al.,[71] em um estudo de caso-controle aninhado em uma coorte representativa da população étnica chinesa de Taiwan, concluíram haver risco duas vezes maior de eventos cerebrovasculares em pacientes esquizofrênicos em uso atual de antipsicóticos. O risco foi significativamente maior na primeira semana do tratamento. Em comparação com os não usuários de antipsicóticos, os pacientes que apresentaram eventos cerebrovasculares tiveram maior probabilidade de receber tratamento com antipsicóticos de 1ª geração, em vez de antipsicóticos de 2ª geração. O estudo sugere, ainda, que o aumento do risco de eventos cerebrovasculares associados a antipsicóticos não foi exclusivo de pacientes idosos com demência, mas também foi demonstrado em pacientes esquizofrênicos jovens e de meia-idade.

Os dados sugerem que:

- O risco de eventos cerebrovasculares em pacientes idosos associados a antipsicóticos é elevado, especialmente durante as primeiras semanas de tratamento.
- Esse risco diminui com o tempo e volta ao nível básico após 3 meses de tratamento.
- O uso crônico não parece associado a maior risco de eventos cerebrovasculares.

CONSIDERAÇÕES FINAIS

O tratamento dos transtornos psicóticos nos idosos representa considerável desafio. Deve-se ter em mente que nenhum guia pode abordar as complexidades de um paciente individual e que um bom julgamento clínico, baseado na experiência clínica, deve ser sempre usado na aplicação dessas recomendações.

O TRANSTORNO DELIRANTE DE INÍCIO TARDIO É UM PRÓDROMO DE DEMÊNCIA?

Nos estudos acerca dos transtornos delirantes de início tardio, há grande variabilidade nos critérios de inclusão/exclusão relativos à cognição, o que torna difícil a investigação sobre a possibilidade de um transtorno psicótico de início tardio representar um risco aumentado de declínio cognitivo. Os estudos com seguimentos mais prolongados mostraram uma incidência da taxa de conversão para demência mais elevada nos pacientes com transtorno psicótico de início tardio quando comparados com idosos saudáveis[72], mas não mais elevada quando comparados com portadores de depressão de início tardio[73].

No entanto, a questão sobre se a psicose de início tardio é apenas um fator desencadeante ou é uma forma prodrômica de demência permanece não resolvida.

VINHETA CLÍNICA

Recebemos em nosso Grupo de Psicoses um pedido de consulta originado da Clínica Médica para um senhor de 68 anos. O pedido de consulta foi motivado pelo aparecimento de um quadro psiquiátrico há alguns meses, de início insidioso, mas que vinha se acentuando nas últimas semanas e levando à considerável disfunção da vida doméstica do paciente e de seus familiares, principalmente sua esposa, com quem vive há mais de 40 anos. O paciente vinha apresentando um tipo de ciúme delirante paranoide, caracterizado pela certeza absoluta da infidelidade sexual de sua esposa. Os delírios vêm desencadeando comportamentos extremos no paciente: tentativa de controle absoluto da esposa, xingamentos à esposa, acusações a genros, sobrinhos e netos de que estão fazendo sexo com sua esposa e tentativas de agressão. Os principais achados da anamnese são: (1) antecedentes importantes de dependência de álcool; (2) baixa escolaridade; (3) AVCI ocorrido há 5 meses, com sequela na forma de hemiparesia parcial à esquerda. A ressonância magnética mostrou alterações compatíveis com o AVCI, e outros achados inespecíficos, compatíveis com a idade. Os testes neuropsicológicos mostraram desempenho cognitivo compatível para a idade. Conclui-se pelo diagnóstico sindrômico de síndrome de Otello, quadro não exclusivo, mas relativamente frequente em idosos com histórico de dependência de álcool. Especula-se se o AVCI pode ter funcionado como um gatilho, dada a súbita perda de mobilidade decorrente do AVC, sem o comprometimento importante de nenhuma função neuropsicológica. Prescreveu-se para o paciente risperidona na dose de até 3 mg/dia. A família do paciente também foi abordada para tomada de consciência do problema e, dessa forma, desenvolvidas técnicas para evitação de conflitos. Com a medicação e a abordagem familiar, houve melhora do quadro, porém apenas parcial – o paciente se manteve com pouca consciência de seu quadro.

REFERÊNCIAS BIBLIOGRÁFICAS

1. Suen Y, Wong S, Hui C, Chan S, Lee E, Chang W, et al. Late-onset psychosis and very-late-onset-schizophrenia-like-psychosis: an updated systematic review. Int Rev Psychiatry. 2019;31(5-6):523-42.
2. Bürgy M. The concept of psychosis: Historical and phenomenological aspects. Schizoph Bull. 2008;34:1200-10.
3. World Health Organization (WHO). International Classification of Diseases, 11th rev (ICD-11). Geneva: WHO; 2022.
4. American Psychiatric Association (APA). Diagnostic and statistical manual of mental disorders, 5th ed. Washington: APA, 2013.
5. Webster J, Grossberg GT. Late-life onset of psychotic symptoms. Am J Ger Psychiatry. 1998;6(3).
6. Holroyd S, Laurie S. Correlates of psychotic symptoms among elderly outpatients. Int J Geriatr Psychiatry. 1999;14(5).
7. Brunelle S, Cole MG, Elie M. Risk factors for the late-onset psychoses: a systematic review of cohort studies. Int J Geriatr Psychiatry. 2012;27(3):240-52.
8. Javadpour A, Sehatpour M, Mani A, Sahraian A. Assessing diagnosis and symptoms profiles of late-life psychosis. GeroPsych: J Gerontopsychology and Geriatric Psychiatry. 2013;26(4).
9. Freudenreich O, Charles Schulz S, Goff DC. Initial medical work-up of first-episode psychosis: A conceptual review. Early Interv Psychiatry. 2009;3.
10. Berrios GE, Luque R, Villagrán JN. Schizophrenia: A conceptual history. Int J Psychol Psychologic Ther. 2013;3(2):111-40.
11. Santos NB. O conceito de parafrenia e sua actualidade. Psilogos. 2007;4(1-2):44-55.
12. Rabins P, Pauker S, Thomas J. Can schizophrenia begin after age 44? Compr Psychiatry. 1984;25(3):290-3.
13. American Psychiatric Association (APA). Diagnostic and statistical manual of mental disorders, 4.ed., text revision (DSM-IV-TR). Arlington: APA; 2000.
14. American Psychiatric Association (APA). Diagnostic and statistical manual of mental disorders, 3.ed., revised (DSM-III-R). Arlington: APA; 1987.
15. American Psychiatric Association (APA). Diagnostic and statistical manual of mental disorders, 5.ed. – text revision (DSM-5-TR). Arlington: APA; 2022.

16. Moriyama IM. The eighth revision of the International Classification of Diseases. Am J Public Health Nations Health. 1966;56(8):1277-80.
17. SLEEVN. The International Classification of Diseases: Ninth Revision (ICD-9). Ann Intern Med. 1978;88(3):424.
18. Almeida OP, Howard R, Förstl H, Levy R. Should the diagnosis of late paraphrenia be abandoned? Psychol Med. 1992;22(1):11–4.
19. World Health Organization (WHO). International statistical classification of diseases and related health problems, 10th revision, 5.ed. Geneva: WHO; 2016.
20. World Health Organization (WHO). International Classification of Diseases, 11 Rev. (ICD-11). Geneva: WHO; 2022.
21. Jeste DV, Lanouette NM, Vahia IV. Jeste DV, Lanouette NM, Vahia IV. Schizophrenia and paranoid disorders. In: Blazer DG, Steffens DC (orgs.). Textbook of geriatric psychiatry. 4.ed. Washington: American Psychiatric Press, 2009. p. 317-31.
22. Jackuelyn Harris by M, Jeste D v. Late-onset schizophrenia: an overview. 1988;14. Disponível em: https://academic.oup.com/schizophreniabulletin/article/14/1/39/1876339.
23. Howard R, Rabins P, Seeman M, Jeste D. Late-onset schizophrenia and very-late-onset schizophrenia-like psychosis: an international consensus. Am J Psychiaty. 2000;157(2):172-8.
24. Post F. Schizo-affective symptomatology in Late Life. Br J Psychiatry. 1971;118(545):437-45.
25. Baran XY, Young RC. Bipolar and depressive types of schizoaffective disorder in old age. Am J Geriatric Psychiatry. 2006;14(4):382-3.
26. Vahia IV, Palmer BW, Depp C, Fellows I, Golshan S, Kraemer H, et al. Is late-onset schizophrenia a subtype of schizophrenia? Acta Psychiatr Scand. 2010;122(5).
27. Castel D. Gender and age at onset in schizophrenia. In: Howard R, Rabins P, et al. (orgs.). Late Onset Schizophrenia. Petersfield/Philadelphia: Wrightson Biomedical; 1999.
28. Seeman MV. Oestrogens and psychosis. In: Howard R, Rabins PV (orgs.). Late Onset Schizophrenia Petersfield, UK, Philadelphia, USA: Wrightson Biomedical Publishing Ltd, 1999 p.165-179. Petersfield/Philadelphia: Wrightson Biomedical; 1999. p. 165-79.
29. Castle DJ, Wessely S, Howard R, Murray RM. Schizophrenia with onset at the extremes of adult life. Int J Geriatr Psychiatry. 1997;12(7):712-7.
30. Brodaty H, Sachdev P, Ros N, Rylands K, Prenter L. Schizophrenia with onset after age 50 years I: Phenomenology and risk factorst. Br J Psychiatry. 1999;75:410-5.
31. Kay DWK, Roth M. Environmental and hereditary factors in the schizophrenia of old age (late paraphrenia) and their bearing on the general problem of causation in schizophrenia. J Mental Sci. 1961;107:649-86.
32. Prager S, Jeste D. Sensory Impairment in Late-Life Schizophrenia. Schizoph Bull. 1993;19(4):755-72.
33. Mitter P, Krishnan S, Bell P, Stewart R, Howard R. The effect of ethnicity and gender on first-contact rates for schizophrenia-like psychosis in Bangladeshi, black and white elders in Tower Hamlets, London. Int J Geriatr Psychiatry. 2004;19(3):286-90.
34. Almeida O, Howard RJ, Levy R, David AS. Psychotic states arising in late life (late paraphrenia). Br J Psychiatry. 1995;166(2):205-14.
35. Maher B. Delusional thinking and cognitive disorder. Integrative Physiological & Behavioral Science. 2005;40(3):136-46.
36. Oda AMRG. A paranoia em 1904-uma etapa na construção nosológica de Emil Kraepelin. Rev Latinoam Psicopat Fund. 2010;13(2):318-32.
37. Essali A, Ali G. Antipsychotic drug treatment for elderly people with late-onset schizophrenia. Cochrane Database Syst Rev. 2012;2(CD004162):1-61.
38. Alexopoulos GS, Streim J, Carpenter D, Docherty JP. Using antipsychotic agents in older patients - Introduction: methods, commentary, and summary. J Clin Psychiatry. 2004;65(suppl2).

39. Iglewicz A, Meeks T, Jeste D. New wine in old bottle: late-life psychosis. Psychiatr Clin North Am. 2011;34(2):295-318.
40. Sable JA, Jeste D v. Antipsychotic treatment for late-life schizophrenia. Curr Psychiatry Rep. 2002;4.
41. Jeste D, Barak Y, Madhusoodanan S, Grossman F, Gharabawi G. International multisite double-blind trial of the atypical antipsychotics risperidone and olanzapine in 175 elderly patients with chronic schizophrenia. Am J Geriatric Psychiatry. 2003;11(6):638-47.
42. Huang C, Zhang Y lin. Clinical differences between late-onset and early-onset chronically hospitalized elderly schizophrenic patients in Taiwan. Int J Geriatr Psychiatry. 2009 out;24(10):1166-72.
43. Lerner PP, Miodownik C, Lerner V. Tardive dyskinesia (syndrome): Current concept and modern approaches to its management. Psychiatry Clin Neurosci. 2015;69(6):321-34.
44. Browne S, Roe M, Lane A, Gervin M, Morris M, Kinsella A, et al. Quality of life in schizophrenia: relationship to sociodemographic factors, symptomatology and tardive dyskinesia. Acta Psychiatr Scand. 1996;94(2):118-24.
45. Ballesteros J, González-Pinto A, Bulbena A. Tardive dyskinesia associated with higher mortality in psychiatric patients: Results of a meta-analysis of seven independent studies. J Clin Psychopharmacol. 2000;20(2):188-94.
46. Caroff SN, Citrome L, Meyer J, Sajatovic M, Goldberg JF, Jain R, et al. A modified Delphi consensus study of the screening, diagnosis, and treatment of tardive dyskinesia. J Clin Psychiatry. 2020;81(2).
47. Lerner V, Miodownik C. Motor symptoms of schizophrenia: Is tardive dyskinesia a symptom or side effect? A modern treatment. Curr Psychiatry Rep. 2011;13(4):295-304.
48. Carbon M, Hsieh CH, Kane JM, Correll CU. Tardive dyskinesia prevalence in the period of second-generation antipsychotic use. J Clin Psychiatry. 2017;78(3):e264-78.
49. Woerner MG, Alvir JMJ, Saltz BL, Lieberman JA, Kane JM, Blank K, et al. Prospective study of tardive dyskinesia in the elderly: Rates and risk factors. Am J Psychiatry. 1998,155.
50. Waln O, Jankovic J, Cambridge H, Arnold W&, Wilkins WB. Reviews an update on tardive dyskinesia: From phenomenology to treatment history and definitions. Disponível em: http://tremorjournal.org/article/view/161.
51. Tarsy D, Lungu C, Baldessarini RJ. Epidemiology of tardive dyskinesia before and during the era of modern antipsychotic drugs; 2011. p. 601-16.
52. Jankelowitz S. Treatment of neurolept-induced tardive dyskinesia. Neuropsychiatr Dis Treat. 2013;1371.
53. Guy W. ECDEU assessment manual for psychopharmacology. Revised. Rockville: US Department of Health, Education, and Welfare Publication (ADM); 1976.
54. Citrome L, Dufresne R, Dyrud JM. Tardive dyskinesia: Minimizing risk and improving outcomes in schizophrenia and other disorders. Am J Managed Care. 2007;1-12.
55. Bhidayasiri R, Fahn S, Weiner WJ, Gronseth GS, Sullivan KL, Zesiewicz TA. Evidence-based guideline: Treatment of tardive syndromes: report of the Guideline Development Subcommittee of the American Academy of Neurology. Neurology. 2013;81(5):463-9.
56. Thaker GK, Nguyen JA, Strauss ME, Jacobson R, Kaup BA, Tamminga CA. Clonazepam treatment of tardive dyskinesia: a practical GABAmimetic strategy. Am J Psychiatry. 1990;147(4):445-51.
57. Pappa S, Tsouli S, Apostolou G, Mavreas V, Konitsiotis S. Effects of amantadine on tardive dyskinesia. Clin Neuropharmacol. 2010;33(6):271-5.
58. Bernstein AI, Stout KA, Miller GW. The vesicular monoamine transporter 2: an underexplored pharmacological target. Neurochem Int. 2014;73:89-97.
59. Shen V, Clarence-Smith K, Hunter C, Jankovic J. Safety and efficacy of tetrabenazine and use of concomitant medications during long-term, open-label treatment of chorea associated with Huntington's and other diseases. Tremor Other Hyperkinet Mov. 2013;3.
60. Wooltorton E. Risperidone (Risperdal): increased rate of cerebrovascular events in dementia trials. CMAJ 2002;167(11):1269-70.

61. Wooltorton E. Olanzapine (Zyprexa): increased incidence of cerebrovascular events in dementia trials. CMAJ. 2004;170(9):1395.
62. Kleijer B, van Marum R, Egberts A, Jansen P, Knol W, Heerdink E. Risk of cerebrovascular events in elderly users of antipsychotics. J Psychopharmacology. 2009;23(8):909-14.
63. Schneider LS, Dagerman K, Insel PS. Efficacy and adverse effects of atypical antipsychotics for dementia: meta-analysis of randomized, placebo-controlled trials. Am J Geriatric Psychiatry. 2006;14(3):191-210.
64. Haupt M, Cruz-Jentoft A, Jeste D. Mortality in elderly dementia patients treated with risperidone. J Clin Psychopharmacol. 2006;26(6):566-70.
65. Lenzer J. FDA warns about using antipsychotic drugs for dementia. BMJ. 2005;330:922.
66. Layton D, Harris S, Wilton LV, Shakir SAW. Comparison of incidence rates of cerebrovascular accidents and transient ischaemic attacks in observational cohort studies of patients prescribed risperidone, quetiapine or olanzapine in general practice in England including patients with dementia. Journal of Psychopharmacology. 2005;19(5):473-82.
67. Kales HC, Valenstein M, Myra Kim MH, John McCarthy SF, Ganoczy D, Francesca Cunningham M, et al. Article mortality risk in patients with dementia treated with antipsychotics versus other psychiatric medications. Am J Psychiatry. 2007;164.
68. Barnett MJ, Wehring H, Perry PJ. Comparison of risk of cerebrovascular events in an elderly VA population with dementia between antipsychotic and nonantipsychotic users. J Clin Psychopharmacol. 2007;27(6):595-601.
69. Percudani M, Barbui C, Fortino I, Tansella M, Petrovich L. Second-generation antipsychotics and risk of cerebrovascular accidents in the elderly. J Clin Psychopharmacol. 2005;25(5):468-70.
70. Douglas IJ, Smeeth L. Exposure to antipsychotics and risk of stroke: self controlled case series study. BMJ. 2008;337:a1227-a1227.
71. Hsieh PH, Hsiao FY, Gau SSF, Gau CS. Use of antipsychotics and risk of cerebrovascular events in schizophrenic patients. J Clin Psychopharmacol. 2013;33(3):299-305.
72. Kørner A, Lopez A, Lauritzen L, Andersen P, Kessing L. Late and very-late first-contact schizophrenia and the risk of dementia-a nationwide register based study. Int J Geriatr Psychiatry. 2009;24(1):61-70.
73. Leinonen E, Santala M, Hyötylä T, Santala H, Eskola N, Salokangas R. Elderly patients with major depressive disorder and delusional disorder are at increased risk of subsequent dementia. Nord J Psychiatry. 2004;58(2):161-4.
74. Aarsland D. Epidemiology and pathophysiology of dementia-related psychosis. J Clin Psychiatry. 2020;81(5).
75. Linde R, Dening T, Matthews F, Brayne C. Grouping of behavioural and psychological symptoms of dementia. Int J Geriatr Psychiatry. 2014;29(6):562-8.
76. Jeste D, Finkel S. Psychosis of Alzheimer's disease and related dementias: Diagnostic criteria for a distinct syndrome. Am J Geriatr Psychiatry. 2000;8(1):29-34.
77. Lyketsos CG, Sheppard JME, Steinberg M, Tschanz JAT, Norton MC, Steffens DC, et al. Neuropsychiatric disturbance in Alzheimer's disease clusters into three groups: the Cache County study. Int J Geriatr Psychiatry. 2001;16(11):1043-53.
78. Forlenza O, Cretaz E, Diniz B. O uso de antipsicóticos em pacientes com diagnóstico de demência. Braz J Psychiatry. 2008;30(3):265-70.
79. Cerejeira J, Lagarto L, Mukaetova-Ladinska E, Agosta F. Behavioral and psychological symptoms of dementia. Front Neurol. 2012;3(73):1-21.
80. Gottesman RT, Stern Y. Behavioral and Psychiatric symptoms of dementia and rate of decline in Alzheimer's disease. Front Pharmacol. 2019;10(1062):1-10.
81. McKeith IG, Dickson DW, Lowe J, Emre M, O'Brien JT, Feldman H, et al. Diagnosis and management of dementia with Lewy bodies: third report of the DLB consortium. Neurology. 2005;65(12):1863-72.
82. Kennedy M, Pharmd JK, Shenvi CL, Pharmd AG, Zurek O, Lamantia M, et al. The agitated older adult in the emergency department: a narrative review of common causes and management strategies. JACEP Open. 2020;1(5):812-23.

6
Transtorno do déficit de atenção e hiperatividade no idoso

Rodolfo Braga Ladeira

INTRODUÇÃO

O transtorno de déficit de atenção e hiperatividade (TDAH) é um transtorno neuropsiquiátrico crônico que afeta cerca de 1,5% dos idosos[1]. Apesar dos avanços recentes na avaliação diagnóstica e no estabelecimento de critérios para o diagnóstico do TDAH em adultos, as definições dos sintomas podem demandar adaptações ainda maiores para o uso em idosos. O diagnóstico do TDAH em idosos requer a presença de sintomas desde a infância e a persistência de sintomas atuais, e o diagnóstico diferencial deve incluir outras condições neuropsiquiátricas. Evidências de tratamento para o idoso são escassas e, portanto, os ensaios clínicos devem passar a incluir indivíduos acima de 60 anos para que se determinem as melhores abordagens, sejam farmacológicas ou psicoterapêuticas[2].

EPIDEMIOLOGIA

Estudos mostram que os sintomas de TDAH persistem na idade adulta por pelo menos dois terços dos pacientes diagnosticados com TDAH na infância e continuam a gerar prejuízos para metade dos pacientes. Entretanto, esse transtorno é subdiagnosticado no adulto: apenas um em cada seis adultos com sintomas e prejuízos evidentes pelo TDAH possui o diagnóstico, e a falta de diagnóstico e de tratamento é ainda mais significativa em idosos: apenas um em cada dez indivíduos com TDAH nessa faixa etária possui o diagnóstico e um em cada dez indivíduos diagnosticados recebe o tratamento[1,3].

Estima-se que a prevalência do TDAH seja de aproximadamente 5,9% em crianças e adolescentes, 2,8% em adultos e 1,5% em indivíduos acima de 50 anos[1].

A redução da prevalência do TDAH ao longo do envelhecimento pode ser explicada tanto pela redução da gravidade dos sintomas com o passar dos anos – como será discutido adiante – quanto pela falta de critérios diagnósticos apropriados para a idade – que pode levar à subidentificação do transtorno –, quanto pela menor expectativa de vida associada ao TDAH – resultando em um declínio relativo de pessoas com TDAH por idade[3]. Os indivíduos com esse transtorno vivem em média cerca de 8 a 13 anos a menos em comparação com a população geral, e a menor expectativa de vida no TDAH pode estar relacionada às maiores taxas de acidentes, ao abuso de substâncias, à comorbidade com transtornos de humor e outros problemas de saúde[3,4].

Na juventude, o TDAH é duas vezes mais comum em homens do que em mulheres[1]. Já em idosos, essa diferença tende a se atenuar por conta da feminilização da velhice (as mulheres têm maior expectativa de vida em comparação aos homens).

A temática do TDAH e envelhecimento tem se tornado um tema de interesse crescente em razão do aumento do número de adultos com 50 anos ou mais que buscam avaliação para o TDAH pela primeira vez. Infelizmente, há falta de pesquisas sobre TDAH em adultos com mais de meia-idade ou idosos[3].

FATORES DE RISCO

Os fatores de risco para TDAH são genéticos e ambientais. O TDAH é altamente hereditário, conforme mostrado em estudos de gêmeos, adoção e famílias. Em gêmeos monozigóticos, 60 a 80% da variância do TDAH são explicados por fatores genéticos[3]. Associações significativas foram identificadas para os genes candidatos DAT1, DRD4, DRD5, 5HTT, HTR1B e SNAP25, dentre outros[3]. Dentre os fatores ambientais associados ao TDAH, destacam-se o uso de álcool e nicotina durante a gravidez pela mãe, prematuridade, baixo peso ao nascer, hipóxia perinatal e exposição a pesticidas (materna ou infantil)[3,5,6]. Existem, ainda, pesquisas em andamento sobre a possível influência de outros fatores, como a dieta e o estresse materno durante a gravidez[3].

CARACTERÍSTICAS CLÍNICAS

Os principais sintomas do TDAH são desatenção, impulsividade e hiperatividade persistentes. Apesar da persistência dos sintomas, a apresentação dos sintomas muda com frequência com o curso do desenvolvimento. Os sinais evidentes de hiperatividade e impulsividade em crianças com TDAH comumente diminuem com o aumento da idade, enquanto os sintomas de desatenção muitas vezes permanecem inalterados[3]. A hiperatividade motora em crianças com TDAH é frequentemente substituída em adultos por uma hiperatividade "interna" na forma de inquietação, impaciência, falas excessivas, incapacidade de relaxar e dificuldade de sentar-se de maneira quieta por longos períodos. A impulsividade na idade adulta pode aparecer como explosões de raiva, impaciência, direção descuidada e tomada de decisões sem pensar. A desatenção se manifestará como desorganização, esquecimento, baixo desempenho no planejamento e conclusão de tarefas, deslocamento de tarefas e gerenciamento de tempo. Por causa dessa mudança de desenvolvimento na expressão dos sintomas, muitos adultos não exibirão por completo os critérios para o diagnóstico, embora permaneçam significativamente prejudicados[3].

Comorbidades psiquiátricas

O TDAH está associado a uma elevada presença de outras condições psiquiátricas como comorbidades e que podem dificultar sua identificação[2] e impactar negativamente no resultado do tratamento[3]. A falta de tratamento adequado com psicoestimulantes parece contribuir para um aumento de comorbidades psiquiátricas[3]. Em geral, a taxa de transtornos psiquiátricos comórbidos é de três a sete vezes maior que a da população em geral e os transtornos comórbidos mais fortemente associados ao TDAH em adultos são de ansiedade (cerca de 47%), do humor (cerca de 38%), de personalidade antissocial e por uso de substâncias[2,3,7].

Comorbidades clínicas

O TDAH também está relacionado a uma série de comorbidades clínicas, como obesidade, alergias, asma, *diabetes mellitus*, distúrbios do sono (p. ex., apneia, insônia, alterações da arquitetura do sono), psoríase, epilepsia, doenças autoimunes e doenças sexualmente transmissíveis[1]. Em adultos com mais de 50 anos diagnosticados com TDAH, cerca de 47% apresentam comorbidades clínicas, sendo o hipotireoidismo (21%), a hipertensão (19%), a fibromialgia (16%) e a artrite (16%) as mais frequentes[8].

Prejuízos sociais

O TDAH em adultos está associado a prejuízos em vários domínios da vida, como acadêmico, ocupacional e funcionamento social[3]. Em um estudo de 148 adultos com mais de 50 anos com TDAH (idade média de 56 anos), em comparação com uma amostra de referência pareada por faixa etária, os pacientes com TDAH eram significativamente solteiros (42 *vs.* 25%) e desempregados (51 *vs.* 31%)[9]. Adultos com 50 anos ou mais com TDAH referem qualidade de vida significativamente menor, menor rede de suporte familiar e maior sentimento de solidão em comparação com a população normal[3].

DIAGNÓSTICO DO TDAH NO IDOSO

Os critérios para o diagnóstico do TDAH no idoso são os mesmos utilizados para os adultos e compreendem a presença de um padrão persistente de desatenção e/ou hiperatividade-impulsividade que interfere no funcionamento ou no desenvolvimento e que deve estar presente desde a infância (Quadro 1)[10].

Existem três subtipos do TDAH: o TDAH predominantemente desatento (quando apenas os critérios para desatenção são preenchidos nos últimos 6 meses), o TDAH predominantemente hiperativo/impulsivo (quando apenas os critérios para hiperatividade/impulsividade são preenchidos nos últimos 6 meses) e a apresentação combinada (se tanto os critérios para desatenção quanto para hiperatividade-impulsividade são preenchidos nos últimos 6 meses).

O diagnóstico do TDAH no idoso não requer, em princípio, avaliação neuropsicológica, pois nenhum teste neuropsicológico está disponível para diagnosticar o TDAH e nenhum teste é necessário segundo os critérios do DSM-5 TR. Somente se faz necessário o relato do paciente e/ou de terceiros, como relato familiar ou registros médicos ou escolares, para determinar se os critérios diagnósticos foram atendidos. De qualquer forma, a avaliação neuropsicológica pode ser útil, como uma ferramenta complementar, pois costuma contemplar entrevistas direcionadas com o paciente e/ou terceiros e pode ajudar em alguns diagnósticos diferenciais[2].

Foi sugerido que, quando possível, outras comorbidades psiquiátricas devam ser tratadas para eliminar a possibilidade de "pseudo TDAH" antes de considerar confirmar e tratar o TDAH[2].

Muitos idosos com TDAH não foram diagnosticados quando crianças, em parte porque o TDAH era mal reconhecido décadas atrás. Essa ideia é apoiada pela descoberta de que 75% dos adultos com idade entre 18 e 44 anos com TDAH no *National Comorbidity Study – Replication* (NCS-R) não foram diagnosticados quando crianças[7].

Por definição, o TDAH requer prejuízo no funcionamento em razão de traços de TDAH. O impacto na função acadêmica, ocupacional e social está bem documentado em adultos jovens, mas as marcas de comprometimento funcional em idosos podem ter padrões diferentes nos anos posteriores à atuação acadêmica e laboral[2].

Quadro 1 Critérios diagnósticos para transtorno de déficit de atenção e hiperatividade (TDAH) no adulto segundo o DSM-5 TR[10]

Critério A: Um padrão persistente de desatenção e/ou hiperatividade-impulsividade que interfere no funcionamento ou desenvolvimento, caracterizado por cinco (ou mais) dos sintomas descritos em (1) e/ou (2), com frequência, por pelo menos 6 meses:
1. **Desatenção**
a. Deixa de prestar atenção em detalhes/comete erros por descuido. b. Dificuldade em manter a atenção. c. Parece não escutar quando alguém lhe dirige a palavra diretamente. d. Falha em seguir as instruções até o fim e não consegue terminar tarefas. e. Dificuldade para organizar tarefas e atividades. f. Não gosta ou reluta em se envolver em tarefas que exijam esforço mental prolongado. g. Frequentemente perde coisas necessárias para tarefas/atividades. h. Facilmente distraído por estímulos externos ou pensamentos não relacionados. i. Esquece-se em atividades diárias.
2. **Hiperatividade e impulsividade**
a. Remexe ou batuca as mãos ou os pés ou se contorce na cadeira. b. Levanta-se da cadeira em situações em que se espera que permaneça sentado. c. Frequentemente se sente inquieto. d. Dificuldade de relaxar e descansar nos momentos de lazer. e. "Ativo demais", agindo como se estivesse "com o motor ligado". f. Fala demais. g. Termina frases dos outros ou responde a perguntas antes que tenham sido concluídas. h. Dificuldade para esperar a sua vez. i. Interrompe as pessoas ou se intromete em conversas ou outras atividades.
Critério B: Vários dos sintomas devem estar presentes antes dos 12 anos.
Critério C: Presença de vários dos sintomas em dois ou mais ambientes (p. ex., em casa, escola ou trabalho; com amigos ou parentes; em outras atividades).
Critério D: Há evidências claras de interferência dos sintomas ou redução da qualidade do funcionamento social, acadêmico ou profissional.
Critério E: Os sintomas não ocorrem exclusivamente durante o curso de esquizofrenia ou outro transtorno psicótico e não são mais bem explicados por outro transtorno mental (p. ex., transtorno do humor, transtorno de ansiedade, transtorno dissociativo, transtorno de personalidade, intoxicação ou abstinência de substância).

Fonte: adaptada de American Psychiatric Association, 2022[10].

Os resultados do *Australian PATH Through Life Project* mostraram que os idosos (68 a 74 anos) relataram níveis significativamente mais baixos de sintomas de TDAH medidos pelo instrumento de rastreio *Adult Self Report Scale* (ASRS) em comparação com adultos de meia-idade (48 a 52 anos)[11]. Esse declínio nos sintomas de TDAH em idades mais avançadas pode levar a uma diminuição da eficácia da medicação, uma vez que, quanto mais significativos os sintomas, mais evidente costuma ser o benefício do tratamento.

Existem diversas escalas e entrevistas estruturadas que podem auxiliar no rastreio e no diagnóstico do TDAH em adultos, como a Escala de Autoavaliação para Diagnóstico do Transtorno de Déficit de Atenção/Hiperatividade em Adultos (*Adult Self-Report Scale,* ASRS)[12], a *Wender Utah Rating Scale* (*WURS*), a *Wender-Reimherr Adult Attention Deficit Disorder Scale* (WRAADDS), a Entrevista para o Diagnóstico do TDAH em Adultos (*Diagnostic Interview for ADHD in Adults,* DIVA), dentre outras[13]. Embora essas escalas sejam bastante úteis para a avaliação de TDAH em adultos, elas carecem de estudos que avaliem o desempenho no rastreio ou diagnóstico clínico em idosos. Em nosso meio, o questionário mais utilizado para o diagnóstico de adultos é a escala ASRS (Tabela 1), que possui 18 itens que contemplam nove sintomas de desatenção e nove sintomas de hiperatividade e impulsividade do critério A do DSM-IV, modificados para o contexto da vida adulta[12]. É importante lembrar que, apesar de os sintomas de desatenção descritos no critério A do DSM-5 TR serem os mesmos do DSM-IV (que originou a escala), o critério A do DSM-5 TR exige apenas a presença de cinco critérios de desatenção e/ou de hiperatividade para identificação do TDAH em adultos (e não seis, como anteriormente), bem como a idade limite para o início dos sintomas (critério B) também mudou do DSM-IV para o DSM-5 TR, passando para 12 anos. As manifestações do transtorno devem estar presentes em mais de um ambiente (p. ex., em casa, na faculdade, no trabalho, na vida social, no relacionamento conjugal ou familiar) (critério C), causando problemas e interferindo ou reduzindo a qualidade do funcionamento social, acadêmico ou profissional (critério D). Os sintomas não podem ser atribuídos exclusivamente a algum outro transtorno mental (tal como depressão, transtorno de ansiedade, deficiência intelectual, esquizofrenia ou outro transtorno psicótico, transtorno de personalidade, intoxicação ou abstinência de substância etc.) (critério E)[10].

DIAGNÓSTICO DIFERENCIAL

O diagnóstico diferencial para o TDAH em idosos inclui condições habitualmente listadas como diagnóstico diferencial para outras faixas etárias – por exemplo, transtorno opositor desafiador, transtorno explosivo intermitente, síndrome de Tourette, transtorno específico da aprendizagem, deficiência intelectual, transtorno do espectro autista, transtornos de ansiedade, transtornos depressivos, transtorno bipolar, transtorno por uso de substância, transtornos da personalidade, transtornos psicóticos, crises de ausência –, além de condi-

Tabela 1 Escala de autoavaliação para o diagnóstico do transtorno de déficit de atenção/hiperatividade em adultos (*Adult ADHD Self-Report Scale*, ASRS)

Parte A **Por favor, responda às perguntas abaixo se avaliando de acordo com os critérios do lado direito da página. Após responder a cada uma das perguntas, circule o número que corresponde a como você se sentiu e se comportou nos últimos seis meses.**	Nunca	Raramente	Algumas vezes	Frequentemente	Muito frequentemente
1. Com que frequência você comete erros por falta de atenção quando tem de trabalhar em um projeto chato ou difícil?	0	1	2	3	4
2. Com que frequência você tem dificuldade para manter a atenção quando está fazendo um trabalho chato ou repetitivo?	0	1	2	3	4
3. Com que frequência você tem dificuldade para se concentrar no que as pessoas dizem, mesmo quando elas estão falando diretamente com você?	0	1	2	3	4
4. Com que frequência você deixa um projeto pela metade depois de já ter feito as partes mais difíceis?	0	1	2	3	4
5. Com que frequência você tem dificuldade para fazer um trabalho que exige organização?	0	1	2	3	4
6. Quando você precisa fazer algo que exige muita concentração, com que frequência você evita ou adia o início?	0	1	2	3	4
7. Com que frequência você coloca as coisas fora do lugar ou tem dificuldade de encontrar as coisas em casa ou no trabalho?	0	1	2	3	4
8. Com que frequência você se distrai com atividades ou barulho à sua volta?	0	1	2	3	4
9. Com que frequência você tem dificuldade para lembrar de compromissos ou obrigações?	0	1	2	3	4
Parte A – Total					

(continua)

Tabela 1 Escala de autoavaliação para o diagnóstico do transtorno de déficit de atenção/hiperatividade em adultos (*Adult ADHD Self-Report Scale*, ASRS) (*continuação*)

Parte B Por favor, responda às perguntas abaixo se avaliando de acordo com os critérios do lado direito da página. Após responder a cada uma das perguntas, circule o número que corresponde a como você se sentiu e se comportou nos últimos seis meses.	Nunca	Raramente	Algumas vezes	Frequentemente	Muito frequentemente
1. Com que frequência você fica se mexendo na cadeira ou balançando as mãos ou os pés quando precisa ficar sentado(a) por muito tempo?	0	1	2	3	4
2. Com que frequência você se levanta da cadeira em reuniões ou em outras situações em que deveria ficar sentado(a)?	0	1	2	3	4
3. Com que frequência você se sente inquieto(a) ou agitado(a)?	0	1	2	3	4
4. Com que frequência você tem dificuldade para sossegar e relaxar quando tem tempo livre para você?	0	1	2	3	4
5. Com que frequência você se sente ativo(a) demais e necessitando fazer coisas, como se estivesse "com um motor ligado"?	0	1	2	3	4
6. Com que frequência você se pega falando demais em situações sociais?	0	1	2	3	4
7. Quando você está conversando, com que frequência você se pega terminando as frases das pessoas antes delas?	0	1	2	3	4
8. Com que frequência você tem dificuldade para esperar nas situações em que cada um tem a sua vez?	0	1	2	3	4
9. Com que frequência você interrompe os outros quando eles estão ocupados?	0	1	2	3	4
Parte B – Total					

Fonte: adaptado de Mattos et al., 2006[12].

ções relacionadas ao envelhecimento – por exemplo, envelhecimento normal, transtorno neurocognitivo leve (TNCL), transtorno neurocognitivo maior (demência) e outros distúrbios neurodegenerativos, efeitos de medicamentos ou polifarmácia, síndrome da apneia obstrutiva do sono/transtornos do sono, dor crônica e outras condições clínicas (p. ex., alterações nutricionais ou metabólicas), deficiência visual e auditiva[3,10].

PARTICULARIDADES DO TRATAMENTO DO TDAH EM IDOSOS

O primeiro passo no tratamento do TDAH no idoso é controlar adequadamente comorbidades clínicas e psiquiátricas que possam causar ou contribuir para os sintomas, uma vez que o manejo adequado dessas condições pode trazer melhora das queixas e dos prejuízos para um nível satisfatório, assim como o não tratamento das comorbidades pode comprometer o resultado do tratamento para o TDAH.

Os indivíduos acima de 60 anos normalmente são sub-representados em estudos farmacocinéticos e farmacodinâmicos e, em geral, excluídos de ensaios clínicos para o TDAH, levando à falta de conhecimento e compreensão do tratamento farmacológico nessa faixa etária[3]. Por falta de estudos randomizados controlados acerca do tratamento farmacológico do TDAH em idosos, as orientações disponíveis são baseadas em extrapolação de estudos com adultos mais jovens, além de poucas evidências oriundas de estudos naturalísticos, relatos de caso e experiência clínica. Assim, as bases do tratamento de TDAH em idosos são semelhantes às do TDAH em adultos, incluindo uso de um psicoestimulante (como o metilfenidato ou a lisdexanfetamina) ou de fármacos de segunda linha em situações específicas. Entretanto, a dose do medicamento e a velocidade de titulação devem ser mais lentas e começar mais baixas.

Os idosos apresentam maior propensão a efeitos adversos com as doses habituais dos fármacos, além de metabolismo mais lento e maior chance de concentrações séricas elevadas. Assim, uma recomendação é que o tratamento com um psicofármaco se inicie com doses consideravelmente mais baixas que as habituais, com subsequente aumento lento e progressivo. Contudo, comumente é necessário que se atinjam doses tão altas dos medicamentos quanto as usadas pelos adultos mais jovens e, assim, a premissa "*start low, go slow, but go*" (começar devagar, aumentar devagar, mas aumentar) é importante para direcionar o uso de psicofármacos nessa faixa etária. Além disso, por conta da ocorrência frequente de comorbidades clínicas no idoso, com uso concomitante de múltiplas medicações, deve-se dar atenção ao maior risco de interações medicamentosas.

Há, no entanto, alguns dados indicando redução do efeito dos psicoestimulantes em idades mais avançadas, que pode ter relação com a redução da intensidade dos sintomas nessa faixa etária (uma vez que um nível mais alto de sintomas de TDAH na linha de base parece predizer uma melhor eficácia do tratamento de psicoestimulantes em adultos com TDAH) ou com um possível declínio na capacidade de transporte de dopamina relacionado à idade[3].

O que tratar primeiro?

Quando um paciente com TDAH apresenta uma condição de saúde mental comórbida, é prudente abordar primeiramente os problemas mais graves e para os quais o tratamento baseado em evidências pode ser oferecido (Figura 1). Os médicos podem escolher, por exemplo, tratar transtornos graves de uso de álcool/substâncias primeiro, transtornos de humor graves e agudos em seguida, depois transtornos de ansiedade graves e, finalmente, TDAH (Figura 1). Nenhuma recomendação com forte nível de evidência está disponível para orientar a ordem em que as condições devem ser tratadas, portanto, os médicos devem monitorar o impacto em cada domínio de preocupação durante o tratamento. Cuidados especiais devem ser dados para identificar condições de saúde mental que possam ser exacerbadas pela farmacoterapia do TDAH, incluindo qualquer histórico de estados de agitação, como psicose e mania, ou histórico de uso de substâncias que possa sugerir risco de uso indevido ou abuso de psicofármacos[2].

Quando o indivíduo com TDAH apresenta outras comorbidades psiquiátricas, sugere-se priorizar o tratamento de dependência de álcool, drogas ou medicamentos, para, em seguida, estabilizar transtornos do humor ou de ansiedade, depois tratar o TDAH e, por último, mas não menos importante, tratar o tabagismo.

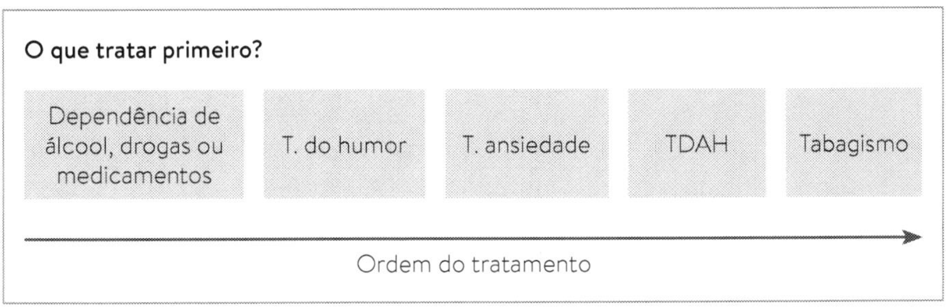

Figura 1 Ordem sugerida do tratamento de comorbidades no idoso com transtorno do déficit de atenção e hiperatividade (TDAH).

Fonte: baseada em Goodman, 2016[2].

Tratamento farmacológico

O tratamento de primeira linha para o TDAH em idosos é o uso de um psicoestimulante (metilfenidato ou lisdexanfetamina). Os poucos estudos existentes apontam para boa eficácia e tolerabilidade dos psicoestimulantes em pacientes idosos[3]. Como medicamentos de segunda linha, é proposto o uso de bupropiona, atomoxetina (indisponível no Brasil) ou um antidepressivo inibidor da recaptação de noradrenalina e serotonina (venlafaxina, desvenlafaxina ou duloxetina).

O metilfenidato bloqueia o transportador de dopamina (DAT) e o transportador de noradrenalina (NAT) alostericamente, resultando em menor recaptação pré-sináptica da dopamina via DAT e da noradrenalina via NAT após a liberação, com consequente aumento das concentrações médias desses neurotransmissores na fenda sináptica[14].

A lisdexanfetamina é o profármaco da D-anfetamina, ligada ao aminoácido lisina. No estômago, ocorre a clivagem da lisdexanfetamina, liberando a L-lisina livre e a D-anfetamina (substância com atividade no sistema nervoso central). A D-anfetamina bloqueia os transportadores de monoaminas por inibição competitiva e como pseudosubstrato para NATs e DATs, ligando-se ao mesmo sítio de ligação das monoaminas aos transportadores e, assim, inibindo a recaptação da noradrenalina e da dopamina[14].

Os poucos estudos disponíveis sugerem que uma ampla faixa de dose de metilfenidato ou lisdexanfetamina poderia ser indicada para o tratamento de idosos com TDAH, com necessidade de individualização da dose, e que a faixa terapêutica pode variar desde doses bem inferiores a doses mais altas que as habitualmente empregadas para esses medicamentos. Em 2011, Manor et al.[15] descreveram onze adultos com mais de 55 anos com diagnóstico de TDAH, e a idade média foi de 62 anos, tratados com metilfenidato (MPH) e acompanhados por pelo menos 2 meses, com doses moderadas: oito pacientes tentaram MPH de liberação imediata (20 a 35 mg/dia), dois tentaram MPH de longa ação (60 a 80 mg/dia) e um tentou MPH oral de liberação osmótica (72 a 108 mg/dia). Durante o seguimento, apenas dois pacientes interromperam a medicação e oito apresentaram melhora significativa no teste das variáveis de atenção. Nenhum evento adverso foi relatado. Os autores concluíram que esse grupo de pacientes de meia-idade e idosos com TDAH teve uma resposta semelhante ao MPH em adultos mais jovens.

Lensing et al.[8] apresentaram os resultados de um estudo com 149 membros de uma organização nacional de pacientes com TDAH com idade acima de 50 anos. Aproximadamente 88% dos participantes chegaram a fazer uso de medicamentos para TDAH e 64% mantiveram o uso por pelo menos 5 anos após o diagnóstico. A dose média diária autorrelatada para MPH foi de 54 mg (8 a

135 mg) e, para anfetamina, de 30 mg (4 a 50 mg). O grupo que persistiu em uso de medicamentos relatou melhora superior da atenção quando comparado há 10 anos do que os grupos não medicados. A maioria dos participantes desse estudo recebeu medicação para TDAH em doses comparáveis às administradas a adultos mais jovens e por tempo bastante prolongado, sugerindo boa adesão. Em um estudo naturalístico mais recente, publicado em 2021, Michielsen et al. avaliaram a resposta e os efeitos colaterais cardiovasculares de medicamentos estimulantes em 113 indivíduos com TDAH com idade igual ou superior a 55 anos. Nesse estudo, a dose média diária utilizada de MPH de liberação imediata foi de 35 (18 a 70) mg; a de MPH de liberação prolongada, 27 (18 a 54) mg; a de dextroanfetamina, 9 (3 a 30) mg; a de bupropiona, 150 mg; e a de modafinil, 100 mg; e 65% dos pacientes relataram resposta positiva à medicação[16].

Efeitos colaterais

Além da questão da eficácia da medicação para TDAH em idosos, há preocupação com os efeitos colaterais. Os efeitos colaterais mais comuns dos psicoestimulantes são apetite reduzido, náusea, boca seca, insônia, ansiedade, irritabilidade, inquietude e dor de cabeça. Também pode ocorrer aumento da frequência cardíaca (FC), palpitações, aumento da pressão arterial (PA) e turvação visual, além de outros efeitos colaterais menos frequentes[3].

No estudo de Michielsen et al.[16], 42% dos pacientes abandonaram a medicação em razão de efeitos colaterais ou falta de resposta. Os motivos para interromper o uso da medicação foram ansiedade/depressão (8%), queixas cardiovasculares (7%), problemas de sono (2%), falta de resposta (4%) e outros, como dor de cabeça, reação alérgica, ou efeitos colaterais inespecíficos (18%). Observou-se uma pequena, mas significativa, diminuição do peso (em média, cerca de 1%) e aumento da FC antes e após o uso de metilfenidato – 16% dos pacientes apresentaram aumento da PA sistólica (em geral, em 10 mmHg, e raramente, em 20 mmHg) e 8%, aumento da PA diastólica (em até 10 mmHg). Os autores concluíram que o uso de estimulantes pode ser um tratamento relativamente seguro e eficaz para idosos com TDAH, desde que os parâmetros cardiovasculares sejam monitorados antes e durante o tratamento farmacológico[16].

A avaliação física, antes do início da medicação para TDAH em idosos, deve incluir um exame clínico completo, histórico médico e eletrocardiograma. A FC, a PA e o peso devem ser medidos antes e durante o tratamento[3].

Contraindicações/cautela

A população geriátrica pode, em razão de mudanças fisiológicas, estar mais vulnerável a eventos adversos, e efeitos colaterais relativamente inofensivos podem afetar o indivíduo de forma mais negativa quando comparado a adultos mais jovens. Deve-se ter cautela ao indicar psicoestimulantes para indivíduos idosos com baixo peso (risco de agravar a perda ponderal), portadores de distúrbios do sono (risco de insônia), demência (possibilidade de exacerbar sintomas neuropsiquiátricos, como delírios, agitação, raiva, irritabilidade e insônia), glaucoma de ângulo estreito (risco de precipitar uma crise) e pacientes com riscos cardiovasculares (possibilidade de aumento da pressão arterial e da frequência cardíaca)[3]. Nessas situações, deve-se evitar o uso de um psicoestimulante ou, então, garantir o acompanhamento adequado e rigoroso da condição existente para evitar o agravamento. Quando necessário, pode-se solicitar o parecer e o acompanhamento de um especialista para ajudar na decisão e conferir maior segurança ao tratamento.

Tratamento não farmacológico

O tratamento não farmacológico complementa o farmacológico de modo a favorecer a adesão ao tratamento, ajudar no desenvolvimento de estratégias compensatórias e a minimizar pensamentos disfuncionais, além de contribuir no tratamento de comorbidades psiquiátricas, frequentemente presentes no indivíduo com TDAH[3].

Ao longo dos últimos 10 a 15 anos, vários estudos acerca do tratamento psicológico para adultos com TDAH foram publicados, todavia, os que investigam especificamente o tratamento psicológico em idosos são escassos.

Solanto et al.[17] investigaram a eficácia da terapia metacognitiva (TMC) em um formato de grupo para adultos com diagnóstico de TDAH com idade entre 18 e 65 anos, comparando terapia suportiva com a TMC – uma intervenção na qual os princípios cognitivo-comportamentais são empregados para fornecer autorrecompensas contingentes, habilidades para desmembrar tarefas complexas em unidades gerenciáveis e sustentar a motivação. Após tratamento de 12 semanas com TMC ou intervenção suportiva, os participantes na condição TMC obtiveram uma melhora significativamente superior em escores de atenção e de memória da escala utilizada no estudo, em comparação com o grupo de tratamento suportivo.

Ao extrapolar as evidências de vários estudos que mostram a eficácia de diferentes formas de psicoterapia em adultos mais jovens com TDAH, presume-se que essas terapias também possam ser úteis em idosos, desde que eles tenham função cognitiva normal, preservação sensorial suficiente e que estejam motivados. Temas inerentes ao envelhecimento devem ser incluídos na abordagem psicoterapêutica dessa faixa etária, como adoecimento físico, aposentadoria ou perda de emprego, perda de *status* social e financeiro e mudanças nas relações interpessoais em razão de doença ou morte[3].

ALTERAÇÕES COGNITIVAS

Déficits neuropsicológicos são de grande importância no TDAH. Em um estudo que comparou adultos mais velhos com TDAH (60 a 75 anos) com mais jovens com TDAH (18 a 45 anos) e controles saudáveis mais velhos em relação a vários déficits neuropsicológicos, Thorrell et al. verificaram que, entre idosos, os indivíduos com TDAH diferiram dos controles saudáveis em relação à memória de trabalho/memória operacional, controle inibitório, alternância de tarefas e aversão à espera/adiamento. Na comparação entre os indivíduos com TDAH de diferentes faixas etárias, os idosos com TDAH tiveram desempenho significativamente melhor em relação ao controle inibitório, alternância de tarefas e aversão à espera/adiamento, fluência, velocidade de processamento e aversão ao atraso. Apesar de várias diferenças significativas entre os grupos em relação aos controles, as análises demonstraram que a maioria dos idosos com TDAH teve desempenho dentro da faixa média em cada teste e 20% não apresentaram déficit claro em nenhum domínio neuropsicológico, corroborando para o que foi informado anteriormente neste capítulo – que os sintomas tendem a se atenuar com o envelhecimento. De qualquer forma, é importante acompanhar a cognição e a funcionalidade de idosos com TDAH ao longo do tempo, pois, com a sobreposição do declínio da memória esperado pelo envelhecimento normal com os déficits relacionados ao transtorno, esses pacientes podem acabar com déficits graves à medida que envelhecem, o que, por sua vez, pode trazer impacto negativo para o funcionamento da vida diária[18].

O transtorno neurocognitivo leve (TNCL) e o transtorno neurocognitivo maior (demência) são condições que devem ser lembradas na abordagem do TDAH – tanto como diagnóstico diferencial quanto como comorbidade que pode estar presente. O TNCL inclui problemas cognitivos em idades mais avançadas com nenhum ou mínimo comprometimento funcional e, portanto, que não atendem aos critérios para demência, mas que podem ser um preditor ou pródromo de uma demência[3]. Discute-se o papel do TDAH tanto como fator predisponente para TNCL e para uma demência quanto como fator de confusão para o diagnóstico de TNCL, uma vez que os déficits cognitivos observados em um indivíduo com TDAH podem ser preexistentes, e não necessariamente atribuíveis a uma doença neurodegenerativa em curso[3].

Risco de demência em adultos com TDAH

O TDAH parece estar relacionado com o aumento do risco de demência.

Um estudo utilizou o banco de dados de pesquisa do National Health Insurance de Taiwan com o objetivo de investigar a associação entre adultos com

TDAH e o risco de desenvolver demência e verificou que adultos com TDAH têm risco 3,4 vezes maior de desenvolver demência em comparação com controles pareados por idade e sexo.Os medicamentos para TDAH, como metilfenidato ou atomoxetina, não mostraram associação com o risco de demência em adultos com TDAH[19].

O TDAH parece compartilhar um substrato de disfunção das vias dopaminérgica e noradrenérgica semelhante à demência com corpos de Lewy (DCL) no seu desenvolvimento. Especula-se se o TDAH poderia representar um pródromo ou um fator de risco para o desenvolvimento da DCL. Um estudo argentino encontrou taxas significativamente mais altas de suspeita de TDAH na infância em indivíduos com diagnóstico clínico de DCL do que em 251 indivíduos com demência de Alzheimer (DA). Os autores não têm explicação clara para a associação encontrada, mas discutem o papel da disfunção dopaminérgica em ambos os transtornos[20].

CONSIDERAÇÕES FINAIS

O TDAH é um transtorno mental crônico que, apesar de ter os sintomas atenuados com o envelhecimento, pode persistir até a terceira idade e ser subdiagnosticado. Idosos com TDAH são indivíduos com idade acima de 60 anos (idosos) que apresentam o transtorno desde a infância (antes dos 12 anos). O TDAH está intimamente relacionado com alterações cognitivas e maior risco de demência, aparentemente a DCL.

Apesar da prevalência significativa e crescente do TDAH em idosos, os estudos especificamente com essa população são escassos na literatura atual, e a maioria das diretrizes são extrapolações de estudos com pacientes jovens.

Indivíduos idosos com TDAH apresentam mais comorbidades clínicas que, somadas às alterações fisiológicas do envelhecimento, elevam o risco de efeitos adversos e de interações medicamentosas. O tratamento do TDAH no idoso segue os mesmos princípios do tratamento do TDAH no adulto jovem, com atenção à recomendação de se iniciar com doses mais baixas, progredi-las lentamente e guiar a dose terapêutica tanto pela resposta quanto pelos efeitos colaterais.

VINHETA CLÍNICA

Um homem de 70 anos, sem histórico de tratamento psiquiátrico, procurou avaliação para memória, motivado por uma preocupação que surgiu pela convivência com amigos que foram diagnosticados com demência. Relatou dificuldades de memória, concentração, inquietação e impulsividade desde a infância. Ele se lembra de ter problemas com amigos e namoradas, pela dificuldade em guardar seus nomes, chamando os amigos por apelidos e as namoradas de "linda". Sua vida acadêmica foi difícil, principalmente na infância, com reprovações e reclamações sobre seu comportamento, mudando de escolas várias vezes, pela sua dificuldade. Melhorou seu desempenho no ensino médio e conseguiu concluir o curso superior de Direito com muita dificuldade: "nunca consegui estudar a matéria toda para uma prova". Teve muitos problemas em sua vida profissional, em virtude de atrasos, esquecimento de compromissos e menor produtividade que seus colegas. Mudou de emprego várias vezes e de ramo de trabalho, abandonando o exercício da advocacia. Nunca se interessou por livros e raramente assistia filmes, por causa de sua dificuldade em se concentrar. Com frequência, perdia objetos pessoais, como documentos, óculos, carteira e celulares. Sempre teve muita dificuldade de lidar com compromissos, prazos e pagamentos de contas: por mais de uma vez, só lembrou de pagar determinadas contas após o corte do fornecimento ou comunicação do Serasa. Casou-se cinco vezes e todas as suas esposas ou namoradas se queixavam de sua falta de atenção. Percebe semelhanças entre o comportamento de um neto que começou a fazer tratamento para TDAH e o seu próprio comportamento, bem como o de seu filho, quando criança. Não apresentava problemas de saúde. Seu exame físico, exame neurológico sumário, exames de sangue de rotina, eletrocardiograma e ressonância magnética do encéfalo não mostraram alterações significativas em relação ao normal. Apesar de apresentar desempenho um pouco abaixo do esperado no rastreio cognitivo – 23 em 30 no MoCA (*Montreal Cognitive Assessment* – MoCA), não evidenciou alteração da funcionalidade pelo Questionário do Informante Sobre o Declínio Cognitivo no Idoso (*Informant Questionnaire on Cognitive Decline in Elderly* – IQCODE), que compara seu desempenho atual com seu desempenho pregresso. Sua esposa, com quem vive há 15 anos, acredita que ele esteja melhor em relação à memória e o raciocínio, em comparação com seu estado há 10 anos, e que as dificuldades atuais seriam as mesmas que ele sempre apresentou (p. ex., guardar nomes das pessoas, lembrar-se de onde guardou objetos etc.). O paciente cumpriu os critérios do DSM-5 para TDAH, apresentação combinada. Ele iniciou tratamento diário com 30 mg de lisdexanfetamina pela manhã. Na segunda semana de tratamento, relatou melhora da concentração e da organização. Sua esposa relatou que ele estava menos inquieto, mais organizado, com maior facilidade para lembrar-se de compromissos ou obrigações, além de ter reduzido seus erros por falta de atenção.

APONTAMENTOS SURGIDOS NA PRÁTICA CLÍNICA

- A prevalência do TDAH reduz com o envelhecimento. Estima-se que a prevalência do TDAH seja de aproximadamente 5,9% em crianças e adolescentes, 2,8% em adultos e 1,5% em indivíduos acima de 50 anos. O transtorno do déficit de atenção e hiperatividade é um transtorno mental crônico, com início na infância. Apesar da prevalência significativa e crescente do TDAH em idosos, os estudos especificamente com essa população são escassos na literatura atual, e a maioria das diretrizes é de extrapolações de estudos com pacientes jovens. Evidências de tratamento medicamentoso, embora escassas para essa faixa etária, apontam para boa eficácia e tolerabilidade de uso de psicoestimulantes.
- Segundo o DSM-5 TR, o diagnóstico do TDAH no idoso, assim como no adulto, requer a identificação de cinco ou mais sintomas de desatenção e/ou de hiperatividade, com início antes dos 12 anos.
- O diagnóstico do TDAH no idoso não requer, em princípio, avaliação neuropsicológica, pois nenhum teste neuropsicológico está disponível para diagnosticar o TDAH e nenhum teste é necessário segundo os critérios do DSM-5 TR. Somente se faz necessário o relato do paciente e/ou de terceiros, como relato familiar ou registros médicos ou escolares, para determinar se os critérios diagnósticos foram atendidos. De qualquer forma, a avaliação neuropsicológica pode ser útil, como uma ferramenta complementar, pois costuma contemplar entrevistas direcionadas com o paciente e/ou terceiros e pode ajudar em alguns diagnósticos diferenciais. Deve-se monitorar a pressão arterial, a frequência cardíaca e o peso durante o tratamento medicamentoso.

REFERÊNCIAS BIBLIOGRÁFICAS

1. Faraone SV, Banaschewski T, Coghill D, Zheng Y, Biederman J, Bellgrove MA, et al. The World Federation of ADHD International Consensus Statement: 208 Evidence-based conclusions about the disorder. Neurosci Biobehav Rev. 2021;128:789-818.
2. Goodman DW, Mitchell S, Rhodewalt L, Surman CB. Clinical presentation, diagnosis and treatment of attention-deficit hyperactivity disorder (ADHD) in older adults: A re-view of the evidence and its implications for clinical care. Drugs Aging. 2016;33(1):27-36.
3. Torgersen T, Gjervan B, Lensing MB, Rasmussen K. Optimal management of ADHD in older adults. Neuropsychiatr Dis Treat. 2016;12:79-87.
4. Barkley RA, Fischer M. Hyperactive child syndrome and estimated life expectancy at young adult follo-w-up: the role of ADHD persistence and other potential predictors. J Atten Disord. 2019;23(9):907-23.

5. Dalsager L, Fage-Larsen B, Bilenberg N, Jensen TK, Nielsen F, Kyhl HB, et al. Maternal urinary concentrations of pyrethroid and chlorpyrifos metabolites and attention deficit hyperactivity disorder (ADHD) symptoms in 2-4-year-old children from the Odense Child Cohort. Environ Res. 2019;176:108533.
6. Wagner-Schuman M, Richardson JR, Auinger P, Braun JM, Lanphear BP, Epstein JN, et al. Association of pyrethroid pesticide exposure with attention-deficit/hyperactivity dis-order in a nationally representative sample of U.S. children. Environ Health. 2015;14:44.
7. Kessler RC, Adler L, Barkley R, Biederman J, Conners CK, Demler O, et al. The preva-lence and correlates of adult ADHD in the United States: results from the National Comorbidity Survey Replication. Am J Psychiatry. 2006;163(4):716-23.
8. Lensing MB, Zeiner P, Sandvik L, Opjordsmoen S. Psychopharmacological treatment of ADHD in adults aged 50+: an empirical study. J Atten Disord. 2015;19(5):380-9.
9. Lensing MB, Zeiner P, Sandvik L, Opjordsmoen S. Quality of life in adults aged 50+ with ADHD. J Atten Disord. 2015;19(5):405-13.
10. American Psychiatric Association: Diagnostic and Statistical Manual of Mental Disor-ders, Fifth Edition, Text Revision. Washington: American Psychiatric Association; 2022.
11. Das D, Cherbuin N, Easteal S, Anstey KJ. Attention deficit/hyperactivity disorder symp-toms and cognitive abilities in the late-life cohort of the PATH through life study. PLoS One. 2014;9(1):e86552.
12. Mattos P, Segenreich D, Saboya E, Louzã M, Dias G, Romano M. Adaptação transcultu-ral para o português da escala Adult Self-Report Scale para avaliação do transtorno de déficit de atenção/hiperatividade (TDAH) em adultos. Arch Clin Psychiatry. 2006;33(4):188-94.
13. Weibel S, Menard O, Ionita A, Boumendjel M, Cabelguen C, Kraemer C, et al. Practical considerations for the evaluation and management of attention deficit hyperactivity dis-order (ADHD) in adults. Encephale. 2020;46(1):30-40.
14. Stahl S. Stahl's essential psychopharmacology: neuroscientific basis and practical applica-tions. 5.ed. Cambridge: Cambridge University Press; 2021.
15. Manor I, Rozen S, Zemishlani Z, Weizman A, Zalsman G. When does it end? Attention-deficit/hyperactivity disorder in the middle aged and older populations. Clin Neuro-pharmacol. 2011;34(4):148-54.
16. Michielsen M, Kleef D, Bijlenga D, Zwennes C, Dijkhuizen K, Smulders J, et al. Re-sponse and side effects using stimulant medication in older adults with ADHD: an ob-servational archive study. J Atten Disord. 2021;25(12):1712-9.
17. Solanto MV, Marks DJ, Wasserstein J, Mitchell K, Abikoff H, Alvir JM, et al. Efficacy of meta-cognitive therapy for adult ADHD. Am J Psychiatry. 2010;167(8):958-68.
18. Thorell LB, Holst Y, Chistiansen H, Kooij JJS, Bijlenga D, Sjöwall D. Neuropsychologi-cal deficits in adults age 60 and above with attention deficit hyperactivity disorder. Eur Psychiatry. Cambridge University Press. 2017;45:90-6.
19. Tzeng NS, Chung CH, Lin FH, Yeh CB, Huang SY, Lu RB, et al. Risk of dementia in adults with ADHD: A nationwide, population-based cohort study in Taiwan. J Atten Disord. 2019;23(9):995-1006.
20. Golimstok A, Rojas JI, Romano M, Zurru MC, Doctorovich D, Cristiano E. Previous adult attention--deficit and hyperactivity disorder symptoms and risk of dementia with Lewy bodies: a case-control study. Eur J Neurol. 2011;18(1):78-84.

7
Dependência química no idoso

Mariana Campello de Oliveira
Mariana Capelo Vides
André Malbergier

INTRODUÇÃO

Globalmente, estima-se que haverá 1,53 bilhão de adultos com 65 anos ou mais em 2050. Fatores como aumento da longevidade e avanços da medicina têm contribuído para o envelhecimento populacional. O uso indevido de substâncias em idosos é pouco conhecido, pouco diagnosticado e pouco tratado[1]. Este tem aumentado substancialmente e, associado às condições médicas relacionadas ao envelhecimento, predispõe os usuários a maiores riscos e complicações do que nos adultos em geral. Adultos mais velhos são afetados pelas substâncias de maneira diferente dos mais jovens, e menores quantidades podem gerar maiores prejuízos, piorando condições médicas crônicas associadas. Ademais, os idosos também costumam tomar mais de um medicamento, o que aumenta as chances de interações medicamentosas e agravamento do quadro.

Hoje, os chamados idosos compreendem aqueles que, outrora, foram chamados genericamente de "*baby boomers*": pessoas nascidas de 1945 a 1964, período de grande aumento da natalidade dos países envolvidos na Segunda Guerra Mundial. Essa geração atingiu sua maioridade em uma época em que o uso de substâncias psicoativas se tornava culturalmente mais aceito, formando uma população hoje que tende a julgar e estigmatizar menos o uso de drogas do que as gerações anteriores. Esses indivíduos atualmente têm entre 58 e 77 anos e apresentam taxas mais altas de uso em algum momento da vida ou no presente. Apesar disso, também se mostram uma população mais aberta ao tratamento de forma geral. Esse grupo etário está envelhecendo e a prevalência do uso de substâncias permaneceu alta nessa população. Nos Estados Unidos, essa geração já compreende cerca de 30% da população total[2]. Por conseguinte, é esperado que cresça substancialmente o número de idosos que usem drogas e que necessitem de tratamento para o transtorno pelo uso de substâncias (TUS).

Este capítulo tem como objetivos discutir o uso de substâncias nessa população e realçar a importância do tratamento independentemente da idade.

EPIDEMIOLOGIA

Segundo os dados divulgados pelo IBGE, o Brasil caminha para um perfil demográfico cada vez mais envelhecido. Estima-se que, no ano de 2050, o número de idosos no Brasil alcançará 64 milhões e que, até 2070, representará 35% da população total[3]. Isso se deve ao aumento da expectativa de vida da população brasileira e à diminuição das taxas de natalidade. Poucos estudos brasileiros avaliam a prevalência do uso de substâncias em adultos idosos. Por exemplo, o Terceiro Levantamento Nacional do Uso de Drogas avaliou apenas a população até 65 anos[4]. Assim, faz-se necessário observar o fenômeno de envelhecimento e uso de substâncias em outros países.

Dados do *World Drug Report* demonstram que, em 2018, aproximadamente 269 milhões de pessoas no mundo usaram drogas pelo menos uma vez ao longo do último ano, o que corresponde a 5,4% da população global entre 15 e 64 anos, representando aproximadamente 1 em cada 19 pessoas desse recorte populacional. Ainda segundo esse relatório, somente 1 em cada 8 pessoas com TUS receberam algum tipo de tratamento a cada ano[5]. Apesar de o uso de drogas ilícitas geralmente diminuir após a idade adulta jovem, quase 1 milhão de adultos com 65 anos ou mais vivem com TUS[6]. O envelhecimento da geração *baby boomers* traz urgência para tratar e identificar o TUS entre os adultos mais velhos.

Chhatre et al. avaliaram a taxa de admissão em centros públicos e privados para dependência química nos Estados Unidos entre 2000 e 2012. Como resultado, observou-se que, embora o número de pacientes admitidos para tratamento não tenha se alterado significativamente, a proporção de idosos subiu de 3,4 para 7%. Além disso, apesar de as admissões de idosos em sua maioria terem sido secundárias ao álcool, houve uma redução relativa na proporção deste em relação a outras drogas (77 para 64%). Houve aumento de outras substâncias (cocaína e crack, maconha, heroína e outros opioides)[7].

O aumento do abuso de drogas é também sugerido por um incremento no número de atendimentos em emergência de pacientes com 55 anos ou mais. Como exemplo, para cocaína, houve um aumento de 1.400 em 1995 para quase 5 mil em 2002, heroína de 1.300 para 3.400, maconha de 300 para 1.700 e de anfetaminas de 70 para 560[8].

Prevalência do uso de substâncias entre idosos

Álcool

Embora o uso de álcool geralmente diminua com o avanço da idade, tendências demográficas apontam um aumento do transtorno pelo uso do álcool em idosos nos Estados Unidos. O álcool persiste como a substância mais consumida nessa faixa etária. Dentre os que bebem, 14,5% consomem álcool em um nível acima do recomendado, ou seja, até três drinques por dia e no máximo sete drinques por semana. Quando consideramos a coexistência de comorbidades como hipertensão e diabetes, 53,3% dos que bebem com 65 anos ou mais apresentam níveis de consumo potencialmente prejudiciais[9]. No Brasil, segundo os dados do III Levantamento Nacional do Uso de Drogas (2018), a prevalência da dependência de bebidas alcoólicas nos últimos 12 meses para a população de 55 a 65 anos foi de 1,4%[2].

Tabaco

O uso de tabaco é bastante prevalente em idosos. Aproximadamente 14% dos maiores de 65 anos relataram uso de tabaco nos últimos 12 meses e ainda 6% relataram ter usado álcool e tabaco juntos. Estudos que avaliaram a cessação de tabagismo demonstraram que idosos tendem a ser fumantes mais pesados em longo prazo e, também, mais dependentes fisiologicamente da nicotina[2]. Entre os TUS comórbidos, o álcool e o tabaco são comumente usados juntos e ser fumante também aumenta a probabilidade de ser um bebedor de risco[8].

Substâncias ilícitas

As taxas de uso de drogas ilícitas são substancialmente menores em idosos do que em jovens adultos, embora na geração dos *baby boomers* essas taxas sejam mais altas do que nas gerações anteriores de idosos. Por exemplo, em 2012, 19,3% dos adultos com 65 anos ou mais relatavam já terem usado drogas ilícitas ao longo da vida nos Estados Unidos e, entre os que usaram substâncias ilícitas, 11,7% preencheram critérios para TUS no passado[2]. No Brasil, dados do III Levantamento Nacional do Uso de Drogas pela população Brasileira demonstram que 4,2% dos adultos entre 55 e 65 anos reportaram já terem usado alguma substância ilícita ao longo da vida e 1,1% ao longo dos últimos 12 meses[4].

Maconha

De forma consistente com o uso de drogas em adultos jovens, a maconha é a droga ilícita mais comumente usada por adultos mais velhos e a prevalência de seu uso é consideravelmente maior do que a de outras drogas[2]. Entre adultos com 50 anos ou mais, em 2012, 4,6 milhões relataram uso de maconha no ano anterior, e menos de 1 milhão relatou uso de cocaína, inalantes, alucinógenos, metanfetamina e/ou heroína. Nove por cento dos adultos com idades entre 50 e 64 relataram uso de maconha no ano anterior a 2015 e 2016, em comparação com 7,1% em 2012 e 2013. O uso de cannabis no ano anterior por adultos com 65 anos ou mais aumentou drasticamente de 0,4% em 2006 e 2007 para 2,9% em 2015 e 2016. A maioria das pessoas com mais de 50 anos que consumiram cannabis no ano anterior usou menos de uma vez a cada 10 dias e 25% de todas as pessoas mais velhas usaram menos de cinco vezes durante o ano anterior[10]. Nove em cada dez de todas as pessoas mais velhas que consumiram cannabis no último ano relataram não ter problemas emocionais ou funcionais, e a maioria indicou que não impôs limites próprios ao seu consumo. Apenas 2,0% das pessoas com mais de 50 anos indicaram que foram diagnosticadas como tendo abusado de cannabis em sua vida e apenas 0,9% já recebeu tratamento profissional para esse consumo. Mais de 20% dos indivíduos que usaram no último ano relataram ter procurado tratamento para álcool ou alguma outra substância além da cannabis em algum momento de suas vidas[10].

Medicações

A maioria dos idosos toma pelo menos um medicamento prescrito. De acordo com estimativas norte-americanas divulgadas em 2019, 87,5% dos idosos nos Estados Unidos têm pelo menos um medicamento prescrito e 39,8% tomam cinco ou mais medicamentos. De 2015 a 2016, a porcentagem de adultos que tomam medicamentos prescritos foi maior para a faixa etária de 65 anos ou mais (87,5%) do que para qualquer outra faixa etária adulta[2].

Um estudo em uma comunidade de 3.005 indivíduos com idade entre 57 e 85 anos observou que 37,1% dos homens e 36,0% das mulheres usaram pelo menos cinco medicamentos prescritos simultaneamente[11]. Prescrições de medicações como benzodiazepínicos e opioides são altas em idosos, sendo os benzodiazepínicos (BZD) são as medicações psiquiátricas mais prescritas. Aproximadamente 8,7% dos adultos de 65 a 80 anos usam os BZD e, apesar dos riscos nessa faixa etária, é uma taxa maior do que em grupos mais jovens[2]. É importante considerar que as altas taxas de uso de BZD podem ser impactadas pela prescrição excessiva, polifarmácia e diagnósticos errôneos, em vez de uso ou abuso intencional. A prevalência da prescrição de medicações opioides é de 4 a 9% em adultos de 65 anos ou mais. A prevalência do transtorno pelo uso de opioide nesse mesmo grupo foi de 0,13%[9].

PSICOPATOLOGIA/QUADRO CLÍNICO

Além dos sinais e sintomas associados ao consumo, comumente, o quadro psicopatológico de idosos que fazem uso abusivo de substâncias pode se apresentar por meio de *delirium*, transtornos do humor, prejuízo cognitivo e sintomas psicóticos. Alguns sinais e sintomas podem ser inespecíficos, subnotificados e até mesmo pouco reconhecidos. Assim, o uso indevido de substâncias pode não ser detectado em um cenário agudo, uma vez que os sintomas talvez não sejam tão característicos e específicos. Sintomas psicóticos podem ser um sinal agudo de intoxicação por canabinoides, estimulantes e alucinógenos. Sintomas psicóticos transitórios também podem estar associados a estados de abstinência de álcool, sedativos e hipnóticos[12].

Para um olhar abrangente e holístico do uso abusivo de substâncias em idosos, é de extrema importância a avaliação das atividades básicas de vida diária (ABVD) e da funcionalidade, bem como da rotina e possíveis prejuízos e perda de habilidades em decorrência do uso. Basear-se no relato de um paciente idoso sobre a frequência e a quantidade de uso de substâncias como indicadores de uso problemático pode levar a uma subestimação das consequências negativas, especialmente para pessoas com níveis mais baixos de consumo de álcool e de outras substâncias[8]. Devemos nos atentar a sinais indiretos de consumo, tais como os apresentados na Tabela 1.

Tabela 1 Sinais de um possível transtorno pelo uso de substâncias (TUS) em idosos

Sintomas psiquiátricos	Distúrbios do sono, oscilações do humor frequentes, irritabilidade persistente, ansiedade e depressão.
Sintomas físicos	Náuseas, vômitos, tremores, prejuízo da coordenação.
Sinais físicos	Traumas inexplicados, quedas ou machucados, desnutrição e evidência de autonegligência, como higiene deficitária.
Mudanças cognitivas	Confusão e desorientação, prejuízos na memória, sonolência diurna e tempo de reação prejudicado.
Mudanças sociais e no comportamento	Afastamento das atividades sociais de costume, brigas na família e solicitações de medicações prescritas antes do prazo.

Adaptada de Substance Abuse and Mental Health Services Administration, 2020[8].

Características do uso de substâncias em idosos

Álcool

Diretrizes norte-americanas definem beber moderado como consumo de uma dose por dia para mulheres e duas para homens. Exceder essa recomendação está associado ao beber de alto risco. Alguns contextos de uso devem ser apontados como potencialmente perigosos: (a) uso concomitante de medicações como opioides ou sedativos, (b) beber apesar de ter uma condição médica que piore com o consumo de álcool (p. ex., diabetes ou doenças cardíacas) e (c) beber mesmo quando planejam dirigir ou iniciar atividades que requerem foco e atenção[8].

Adultos mais velhos que bebem regularmente e tomam esse tipo de medicações podem experienciar reações negativas severas como quedas, hemorragia gastrointestinal, alterações da pressão arterial, tontura, problemas cardíacos e danos hepáticos. Beber também pode prejudicar a efetividade das medicações no tratamento das condições clínicas. Por conseguinte, é de extrema importância a discussão da combinação do álcool com medicações com potencial de interação em idosos, especialmente aqueles com histórico de uso de álcool[8]. O *delirium* pode estar associado tanto a estados de intoxicação aguda quanto à síndrome de abstinência. *Delirium tremens* é a forma mais grave de abstinência do álcool e pode se manifestar na forma de confusão mental, alucinações, desorientação, taquicardia, hipertensão, febre, agitação, convulsões e diaforese (sudorese), e tipicamente se instala após redução aguda ou cessação do álcool. Geralmente inicia-se 48 a 96 h após a última bebida e, na ausência de complicações, pode durar até 7 dias. Reconhecer o *delirium tremens* em uma emergência hospitalar é extremamente importante em razão de sua alta morbidade e mortalidade se não tratado adequadamente[12].

Medicações e drogas ilícitas

O uso abusivo e indiscriminado de medicamentos expõe os idosos a maior risco do que a população geral para efeitos colaterais prejudiciais e interações medicamentosas, especialmente quando medicações sem prescrição médica são utilizadas (Quadro 1). Os adultos mais velhos estão especialmente em maior risco de abuso de opioides, dada a alta prevalência de dor crônica[8]. Esta última está entre as indicações mais comuns para prescrição de opioides, embora, para alguns indivíduos, essa classe de medicamentos não necessariamente alivie a dor. Mesmo assim, seu uso não médico (sem receita) aumentou significativamente na população geral nos últimos anos e se tornou a categoria de medicamentos mais usada nos Estados Unidos, mais até que tranquilizantes e sedativos combinados[8].

Sinais e sintomas clínicos da síndrome de abstinência de opioides podem ocorrer após 12 horas do último uso da heroína e 30 horas da metadona.

Incluem agitação, ansiedade, dores musculares, sudorese, lacrimejamento e, mais tardiamente, diarreia, arrepios, pupilas dilatadas, náuseas e vômitos. A síndrome de abstinência pode ser potencializada pelo uso concomitante de álcool e estimulantes[12].

Já os benzodiazepínicos (BZD) são frequentemente prescritos para adultos mais velhos para tratar ansiedade e insônia, apesar de terem um alto potencial de dependência. Os BZD interagem principalmente com o álcool, aumentando o risco de resultados negativos. Estão associados a quedas, ataxia, confusão mental, prejuízo do funcionamento psicomotor e dependência. Doses altas podem causar depressão respiratória e morte. Evidências apontam que, frequentemente, os benzodiazepínicos são mantidos nos idosos a longo prazo sem uma necessidade clara de tratamento contínuo[13].

Em relação às drogas ilícitas, há poucos estudos na população idosa. Todavia, o crescimento do uso da cannabis tem chamado a atenção, já que houve um aumento significativo de uso entre as pessoas de 50 anos ou mais, ultrapassando as projeções e o crescimento em todos os outros grupos etários[9]. Esse fenômeno pode ser explicado pela maior aceitação da maconha, tanto medicinal quanto recreativa, embora não seja uma droga totalmente inócua, pois também tem potencial de causar prejuízos. Os efeitos adversos podem incluir: lentidão psicomotora (p. ex., instabilidade da marcha levando ao risco de queda), problemas cognitivos (p. ex., comprometimento da memória de curto prazo), aumento do risco cardiovascular, episódios psicóticos e suicídio[2]. Sintomas de abstinência como irritabilidade, ansiedade, cansaço e insônia podem ocorrer com a dimi-

Quadro 1 Riscos específicos do uso de substâncias em idosos

Diminuição da capacidade do fígado de processar as substâncias, aumentos da permeabilidade da barreira hematoencefálica e da sensibilidade dos receptores neuronais às drogas no cérebro.
Doses baixas podem impactar nas atividades instrumentais da vida diária (p. ex., fazer compras, cozinhar, dirigir, tomada de medicações).
Idosos apresentam altas taxa de comorbidades médicas e condições psiquiátricas comumente associadas à polifarmácia (medicamentos prescritos podem potencializar riscos e vulnerabilidades).
Benzodiazepínicos com meia-vida longa são mais perigosos, pois podem causar sedação excessiva e prolongada.
Por consultarem vários médicos, há maior chance de polifarmácia e de interações medicamentosas com álcool ou outras substâncias.
Idosos podem voluntária ou involuntariamente usar medicamentos de forma inadequada (p. ex.: pegar emprestado um remédio prescrito para outra pessoa).

Adaptado de Substance Abuse and Mental Health Services Administration, 2020[8].

nuição ou cessação abrupta do uso[12]. Quanto aos estimulantes, não há sintomas típicos da abstinência nesse grupo. Podem ser observados sintomas de letargia, fissura, agitação ou retardamento psicomotor, insônia ou hipersonia, aumento do apetite, vômitos, tremores, pesadelos, sintomas depressivos e até ideação suicida[12].

Tabaco

O uso de tabaco entre os idosos está associado à maior mortalidade, riscos de eventos coronarianos, cânceres, doença pulmonar obstrutiva crônica, declínio da função pulmonar, desenvolvimento de osteoporose, risco de fraturas de quadril, perda de mobilidade e pior funcionamento físico. Os sintomas da abstinência da nicotina incluem ansiedade, fissura, impaciência, irritabilidade, depressão, aumento de apetite, ganho de peso e dificuldade de concentração[12].

ESPECIFICIDADES DO USO DE SUBSTÂNCIA NA POPULAÇÃO IDOSA

Algumas mudanças fisiológicas no metabolismo hepático que ocorrem pelos efeitos do envelhecimento afetam a farmacocinética tanto do álcool quanto de outras substâncias, levando a um aumento da suscetibilidade aos efeitos deletérios. Os idosos metabolizam o álcool com menor eficiência e, possivelmente, ficam intoxicados mais rapidamente e por mais tempo do que adultos jovens[9].

Os TUS em idosos têm maior potencial de risco, já que, frequentemente, eles apresentam transtornos mentais concomitantes, isolamento social, pobreza, falta de moradia e pensamentos suicidas[9].

Alguns marcadores comuns de prejuízos funcionais como dificuldade para trabalhar, direção não segura e questões legais podem passar mais desapercebidos para pessoas aposentadas, já que muitas delas não dirigem mais, não trabalham e não usam substâncias em contextos sociais, o que dificulta a percepção do problema por parte das outras pessoas. Assim, o não reconhecimento do TUS em idosos pode causar consequências de outras magnitudes, como aumento do risco de quedas, confusão, prejuízo cognitivo, morbidades clínicas que podem contribuir para hospitalizações, aumento dos custos de saúde e, não obstante, a perda de independência[9].

É importante considerar que algumas situações de transição da vida se tornam mais comuns com o avanço da idade e podem desencadear o uso indevido de substâncias, como a morte do cônjuge, de um familiar ou amigo. Dessa mesma forma, a aposentadoria pode ser entendida como uma ruptura, especialmente quando indesejada, já que muitas pessoas se definem pelo seu trabalho. Para alguns, deixar o emprego representa uma perda de identidade e pode levar a prejuízos importantes na autoestima. Adultos mais velhos podem fazer uso indevido de drogas como forma de enfrentamento desses eventos adversos, o que pode se tornar uma barreira na aceitação do tratamento (Tabela 2).

Nesse contexto, destaca-se a solidão: sentimento subjetivo e indesejado de falta ou perda de companheirismo que ocorre quando há um descompasso entre a quantidade e a qualidade desejadas e percebidas das relações sociais. Esse descompasso está associado ao declínio funcional e morte em idosos. A solidão é comum nessa faixa etária e relaciona-se com hábitos de vida menos saudáveis, incluindo o uso não supervisionado de medicamentos, principalmente opioides e benzodiazepínicos. Os desafios físicos, emocionais e cognitivos únicos do envelhecimento tendem a mascarar os sintomas do TUS, o que resulta em maior dificuldade para a identificação e tratamento[14].

Tabela 2 Fatores de risco e proteção para o uso indevido de substâncias no envelhecimento

Fatores de risco	Fatores protetores
Aposentadoria indesejada	Resiliência (p. ex., características de personalidade e habilidades)
Luto	Casamento ou relacionamentos
Isolamento social	Relações familiares de apoio
Ambiente estressor (p. ex., casa de repouso)	Bom suporte clínico e uso adequado de medicações
Eventos traumáticos	Independência
Transtornos mentais (p. ex., depressão e ansiedade)	Acesso a recursos básicos como moradia, segurança
Saúde física (p. ex., dor, pressão alta, problemas de sono e mobilidade)	Aposentadoria (quando planejada)
Declínio cognitivo (p. ex., doença de Alzheimer)	Autoimagem positiva
Estressores econômicos (aumento dos custos com medicamentos e saúde, redução de renda)	Senso de pertencimento e propósito
História de vida ou familiar de TUS	Rede de apoio e boas relações interpessoais
Fácil acesso a substâncias	

Adaptada de Substance Abuse and Mental Health Services Administration, 2020[8].

ASPECTOS COGNITIVOS ASSOCIADO AOS TRANSTORNOS POR USO DE SUBSTÂNCIAS NOS IDOSOS

A ligação entre o uso de álcool e problemas com a cognição na vida adulta é complexa. Os efeitos do álcool na saúde de uma pessoa são influenciados por muitos fatores, incluindo quanto e com que frequência uma pessoa bebe, bem como por fatores genéticos e familiares. Fatores socioculturais e ambientais também podem afetar essa relação. O dano cerebral ocasionado abrange um espectro de distúrbios que afetam a memória, funcionamento, resolução de problemas e julgamento induzidos pelo consumo excessivo de álcool. As áreas particularmente mais afetadas são os lobos frontais[12].

O abuso crônico de algumas drogas pode exacerbar as alterações cerebrais normais relacionadas à idade. Todas as drogas de abuso agem alterando a neurotransmissão no cérebro, mais predominantemente os sistemas dopaminérgico, serotoninérgico e glutamatérgico. Esses sistemas também mudam com o envelhecimento. Reduções na capacidade de ligação do receptor de dopamina foram correlacionadas com reduções metabólicas ligadas à idade no córtex frontal e giro cingulado anterior, semelhante ao observado em usuários de cocaína[15], sugerindo que os efeitos das reduções da função do receptor de dopamina com a idade podem ser exacerbados pelo abuso dessa droga.

Por exemplo, o declínio natural no volume da substância branca observado após os 50 anos pode ser mais dramático em usuários de cocaína do que na população saudável. Pessoas dependentes de cocaína na juventude podem ter um declínio acelerado relacionado à idade na massa cinzenta do lobo temporal e um lobo temporal menor em comparação a grupos controle que não usam cocaína. Isso pode torná-los mais vulneráveis às consequências adversas do uso de cocaína à medida que envelhecem. Da mesma forma, os cérebros de indivíduos dependentes de cocaína exibem um número maior de lesões de substância branca relacionadas à idade, que se acredita estarem ligadas a anormalidades cognitivas. Nesse caso, esses déficits seriam mais prevalentes entre os adictos idosos em comparação aos adultos mais velhos sem TUS[16].

Recentemente, foi levantada a hipótese de aumento do risco de doença de Parkinson (DP) associado ao consumo de drogas de abuso, especialmente estimulantes (de maneira intrigante, efeitos neurotóxicos de estimulantes semelhantes às anfetaminas na via nigroestriatal são semelhantes aos da neurodegeneração observada na DP). Por outro lado, alguns fitocanabinoides, que interagem com o sistema endocanabinoide, podem desempenhar um papel neuroprotetor em DP[17].

DIAGNÓSTICO DIFERENCIAL

Sintomas do uso indevido de substâncias podem ser similares a sintomas de outras condições comuns em idosos, incluindo depressão, ansiedade, estresse pós-traumático, dor crônica e distúrbios do sono. Apresentações agudas comuns como confusão mental, queda e *delirium* podem estar relacionadas ao uso de drogas e precisam ser consideradas diagnósticos diferenciais. Os profissionais de saúde, familiares e os próprios pacientes podem facilmente confundir os sintomas de uso indevido de substâncias com uma ou mais dessas condições[1].

É importante se atentar para a investigação de quadros demenciais primários ou decorrentes do uso prolongado de substâncias, como, por exemplo, o álcool. Outras condições clínicas também devem ser investigadas, como *delirium*, hipertensão arterial sistêmica, diabetes, hipovitaminoses e alterações tireoidianas.

A abstinência do álcool deve ser considerada uma causa de confusão mental em um paciente mais velho e pode se manifestar como uma confusão de início recente em um paciente idoso hospitalizado. Confusão, ao invés de tremores e taquicardia, é frequentemente o sinal clínico predominante nessa situação e a severidade e duração das síndromes de abstinência tendem a aumentar com a idade[12]. Distúrbios do sono são comuns entre idosos e a insônia pode ser uma queixa comum, especialmente em consumidores de álcool, inclusive com evidências de seu uso como auxílio para dormir[1].

A abstinência pelo uso de álcool também deve ser avaliada de forma cuidadosa nos idosos, pois essa população é mais propensa a apresentar sinais e sintomas de *delirium tremens*, fato este que pode ser um confundidor diagnóstico. Além disso, por ser uma população que tem taxas mais altas de comorbidades, os sintomas da abstinência podem agravá-las ou mesmo se apresentar de forma mais atípica do que em adultos mais jovens[8].

Algumas evidências sugerem que há alta correlação entre o uso de substâncias, especificamente o uso de álcool, e a depressão. A presença concomitante dos dois transtornos pode complicar muito o diagnóstico e o tratamento de ambos. Por exemplo, os idosos são mais propensos a revelar sintomas depressivos e apresentar-se em ambientes de atenção primária do que em serviços especializados para o abuso de substâncias[18].

EXAMES COMPLEMENTARES

O diagnóstico da dependência química no idoso é clínico e obtido por meio de uma anamnese cuidadosa e extensa realizada com o paciente e com seus familiares. Apesar de estarmos nos referindo, de forma genérica, a essa população como "idosos", eles não constituem um grupo homogêneo, já que as condições clínicas e psíquicas variam muito nessa população.

Em razão dessas diferenças, os exames complementares podem auxiliar, de forma individualizada, na realização de alguns diagnósticos diferenciais, como os já citados previamente. Nesse contexto, exames laboratoriais que abordem funções hepática, renal e tireoidiana, vitaminas, glicemia, perfil lipídico e eletrólitos são imprescindíveis. Também deve-se avaliar a indicação de eletrocardiograma e ressonância magnética de crânio. Como abordaremos a seguir, por meio destes será possível escolher o melhor tratamento.

TRATAMENTO NÃO FARMACOLÓGICO E FARMACOLÓGICO

Abordar o tratamento da dependência química no idoso transcende para além do tratamento farmacológico, permeando a compreensão do indivíduo em sua totalidade, dando luz a quadros clínicos associados, funcionalidade, rede de apoio e convívio social. O uso da substância pode ser, por muitas vezes, o sintoma de algum outro problema subjacente e que deve ser investigado. O tratamento deve ser pautado no respeito e escuta compreensiva, ressaltando-se a importância da vinculação no processo terapêutico dessa população e de não haver pré-julgamentos por parte da equipe de saúde.

A primeira dificuldade, quando se pensa no tratamento dos transtornos por uso de substâncias nos idosos, é o próprio diagnóstico. Adultos mais velhos e seus familiares podem não perceber que os padrões de longo prazo de consumo de álcool ou drogas podem ter efeitos deletérios com o envelhecimento, e seus sinais de alerta de abuso de drogas podem ser confundidos ou mascarados por doenças concomitantes ou atribuídos ao envelhecimento normal. Além disso, serviços de saúde, em geral, não questionam de forma ativa sobre essas possíveis patologias – há uma falsa crença, entre profissionais de saúde no geral, de que idosos são uma parte da população que não faz abuso de substâncias. É necessário que a equipe de saúde seja orientada e informada quanto a esse tabu que ainda permeia nossa sociedade, evitando a culpabilização e o estigma do idoso. Nesse sentido, deve-se realizar perguntas objetivas e bem descritivas quanto ao tipo de substâncias (incluindo medicações, drogas lícitas e ilícitas), frequência, quantidade e momentos do consumo[12,19].

A segunda dificuldade para o diagnóstico – e, consequentemente, tratamento – são as diferenças dessa patologia no idoso e nas outras faixas etárias. O DSM-5 inclui critérios diagnósticos que visam principalmente a faixa etária adulta, não sendo totalmente replicados para idosos[20]. Os critérios diagnósticos do DSM-5 para dependência de álcool[2,12,19] e, em seguida, as dificuldades para sua utilização nos idosos estão no Quadro 2.

Muitas vezes teremos, de forma comórbida, um comprometimento cognitivo do paciente. Sendo assim, os critérios 1 e 9 podem não ser preenchidos, visto que a compreensão de doses pretendidas ou de problemas decorrentes do álcool pelo paciente será prejudicada. Vale ressaltar que o próprio consumo da substância pode estar levando a um maior comprometimento cognitivo, tema que abordaremos mais adiante.

Os critérios 3 e 10 também podem não refletir a realidade da população idosa, visto que as consequências do consumo podem ser secundárias a quantidades menores de consumo nesses pacientes do que dentre os adultos. Por conta das

Quadro 2 Critérios diagnósticos do DSM-5 para dependência de álcool

A. Um padrão problemático de uso de álcool, levando a comprometimento ou sofrimento clinicamente significativos, manifestado por pelo menos dois dos seguintes critérios, ocorrendo durante um período de 12 meses:
1. Álcool é frequentemente consumido em maiores quantidades ou por um período mais longo do que o pretendido.
2. Existe um desejo persistente ou esforços malsucedidos no sentido de reduzir ou controlar o uso de álcool.
3. Muito tempo é gasto em atividades necessárias para a obtenção de álcool, na utilização de álcool ou na recuperação de seus efeitos.
4. Fissura ou um forte desejo ou necessidade de usar álcool.
5. Uso recorrente de álcool, resultando no fracasso em desempenhar papéis importantes no trabalho, na escola ou em casa.
6. Uso continuado de álcool, apesar de problemas sociais ou interpessoais persistentes ou recorrentes causados ou exacerbados por seus efeitos.
7. Importantes atividades sociais, profissionais ou recreacionais são abandonadas ou reduzidas em virtude do uso de álcool.
8. Uso recorrente de álcool em situações nas quais isso representa perigo para a integridade física.
9. O uso de álcool é mantido apesar da consciência de ter um problema físico ou psicológico persistente ou recorrente que tende a ser causado ou exacerbado pelo álcool.
10. Tolerância, definida por qualquer um dos seguintes aspectos: a. Necessidade de quantidades progressivamente maiores de álcool para alcançar a intoxicação ou o efeito desejado. b. Efeito acentuadamente menor com o uso continuado da mesma quantidade de álcool.
11. Abstinência, manifestada por qualquer um dos seguintes aspectos: a. Síndrome de abstinência característica de álcool. a. Álcool (ou uma substância estreitamente relacionada, como benzodiazepínicos) é consumido para aliviar ou evitar os sintomas de abstinência.

alterações biológicas decorrentes do envelhecimento, a tolerância pode, muitas vezes, ser menor do que na fase adulta[5,16].

Ao abordarmos os critérios 5, 6 e 7, torna-se imprescindível compreendermos acerca da funcionalidade e atividades diárias do idoso. Muitas vezes, por já estarem mais isolados, a perda de atividades laborais, sociais ou familiares não é tão perceptível quanto na população geral. Idosos podem não desempenhar mais papéis de obrigação como faziam na fase adulta, estando grande parcela já aposentada. Assim, esses critérios diagnósticos podem não ser preenchidos mesmo quando o paciente está em uso significativo da substância. O tópico 8 também esbarra na questão da solidão no idoso, em que muitas vezes esse consumo é feito em menor quantidade e sozinho. O tópico 11 abrange a abstinência, que muitas vezes poderá ser confundida com outras sintomatologias clínicas. Por fim, os critérios 2 e 4 se assemelham à população adulta geral.

Assim, o tratamento, muitas vezes, pode ser dificultado pela primária dificuldade de se fazer o diagnóstico. Mesmo quando o profissional de saúde questiona de forma objetiva ou percebe sinais indiretos de uso de substâncias, há ainda uma dificuldade, por parte do paciente em si, de compreender os questionamentos e de verbalizar o uso nocivo. Além disso, muitos idosos, por culpa, estigmatização ou mesmo por vergonha, não confirmam um possível uso, ou mesmo muitas vezes não o verão como nocivo, motivo pelo qual a coleta de dados com pessoas de sua rede de apoio é essencial.

A terceira dificuldade, que pode ser interpretada como possível barreira para o tratamento, são as questões inerentes ao indivíduo. Nesse sentido, podemos citar a dificuldade de compreensão das orientações de saúde, redução da mobilidade e locomoção para centros de saúde, ausência de uma rede de apoio bem estruturada, sensação de não pertencimento nos serviços não voltados para população idosa, dentre outros. Reforçamos que tratar o idoso é compreendê-lo em sua totalidade, auxiliando-o não apenas farmacologicamente, mas na continuidade do tratamento, na expansão de sua rede de apoio e rede de cuidado, criando ambientes acolhedores e voltados para a terceira idade, além de abordar as questões associadas ao consumo, sejam elas clínicas ou psíquicas. Ainda no que tange ao tratamento não farmacológico, medidas efetivas e que devem ser fornecidas ao paciente idoso incluem psicoterapia, meditação, atividade física, reabilitação ocupacional e higiene do sono[8].

O tratamento farmacológico para uso de substâncias no idoso carece de estudos quanto à sua eficácia e efeitos adversos. Em razão de uma rede de apoio mais reduzida e um possível declínio cognitivo, o uso de medicamentos por parte dos idosos pode ser mais difícil de ser instituído – ingestão excessiva, esquecimento do horário de tomada e confusão de medicamentos de uso contínuo são exemplos dessa dificuldade. Esse cenário reforça a necessidade de uma rede de saúde estruturada e suportiva para essa população. Atualmente, as escolhas de medicações no tratamento da dependência ou do uso nocivo de substâncias são feitas de forma semelhante à população geral, mas com algumas ressalvas.

Álcool

Acamprosato

Como sua excreção é renal, deve-se levar em consideração a função renal do paciente em questão antes de prescrever o acamprosato. Não disponível no Brasil neste momento.

Dissulfiram

É inibidor irreversível e inespecífico da enzima aldeído desidrogenase (ALDH) e sua interação com o álcool pode levar a sinais e sintomas como taquicardia, confusão mental, sudorese, náuseas, dentre outros. Como dito previamente, o idoso pode não compreender em sua totalidade os prejuízos do seu consumo de álcool nem os riscos do uso concomitante com essa medicação. Assim, essa medicação deve ser usada com extrema cautela, ponderando-se os riscos e, se necessário, envolvendo rede de apoio para auxílio nos cuidados.

Naltrexona

Por ser um antagonista dos receptores opioides, deve-se atentar ao uso de medicações dessa classe pelos pacientes, pois o uso concomitante pode desencadear sintomas de abstinência do opioide. A naltrexona é uma medicação de metabolismo hepático, devendo também ser usada com cautela em pacientes hepatopatas. Alguns efeitos colaterais (náuseas, tontura, sonolência) podem ser muito desconfortáveis para os idosos.

Opioides

Buprenorfina

Agonista parcial de receptores opioides, possui meia-vida longa e potencial de abuso menor que outros opioides, podendo diminuir os sintomas de abstinência sem causar de fato sintomas de intoxicação e com baixo risco de overdose.

Metadona

Opioide de meia-vida mais longa, amplamente utilizado como terapia de substituição ao uso de opioides. Atentar, no caso dos idosos, para o risco de prolongamento no intervalo QT e para o risco de queda.

Clonidina

Considerada medicação de segunda linha para o tratamento da dependência por opioides, é um agonista de receptores alfa-2 que reduz sinais e sintomas de abstinência. Entretanto, seus efeitos colaterais podem ser considerados limitantes na faixa etária estudada, pois é uma medicação com potencial sedação e hipotensão. Além disso, também não é indicada para pacientes cardiopatas ou com histórico de acidente vascular cerebral.

Benzodiazepínicos

O tratamento farmacológico do abuso e dependência de benzodiazepínicos consiste na redução gradual da medicação até sua descontinuação e/ou substituição por um benzodiazepínico de meia-vida mais longa, como, por exemplo, diazepam. Essa classe medicamentosa apresenta diversos riscos para a faixa etária dos idosos, destacando-se, para além do risco de dependência, o risco de queda. Além disso, possui riscos para declínio cognitivo em longo prazo[9, 21]. Assim, deve-se, sempre que possível, abordar a redução até interrupção total, mas a velocidade e duração dessa retirada devem ser individualizadas.

Tabaco

Terapia de reposição de nicotina

A reposição se faz por meio do adesivo, goma ou pastilha de nicotina, mas possui contraindicações específicas que permeiam a população idosa, sendo as três formas de reposição contraindicadas em casos de infarto agudo do miocárdio recente. Especificamente a goma de nicotina é contraindicada em pacientes com úlcera péptica, lesão na mucosa oral, gastrite ou uso de próteses dentárias móveis, frequentemente presentes nos adultos mais velhos.

Terapia sem reposição de nicotina

- Bupropiona: inibidor de recaptação de norepinefrina e dopamina, é contraindicada em pacientes com histórico de crises convulsivas, traumatismo craniano recente ou tumor no sistema nervoso. Além disso, apresenta como perfil de efeitos colaterais insônia, xerostomia, cefaleia e sintomas ansiosos.
- Vareniclina: é um agonista parcial de receptor nicotínico que também possui efeitos colaterais possivelmente não tolerados pelos idosos, a destacar náuseas, sonhos anormais, cefaleia, dispepsia, flatulência, xerostomia e insônia.

Outras substâncias ilícitas

Não há tratamentos farmacológicos aprovados para transtornos pela utilização de cocaína ou de maconha, sendo o uso de medicações indicado conforme sinais e sintomas apresentados pelo paciente, de forma individualizada.

ESPECIFICIDADES NO MANEJO DOS TUS DE INÍCIO TARDIO

As prevalências de muitas condições médicas aumentam com a idade e podem ser afetadas pelo uso concomitante de drogas. Por exemplo, o abuso

Tabela 3 Temporalidade do consumo de álcool

Início precoce	Início tardio
Transtorno por uso de substâncias iniciado antes dos 50 anos	Início do uso problemático após os 50 anos, com possíveis históricos prévios de abuso ao longo da vida
Curso mais crônico e mais grave	Geralmente associado a estressores dessa faixa etária, como luto, aposentadoria, perda de independência
Múltiplas comorbidades médicas associadas, possivelmente suporte social mais limitado, comprometimento cognitivo mais evidente	Início mais insidioso, com períodos de uso não problemático mais longos
Mais comum, ⅔ dos idosos com consumo problemático	Diagnóstico muitas vezes mais difícil de ser realizado por conta da dificuldade de reconhecimento do uso como problemático
Podem necessitar de tratamentos mais intensivos	Podem responder bem a intervenções breves

Adaptada de Substance Abuse and Mental Health Services Administration, 2020[8].

de anfetaminas e cocaína pode levar a complicações cardiovasculares, como arritmias e infarto do miocárdio. Indivíduos mais velhos, nos quais a doença cardiovascular é mais prevalente, podem ter consequências ainda mais graves[22]. Da mesma forma, o uso de cocaína e crack pode exacerbar os declínios da função renal[23] e afetar início, curso e gravidade do diabetes[19]. Além disso, o uso de drogas aumenta o risco de acidentes e quedas que, frequentemente, resultam em fraturas de quadril e outras lesões em indivíduos mais velhos.

Uma das principais diferenças no manejo do uso de substâncias refere-se à temporalidade da doença , como apontado na Tabela 3. Como exemplo, idosos que iniciaram de forma recente o consumo de álcool podem não ter as mesmas doenças crônicas e transtornos mentais que idosos que fazem uso desde sua adolescência[21].

Diversas medicações comuns nos idosos interagem de forma prejudicial com o álcool e devem ter seu uso investigado. Citam-se, por exemplo, medicações cardiológicas, hipoglicemiantes, anti-hipertensivos, antibióticos, anti-inflamatórios não esteroidais, opioides, antidepressivos e outras[12].

"FRONTEIRA" COM AS DEMÊNCIAS: ASPECTOS COMO PSICOPATOLOGIA, DIAGNÓSTICO DIFERENCIAL, CONEXÕES NEUROBIOLÓGICAS ENTRE ESSES TRANSTORNOS E AS DIVERSAS DEMÊNCIAS

Algumas alterações cognitivas podem ocorrer associadas ao uso de substâncias. O consumo de álcool é o uso de substâncias mais estudado e para o qual há conhecimento suficiente para ser discutido neste capítulo. A bebida alcoólica pode levar a quadros específicos de alterações cognitivas, destacando-se a demência relacionada ao álcool e a síndrome de Wernicke-Korsakoff.

A demência relacionada ao álcool é ainda uma patologia pouco compreendida, com estudos buscando elucidar sua principal etiologia (neurotoxicidade direta do etanol, deficiência de tiamina ou de ambas). Também ainda não há informações consistentes quanto ao uso de álcool e a relação com a demência: quantidade, duração, gravidade, frequência e tipo de bebida associados ao desencadeamento do quadro demencial. Há também uma heterogeneidade das características clínicas dessa patologia, representada principalmente por sintomas amnésticos induzidos pelo álcool e com uma natureza menos progressiva, algo que a distingue dos demais distúrbios neurodegenerativos. Em exames de neuroimagem, evidencia-se atrofia global da massa encefálica, mais predominantemente no lobo frontal, além de alteração do metabolismo da glicose em imagens funcionais[24].

A encefalopatia de Wernicke possui como causa primária a deficiência de tiamina (vitamina B1). É caracterizada como uma doença neurológica aguda que possui como tríade clínica oftalmoplegia, ataxia de marcha e confusão mental. Apesar disso, ressalta-se que não é necessário a presença dos três sinais para diagnóstico da encefalopatia. Além de pacientes usuários de álcool terem uma nutrição que carece de tiamina, o álcool também interfere diretamente no metabolismo dessa vitamina, estando ambos relacionados à perda neuronal e lesões hemorrágicas, principalmente em substância cinzenta paraventricular e periaquedutal. Já a síndrome de Korsakoff pode ser compreendida como um resultado, em longo prazo e sem tratamento, da encefalopatia de Wernicke, caracterizada por um comprometimento cognitivo principalmente no campo da memória (perda da memória, incapacidade de formar novas memórias e confabulações). Em geral, as patologias são nomeadas como síndrome de Wernicke-Korsakoff. É importante ressaltar que essa síndrome pode ocorrer em outras patologias que não a dependência de álcool, como tumores ou desnutrição grave[12, 24].

Tanto a síndrome de Wernicke-Korsakoff quanto a demência relacionada ao álcool são condições que podem apresentar melhora com a retirada do álcool e reposição da tiamina, a depender do tempo de evolução e grau de comprometimento. Investiga-se, assim, se a demência relacionada ao álcool seria um subtipo da síndrome de Wernicke-Korsakoff ou se seriam patologias distintas com semelhanças clínicas.

Para além do álcool, reconhece-se que o uso de benzodiazepínicos está associado a prejuízos cognitivos e maior risco de demência, com estudos apontando que o uso prolongado pode aumentar em até duas vezes o risco de demência quando comparado à população sem uso desse medicamento. Os riscos e malefícios do uso de demais substâncias e potenciais declínios cognitivos carecem de estudos longitudinais e com populações estatisticamente representativas[13,25].

A crescente aceitação do uso de maconha, tanto medicinal quanto recreativamente, também pode representar riscos para o envelhecimento da população. A maconha é conhecida por causar comprometimento de curto prazo da memória, aumento da frequência cardíaca, frequência respiratória e pressão arterial. Apesar de alguns estudos preliminares demonstrarem benefícios medicinais do uso da maconha, seus efeitos são pouco estudados em idosos[12].

BIOMARCADORES E INSTRUMENTOS DE DETECÇÃO

Não há, até o momento, biomarcadores para avaliação do risco ou gravidade da dependência química no idoso.

Há poucos instrumentos de rastreamento para idosos. Podemos citar o *Michigan Alcohol Screening Test* (MAST), que foi modificado para uso em adultos mais velhos (MAST-G) e demonstrou ter excelente sensibilidade e boa especificidade e já foi validado para uso no Brasil. No entanto, é específico para o abuso de álcool e não foi modificado para detectar o uso de outras drogas. Estudos adicionais são necessários para desenvolver e testar a validade de outros instrumentos de rastreamento do abuso de drogas em idosos[26].

CONSIDERAÇÕES FINAIS

Apesar das dificuldades de investigação e detecção do diagnóstico de dependência química no idoso discutidas neste capítulo, alguns indicadores apontam para o aumento da prevalência dos TUS nessa população. Diante disso, ainda há um árduo trabalho pela frente visando desenvolver instrumentos diagnósticos mais específicos, profissionais mais habilitados para trabalhar com essa população, testagem das medicações nesse subgrupo populacional e criação de serviços voltados para o tratamento.

VINHETA CLÍNICA

P. A. J., sexo feminino, 71 anos, aposentada, viúva, procedente de SP.

Queixa principal e duração (QD): aparecimento de manchas roxas no corpo há 6 meses.

História da moléstia atual (HMA): Há aproximadamente 6 meses, os filhos da paciente começaram a perceber manchas roxas na face e nos braços. Quando indagada sobre o que tinha acontecido, P. dizia que vinha tendo tonturas que geravam perda de equilíbrio e acabava batendo as regiões afetadas em maçanetas, quadros de parede e aparelhos eletrodomésticos. Tais manchas duravam de 2 a 3 semanas e desapareciam. Familiares vinham percebendo também um comportamento mais irritável e presença de tremores de membros superiores.

Antecedentes familiares (AF): pais falecidos. Pai faleceu de IAM há 7 anos e mãe de hemorragia digestiva alta. Mãe gostava de beber (sic). P. tem três irmãos, um falecido após período de 5 anos com "Alzheimer" (*sic*) e ele também gostava muito de beber (sic). Dois irmãos ainda vivos e com saúde.

Antecedentes pessoais (AP): P. sempre teve uma vida bastante produtiva, trabalhou como secretária executiva de um grande empresário até sua aposentadoria, há 1 ano e meio. P. se casou com sr. Mario, que faleceu há 9 meses após um AVC extenso. P. tem um filho que atualmente mora em outra cidade.

Tem hipertensão leve controlada com atenolol 50 mg/dia.

Tabagista: 1 maço por dia e "bebedora social".

Exame físico: emagrecida, manchas em região dos antebraços e na perna direita.

Tremor ++/+++ em ambas as mãos.

PA: 170 × 120 mmHg.

Pulso: 94.

Fígado no rebordo costal direito indolor.

Bulhas rítmicas normofonéticas (BRNF) sem sopros.

Pulmões com roncos esparsos.

A paciente foi levada ao clínico da família para avaliação das manchas. Ela referiu que as manchas eram resultantes de batidas pelos desequilíbrios que vinha apresentando. O médico perguntou sobre bebida e a paciente respondeu que bebia uma cerveja à noite durante a novela para relaxar e ajudar na solidão após o falecimento do marido. O médico não aprofunda na anamnese sobre consumo de álcool.

Como a pressão arterial da paciente P. estava alta na consulta, o médico clínico considerou que as manchas estavam associadas a traumas por conta de tonturas ligadas à doença hipertensiva.

O clínico, então, aumentou a dose do atenolol e encaminhou paciente P. para exames complementares sem nenhuma orientação específica quanto ao álcool.

P. continuou bebendo e, um dia antes de realizar os exames de sangue, bebeu em excesso, caiu e teve TCE grave com perda de consciência. P. foi achada morta 2 dias depois pelos vizinhos, que não a viam há mais de 48 horas.

APONTAMENTOS SURGIDOS NA PRÁTICA CLÍNICA

- Mulheres de qualquer idade podem ter problemas com álcool.
- Pacientes tendem a relatar uso menor de doses de álcool ingeridas.
- Médicos têm dificuldade de aprofundarem na investigação do uso de álcool durante a anamnese do padrão de uso de substâncias psicoativas, principalmente em mulheres idosas.
- Transtorno por uso de álcool, especialmente entre idosos, é uma doença grave e de alto risco.

REFERÊNCIAS BIBLIOGRÁFICAS

1. Wu LT, Blazer DG. Substance use disorders and psychiatric comorbidity in mid and later life: a review. Int J Epidemiology. 2013;43(2):304-17.
2. Kuerbis A, Sacco P, Blazer DG, Moore AA. Substance abuse among older adults. Clin Geriatric Med. 2014;30(3):629-54.
3. Instituto Brasileiro de Geografia e Estatística (IBGE). Diretoria de Pesquisas. Coordenação de População e Indicadores Sociais. Gerência de Estudos e Análises da Dinâmica Demográfica. Revisão 2008. Projeção da População do Brasil por Sexo e Idade para o período de 1980-2050.
4. Bastos FIPM, Vasconcellos MTLD, De Boni RB, Reis NBD, Coutinho CFDS. III Levantamento Nacional sobre o uso de drogas pela população brasileira. 2017.
5. United Nations Office on Drugs and Crime (UNDOC) (2022) World drug report. Disponível em: https://www.unodc.org/unodc/en/data-and-analysis/world-drug-report-2022.html. Acesso em: out.2022.
6. National Institute on Drug Abuse (NIDA) (2022). Disponível em: https://nida.nih.gov/publications/drugfacts/substance-use-in-older-adults-drugfacts. Acesso em: out.2022.
7. Chhatre S, Cook R, Mallik E, Jayadevappa R. Trends in substance use admissions among older adults. BMC Health Services Research. 2017;17(1).

8. Substance Abuse and Mental Health Services Administration. Treating Substance Use Disorder in Older Adults. Treatment Improvement Protocol (TIP) Series No. 26, SAMHSA Publication No. PEP20-02-01-011. Rockville: Substance Abuse and Mental Health Services Administration, 2020.
9. Lehmann SW, Fingerhood M. Substance-use disorders in later life. N Engl J Med. 2018;379(24):2351-60.
10. Wu LT, Blazer DG. Illicit and nonmedical drug use among older adults: A review. Journal of Aging and Health. 2010;23(3):481-504.
11. Qato DM, Alexander GC, Conti RM, et al. Use of prescription and over-the-counter medications and dietary supplements among older adults in the United States. JAMA. 2008;300(24):2867-78.
12. Rao R, Crome I, Crome B. Substance misuse in older people: an information guide. Cross Faculty Report FR/OA/A)/01. London: The Royal College of Psychiatrists, 2015.
13. Maust DT, Kales HC, Wiechers IR, Blow FC, Olfson M. No end in sight: Benzodiazepine use in older adults in the United States. J Am Geriatrics Soc. 2016;64:2546-53.
14. Vyas MV, et al. The association between loneliness and medication use in older adults. Age and Ageing. 2021.
15. Volkow ND, Fowler JS, Wang GJ, Hitzemann R, Logan J, Schlyer DJ, Dewey SL, Wolf AP. Decreased dopamine D2 receptor availability is associated with reduced frontal metabolism in cocaine abusers. Synapse. 1993;14(2):169-77.
16. Bartzokis G, Beckson M, Lu PH, Edwards N, Bridge P, Mintz J. Brain maturation may be arrested in chronic cocaine addicts. Biological Psychiatry. 2002;51(8):605-11.
17. Ferreira C, Almeida C, Tenreiro S, Quintas A. Neuroprotection or neurotoxicity of illicit drugs on Parkinson's disease. Life. 2020;10(6):86.
18. Choi NG, DiNitto DM, Marti CN. Treatment use, perceived need, and barriers to seeking treatment for substance abuse and mental health problems among older adults compared to younger adults. Drug and Alcohol Dependence. 2014;145:113-20.
19. Kuerbis A. Substance use among older adults: An update on prevalence, etiology, assessment, and intervention. Gerontology. 2019;66(3):249-58.
20. American Psychiatric Association (APA). Manual diagnóstico e estatístico de transtornos mentais: DSM-5. 5. ed. Porto Alegre: Artmed, 2014.
21. Zhong G, Wang Y, Zhang Y, Zhao Y. Association between Benzodiazepine use and dementia: A meta-analysis. PLOS ONE. 2015;10(5):e0127836.
22. Frishman WH, Del Vecchio A, Sanal S, Ismail A. Cardiovascular manifestations of substance abuse. Heart Disease. 2003;5(3):187-201.
23. Vupputuri S, Batuman V, Muntner P, Bazzano LA, Lefante JJ, Whelton PK, He J. The risk for mild kidney function decline associated with illicit drug use among hypertensive men. Am J Kidney Diseases. 2004;43(4):629-35.
24. Sachdeva A, Chandra M, Choudhary M, Dayal P, Anand KS. Alcohol-related dementia and neurocognitive impairment: A review study. Int J High Risk Behaviors and Addiction. 2016;5(3).
25. Tannenbaum C, Paquette A, Hilmer S, Holroyd-Leduc J, Carnahan R. A systematic review of amnestic and non-amnestic mild cognitive impairment induced by anticholinergic, antihistamine, GABAergic and opioid drugs. Drugs & Aging. 2012;29(8):639-58.
26. Kano MY. Uso do álcool em idosos: validação transcultural do Michigan Alcoholism Screening Test – geriatric version (MAST-G): Universidade de São Paulo; 2011. Disponível em: http://www.teses.usp.br/teses/disponiveis/22/22131/tde-30112011-091743.

8
Comprometimento cognitivo leve

Marcela Magarão Sambaquy
Luiz Henrique Monteiro

INTRODUÇÃO

O estudo do espectro do declínio cognitivo em idosos vem ganhando cada vez mais interesse nos últimos anos. Estima-se um aumento dramático da população idosa no mundo nos próximos anos, atingindo 2,1 bilhões de indivíduos até 2050, dos quais prevê-se que 131,5 milhões terão diagnóstico de demência até este mesmo ano.

Em 2013, o G8 UK Dementia Summit estabeleceu o objetivo de identificar uma terapia curativa ou modificadora da doença para quadros demenciais até 2025 e aumentar coletiva e significativamente o montante de financiamento para a pesquisa dessa patologia para atingir esse objetivo[1].

A busca pelo diagnóstico precoce é especialmente relevante na doença de Alzheimer (DA), considerando que o processo patológico do declínio cognitivo se inicia muitos anos antes do desenvolvimento dos sintomas e que esta é uma janela terapêutica indispensável para intervenções mais efetivas, tornando importante a busca pela definição do estágio pré-clínico da doença. Dentro do *continuum* da DA, o comprometimento cognitivo leve (CCL) se insere como um estágio intermediário entre uma fase assintomática (DA pré-clínica) e a demência propriamente dita.

Dessa forma, o espectro do declínio cognitivo em idosos poderá ser classificado como declínio cognitivo associado ao envelhecimento normal, comprometimento cognitivo subjetivo, CCL e demência. Cabe diferenciar que no envelhecimento normal encontram-se preservadas a atenção dividida, a memória remota e a processual. Por outro lado, o aprendizado de novas informações, a fluência verbal e o tempo de processamento tendem a se deteriorar[2].

EPIDEMIOLOGIA

Estudos recentes estimam que a prevalência de CCL em idosos é de aproximadamente 6,7 a 25,2%, considerando uma taxa anual de progressão para demência de cerca de 5 a 17%. Da mesma forma que ocorre com os quadros demenciais, os estudos mostram que a prevalência de CCL tende a aumentar com o avanço da idade e com o menor nível de escolaridade. Estima-se que há um aumento de 3% da taxa de prevalência em pessoas com mais de 60 anos e de 15% entre aqueles com 75 anos ou mais. Em estudos que avaliaram a população brasileira, foram estimadas taxas de incidência de cerca de 13,2 por mil pessoas/ano e prevalência de cerca de 30%[3].

CRITÉRIOS DIAGNÓSTICOS

A classificação diagnóstica do CCL tem sido motivo de discussão ao longo das últimas décadas. Em 1999, um grupo da Clínica Mayo liderado por Ronald Petersen descreveu indivíduos que demonstravam um leve comprometimento de memória, mas não preenchiam os critérios para demência. Os critérios iniciais da Clínica Mayo (descritos no Quadro 1) consideravam apenas o prejuízo amnéstico e foram desenvolvidos para diagnosticar os primeiros sintomas da doença de Alzheimer (DA)[2].

Quadro 1 Critérios diagnósticos iniciais propostos pela Mayo Clinic em 1999

1. Queixas de memória consistentes, preferencialmente corroboradas por um informante confiável
2. Caracterização objetiva de déficits específicos em memória abaixo do esperado para a idade
3. Preservação da autonomia para realizar atividades da vida diária (AVD) ou mínimo impacto em atividades instrumentais da vida diária (AIVD)
4. Função cognitiva global normal
5. Ausência de demência

Fonte: adaptado de Petersen, 2016[2].

No entanto, logo ficou claro que nem todos os estados cognitivos intermitentes evoluem clinicamente para quadros demenciais e que nem todos os pacientes apresentam déficit de memória isolado. Em 2004, Petersen propôs novos critérios, visando ampliar o esquema de classificação para além do domínio de memória e reconhecendo que o CCL poderia ser a apresentação inicial de uma variedade de etiologias que não apenas a DA[4].

Desse modo, hoje define-se o comprometimento cognitivo leve a partir da evidência objetiva de declínio cognitivo com *performance* abaixo da esperada para idade e escolaridade na avaliação neuropsicológica, porém mantendo a preservação da independência e da autonomia do indivíduo. Classifica-se o CCL em diferentes subtipos de acordo com os domínios comprometidos nos testes cognitivos. Caso fique demonstrado um prejuízo de memória significativo, o indivíduo será descrito como portador de CCL amnéstico. No entanto, caso a memória esteja preservada, entende-se tratar-se de CCL não amnéstico[5]. Em seguida, deve-se expandir a avaliação para os demais domínios cognitivos, incluindo áreas de linguagem, atenção, função executiva e visoespacialidade, conforme descrito na Figura 1.

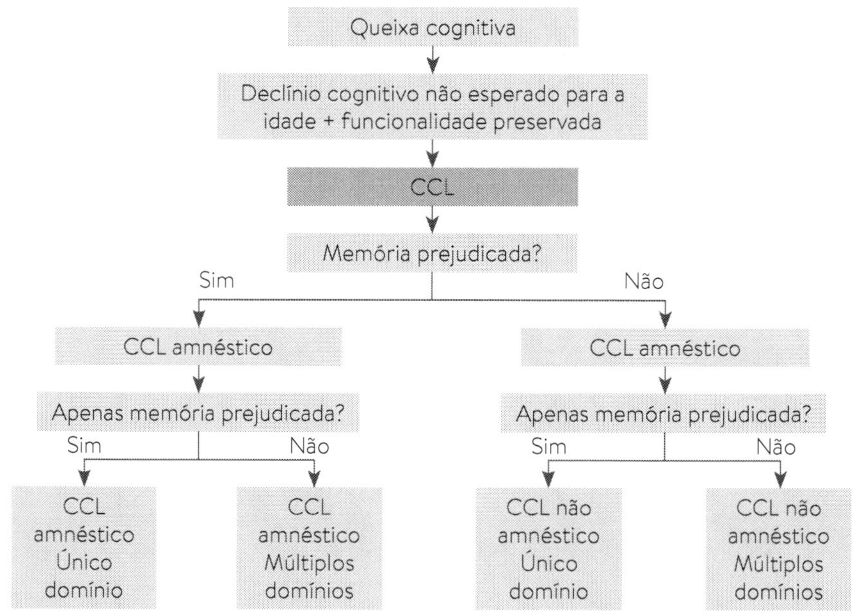

Etiologia				
Degenerativa	DA	DA	DFT DA	DCL DA
Vascular		CCL vascular		CCL vascular
Psiquiátrica	Depressão	Depressão		

Figura 1 Avaliação de domínios cognitivos, incluindo áreas de linguagem, atenção, função executiva e visoespacialidade.

CCL: comprometimento cognitivo leve; DA: doença de Alzheimer; DCL: demência por corpos de Lewy; DFT: demência frontotemporal. Fonte: Petersen, 2016[2].

Os diferentes fenótipos do CCL costumam sugerir que estamos diante de uma miríade de condições que podem cursar com desfechos variáveis. O CCL amnéstico costuma representar a apresentação clínica prodrômica mais comum da DA; enquanto o CCL não amnéstico está mais relacionado às demências por outras etiologias, como demência frontotemporal e demência por corpos de Lewy.

No Manual Diagnóstico e Estatístico de Transtornos Mentais (DSM-5), as demências foram classificadas como transtornos neurocognitivos maiores (TNM) e sua fase pré-demencial como transtorno neurocognitivo menor (TNm), conforme representado no Quadro 2. A classificação do TNm se aproxima bastante dos critérios do Key Symposium de 2004, já caracterizados anteriormente[6].

Quadro 2 Critérios diagnósticos de acordo com o DSM-5

A. Evidências de declínio cognitivo pequeno a partir de nível anterior de desempenho em um ou mais domínios cognitivos (atenção complexa, função executiva, aprendizagem e memória, linguagem, perceptomotor ou cognição social) com base em: 1. Preocupação do indivíduo, de um informante com conhecimento ou do clínico de que ocorreu declínio na função cognitiva 2. Prejuízo pequeno no desempenho cognitivo, de preferência documentado por teste neuropsicológico padronizado ou, em sua falta, outra avaliação quantificada
B. Os déficits cognitivos não interferem na capacidade de ser independente nas atividades cotidianas (i.e., estão preservadas atividades instrumentais complexas da vida diária, como pagar contas ou controlar medicamentos, mas pode haver necessidade de mais esforço, estratégias compensatórias ou acomodação)
C. Os déficits cognitivos não ocorrem exclusivamente no contexto de delirium
D. Os déficits cognitivos não são mais bem explicados por outro transtorno mental (p. ex., transtorno depressivo maior, esquizofrenia)

Fonte: adaptado de American Psychiatric Association, 2013[6].

A 11ª edição da Classificação Estatística Internacional de Doenças e Problemas Relacionados à Saúde (CID-11) classifica o transtorno neurocognitivo leve (6D71) como transtornos neurocognitivos, dentro da categoria transtornos mentais, comportamentais ou do neurodesenvolvimento (código 6), conforme representado no Quadro 3[7].

FATORES DE RISCO

Um amplo estudo publicado em 2017 apontou diversos fatores de risco para o desenvolvimento de demência e os classificou de acordo com a faixa etária em que representavam maior impacto. Para adultos jovens, isto é, < 45 anos, baixa escolaridade na juventude constituiu risco. Perda auditiva, traumas cranianos

Quadro 3 Critérios diagnósticos de acordo com o CID-11

Experiência subjetiva de declínio cognitivo a partir de um nível prévio de funcionamento + Evidência objetiva de desempenho prejudicado em um ou mais domínios cognitivos, em relação ao esperado quanto à idade e ao nível intelectual
Não é suficientemente grave a ponto de interferir significativamente em sua independência para as atividades da vida diária
Não é completamente atribuível ao envelhecimento normal
Pode ser atribuível a uma doença de base do sistema nervoso, traumas, infecções ou outros processos de doença que possam afetar áreas específicas do cérebro, ou em razão do uso crônico de substâncias ou medicações específicas, ou a etiologia pode ser indeterminada

Fonte: adaptado de World Health Organization, 2019[7].

recorrentes, hipertensão arterial, consumo excessivo de álcool, isto é, mais de 21 unidades por semana, e obesidade, ou seja, IMC > 30, contribuíram com risco aumentado quando presentes em indivíduos entre 45 e 65 anos. Na faixa etária acima dos 65 anos, observou-se que tabagismo, sedentarismo, diabetes, nível de poluição do ar, isolamento social e depressão se mostraram os fatores de maior relevância. Do ponto de vista genético, ser portador do alelo e4 da apolipoproteína E (APOE) constitui um fator de risco adicional para o desenvolvimento de demência por DA[8,9].

Cabe ressaltar que, exceto pela presença do alelo e4 da APOE, todas as demais condições supracitadas consistem em fatores modificáveis. Portanto, podem ser alvo de rastreio e acompanhamento pela equipe de saúde que assiste o paciente, estabelecendo, assim, possibilidades terapêuticas que busquem reduzir o risco de desenvolvimento de demência. Por isso, é fundamental que sejam estruturadas estratégias e políticas públicas de saúde pelas instituições governamentais com o intuito de ampliar a abrangência e o impacto dessas intervenções.

DIAGNÓSTICO

Avaliação inicial

Diversas condições de saúde podem contribuir ou agravar o quadro de comprometimento cognitivo leve. Deve-se proceder com uma avaliação inicial que envolva anamnese completa, histórico das medicações em uso, exame físico detalhado e exames laboratoriais, quando de acordo com a condição clínica analisada.

O clínico deve questionar ativamente pela presença de polifarmácia, definida pelo uso de mais de cinco medicações pelo mesmo paciente e relacionada ao risco aumentado de interações medicamentosas e efeitos adversos indesejáveis. Diversas são as classes de medicamentos que podem impactar na cognição, trazendo prejuízo ao idoso, por exemplo, opioides, relaxantes musculares, medicações anticolinérgicas e antiepiléticos.

Deve-se levar em consideração a presença de transtornos psiquiátricos primários, como quadros ansiosos e depressivos, muito frequentes na prática clínica e com potencial de interferir nos resultados das testagens cognitivas se estas forem realizadas na vigência desses sintomas.

Do mesmo modo, a presença de condições clínicas comórbidas deve ser extensamente investigada. Dentre as principais etiologias a serem excluídas encontram-se o hipotireoidismo, a deficiência de vitamina B12, a hipo ou hiperglicemia, a desidratação, o prejuízo do sensório, como acuidade visual e auditiva reduzidas, as infecções, a fibrilação atrial, a apneia obstrutiva do sono e a hidrocefalia de pressão normal.

Vale destacar que os pontos aqui citados se referem a quadros potencialmente reversíveis quanto ao prejuízo cognitivo observado. Ao serem identificados, devem, portanto, ser adequadamente tratados a fim de minimizar os efeitos cognitivos deletérios dessas afecções.

Avaliação cognitiva e funcional

Concomitantemente à avaliação inicial da queixa cognitiva, é primordial complementar a investigação com informações objetivas quanto aos domínios cognitivos afetados obtidas por meio dos instrumentos de triagem cognitiva e funcional, a serem realizados com o paciente e com um informante confiável. As Tabelas 1 e 2 apresentam os principais testes validados no Brasil e mais habitualmente utilizados na prática clínica.

Após a realização das testagens de rastreio cognitivo com o paciente, caso seja identificado desempenho abaixo do esperado para a idade e escolaridade, pode ser necessária uma investigação mais aprofundada por meio de avaliação neuropsicológica. Esta inclui baterias diagnósticas mais extensas, realizadas por um profissional treinado e qualificado, sendo considerada o padrão-ouro para o diagnóstico de CCL.

Além da triagem cognitiva, outra etapa fundamental na avaliação desses indivíduos é a determinação do seu nível de funcionalidade, ou seja, se as queixas cognitivas relatadas geram impacto na capacidade do indivíduo de realizar suas atividades de vida diária, complexas ou básicas. Essa etapa é importante para a definição do estágio em que o paciente se encontra e se houve progressão para

Tabela 1 Escalas de avaliação cognitiva

Miniexame do Estado Mental (MEEM)[10]	Aplicação fácil e breve Baixa acurácia para diagnóstico de comprometimento cognitivo leve (CCL)
Montreal Cognitive Assessment (MoCA)[11]	Aplicação breve Boa acurácia, porém, limitações quanto a baixos níveis de escolaridade Avalia função executiva, atenção, linguagem, controle inibitório, memória e orientação
Cambridge Cognitive Test (CAMCog)[12-14]	Aplicação demorada Requer treinamento específico Sensibilidade e especificidade acima de 80% Resultado influenciado pelo nível de escolaridade
Teste do Desenho do Relógio (TDR)[15]	Aplicação fácil e rápida Não sofre influência da escolaridade
Testes de fluências verbais semântica e fonêmica[16]	Aplicação fácil e rápida
Bateria breve de rastreio cognitivo de Nitrini[17-19]	Oferece boa avaliação do domínio amnéstico Contém outras testagens como teste do relógio e fluência verbal Menor influência da escolaridade
Bateria CERAD[20]	Boa acurácia para diagnóstico de CCL Contém fluências verbais, memória, praxias e Teste de Nomeação de Boston (versão reduzida)
Avaliação neuropsicológica[21]	Padrão-ouro para diagnóstico de CCL Requer profissionais treinados e qualificados Alto custo e pouco disponível

CERAD: *The Consortium to Establish a Registry for Alzheimer's Disease.*

Tabela 2 Escalas de avaliação funcional

Índice de Pfeffer[22,23]	Avalia independência para realizar atividades instrumentais de vida diária
Lawton & Brody[24]	Avalia independência para realizar atividades instrumentais de vida diária
Katz	Avalia a autonomia para realizar atividades básicas da vida diária

demência. As escalas de funcionalidade são, em sua maioria, aplicadas com a ajuda de um cuidador ou familiar próximo ao paciente, levando em conta sua percepção subjetiva. Em alguns casos selecionados, poderá ser necessária a realização de uma avaliação ecológica, na qual um profissional especializado avaliará a capacidade de realização das atividades instrumentais de vida diária (AIVD) de forma direta e objetiva. Em vista disso, após essa investigação, pode-se incluir os indivíduos que conservam a autonomia das AIVD, em tarefas como administração das finanças, compras no mercado, manejo das medicações e uso do transporte público, dentro do diagnóstico de CCL[24].

EXAMES COMPLEMENTARES

Durante a elaboração diagnóstica do CCL é indispensável a investigação complementar com a realização de exames laboratoriais e de neuroimagem. Dentre os exames laboratoriais, devem estar presentes hemograma, glicemia de jejum, função tireoidiana, função renal, eletrólitos, por exemplo, sódio, potássio e cálcio, função hepática, dosagem de vitamina B12 e sorologias como HIV e sífilis.

Dentre os exames de neuroimagem estrutural, a tomografia de crânio costuma ser útil para a avaliação de eventos vasculares, hidrocefalias, hematomas e neoplasias. A ressonância magnética de crânio é de extrema utilidade para a análise do padrão de atrofia cerebral típico de quadros neurodegenerativos, como a atrofia mesial temporal e em região parietal posterior na doença de Alzheimer. Em estágios iniciais, os exames de neuroimagem funcional, como a tomografia por emissão de pósitrons com fluordeoxiglicose (FDG-PET), podem indicar estados de disfunção sináptica nas regiões acometidas. Na DA, o exame de FDG-PET tipicamente demonstra hipometabolismo glicolítico em regiões temporoparietais e na porção posterior do giro do cíngulo. Ainda pouco disponíveis na prática clínica, porém com resultados promissores no diagnóstico precoce da DA, temos os exames de neuroimagem molecular, como o PET com ligante para beta-amiloide (PET-βA) e o PET com ligante para proteína tau (PET-tau), que buscam identificar os marcadores específicos da fisiopatologia da DA[25].

A pesquisa por biomarcadores liquóricos é de grande relevância para pacientes com patologia Alzheimer e leva em consideração a dosagem das concentrações de peptídeo beta-amiloide$_{42}$ (βA_{42}), da proteína tau total (T-tau) e da proteína tau hiperfosforilada (P-tau). A redução da concentração de peptídeo βA_{42} e o aumento das concentrações de T-tau e P-tau no liquor representa o padrão característico da demência na DA, também chamado de "assinatura patológica da DA". Observa-se que a presença desses marcadores em pacientes com CCL amnéstico relaciona-se a um risco aumentado de evolução para esse quadro demencial. Apesar de pouco disponíveis na prática clínica, o uso dos biomarcadores liquóricos costuma ser especialmente útil em casos de evolução rapidamente progressiva ou nos casos de demência de início precoce, isto é, antes dos 65 anos[26].

Os biomarcadores liquóricos são rotineiramente mais utilizados em ambientes de pesquisa tanto pelo custo como pelo fato de que carecem de valores de referência amplamente validados para a população brasileira. Cabe comentar que, quando utilizado em populações pré-demenciais, o resultado positivo não necessariamente indica que o indivíduo desenvolverá DA, pois a ocorrência da síndrome demencial depende de múltiplos fatores que interagem entre si. Portanto, o uso de biomarcadores deve ser cuidadosamente avaliado na prática clínica quanto ao seu potencial de trazer benefícios aos pacientes sem diagnóstico de demência.

TRATAMENTO NÃO FARMACOLÓGICO E FARMACOLÓGICO

Dentre as diferentes estratégias para evitar a progressão do CCL para uma síndrome demencial, destacam-se, como padrão-ouro, as intervenções não farmacológicas. Elas constituem o controle dos fatores de risco modificáveis e as intervenções em estimulação cognitiva por profissionais habilitados. As intervenções farmacológicas terão maior utilidade na fase de conversão para a demência, conforme veremos adiante.

Tratamento não farmacológico

O tratamento não farmacológico envolve, primordialmente, a estimulação cognitiva. O profissional deverá direcionar o paciente, visando o aprendizado de habilidades e técnicas para lidar com as limitações da vida instrumental diária e, dessa forma, manter o bom desempenho e autonomia quanto a essas atividades. Essa estratégia recruta redes neuronais mais íntegras e preservadas para promover o aprendizado de novas informações e aplicá-las na vida cotidiana[27].

O controle adequado dos fatores de risco modificáveis está associado a uma redução de mais de 30% na probabilidade de progressão para demência. O tratamento dos fatores de risco se mostra, atualmente, como a principal possibilidade terapêutica de prevenção quanto ao avanço do declínio cognitivo, sobretudo naqueles de natureza vascular. Em uma metanálise, evidenciou-se que a realização de atividade física de moderada a alta intensidade poderia ser considerada um fator de proteção para o declínio cognitivo, trazendo benefícios para funções executivas e atencionais, além dos benefícios adicionais do exercício físico para prevenção de depressão, doenças cardiovasculares e melhora da qualidade de vida[28]. Do ponto de vista nutricional, a dieta mediterrânea foi associada a uma menor taxa de declínio cognitivo na população, possivelmente por conta do efeito cumulativo desse padrão alimentar. Também já foi observado que pacientes que receberam suplementação de vitaminas B1, B12 e ácido fólico apresentaram menos atrofia cerebral, embora ainda não exista consenso entre as autoridades de saúde mundiais quanto à recomendação dessa suplementação para pacientes com esse perfil[29-33].

Tratamento farmacológico

No momento, não há recomendação de tratamentos farmacológicos aprovados para o CCL. Estudos avaliaram o uso de altas doses de vitamina E e outras medicações, como donepezila, em pacientes com CCL amnéstico. Foi encontrada inicialmente uma redução da taxa de conversão para DA em pacientes portadores do alelo e4 da APOE, no entanto não houve benefício comprovado ao longo dos 36 meses subsequentes. A introdução de medicamentos anticolinesterásicos para pacientes com patologia de DA identificada ainda é motivo de debate. Não existe um consenso quanto a essa indicação terapêutica[5].

VINHETA CLÍNICA

Comparece a uma consulta médica ambulatorial a paciente F. S., de 66 anos, natural e procedente de São Paulo, aposentada há 3 anos, casada, teve três filhos, ensino superior completo em Pedagogia, trabalhou a maior parte da vida como professora em escola primária, católica, mora com o marido e o filho mais novo de 22 anos. Vem em consulta junto com o marido, pois este observou que esposa está "mais repetitiva" há aproximadamente 1 ano, por vezes esquece datas comemorativas da família e deixa contas bancárias vencerem sem pagamento, o que difere de seu funcionamento habitual. O familiar relata que a paciente tem se esquecido de tomar seus próprios remédios e observou um incremento do uso de álcool, de 1 a 2 latas de cerveja diariamente, nos últimos meses.

F. S. confirma alguns esquecimentos, admite que às vezes não se lembra se tomou suas medicações, mas atribui as dificuldades a uma sobrecarga quanto às tarefas domésticas e auxílio que presta no comércio da filha. Ao ser questionada sobre sua disposição e humor, relata que nos últimos meses tem menor interesse nas atividades cotidianas, nota maior indisposição pela manhã e queixa-se de dores em diferentes localidades no corpo. Paciente apresenta como comorbidades hipertensão arterial, dislipidemia e hipotireoidismo. Realizou três cirurgias cesarianas e uma bariátrica há 15 anos.

Nega antecedentes psiquiátricos. Acredita que a mãe tinha um quadro de demência, com prejuízos amnésticos importantes. Questionada sobre sua medicação, relata uso de: enalapril 20 mg 12/12 h; hidroclorotiazida 25 mg pela manhã; sinvastatina 20 mg à noite; levotiroxina 100 mcg em jejum; omeprazol 20 mg por dia.

O exame físico da paciente revelou: bom estado geral, corada, hidratada, anictérica, acianótica, eupneica, FC = 86 bpm; PA = 148 × 98 mmHg, peso = 89 kg; altura = 165 cm; IMC = 32,69 kg/m²; ausculta pulmonar e cardíaca sem alterações; abdome globoso, flácido, sem anormalidades; membros inferiores com presença de discretas veias varicosas, sem sinais de empastamento. Exame neurológico sem anormalidades.

Durante as testagens cognitivas, optou-se pela aplicação do MoCA, em razão da alta escolaridade da paciente, com o seguinte resultado: pontuação final 25/30 (considerando o ponto de corte de 26/30). Apresentou prejuízo na evocação tardia, beneficiando-se parcialmente de pistas, prejuízo atencional e visuoespacial.

Foi aplicada as escalas cognitivas Pfeffer e Katz junto ao marido, para avaliação funcional preliminar. Obtendo as pontuações de 3/30 na Pfeffer e 6/6 na Katz.

Foram então solicitados exames laboratoriais e RM de crânio.

No retorno, a paciente trouxe os resultados dos exames:

- RM crânio: focos de hipersinal em T2/*flair* compatíveis com presença de gliose ou microangiopatia. Redução volumétrica compatível com a faixa etária. Presença de lesões expansivas.
- Os exames laboratoriais apresentavam algumas alterações: vitamina B12 170 pg/mL; glicemia de jejum 110 mg/dL; colesterol total 219 mg/dL; LDL 151 mg/dL; vitamina D 11 ng/mL.

Nesse segundo atendimento, com maior confiança no médico assistente, F. S. revela que se sente mais entristecida que o habitual há bastante tempo, já não sente mais prazer em estar com os familiares ou sair com as amigas. Revela dificuldades no relacionamento conjugal e intensa preocupação em relação a sua filha. Fala da perda da libido e da sua falta de energia. Diz que o álcool alivia um pouco as suas angústias e a deixa mais calma, principalmente à tarde, quando fica mais ansiosa.

Comentários

A paciente apresentou inicialmente queixas cognitivas e alterações de humor, agravadas pelo uso frequente de álcool, com crítica parcial a respeito de seu adoecimento. Apresenta antecedentes clínicos que contribuem para essas patologias como hipertensão arterial, dislipidemia, hipotireoidismo, obesidade grau 1 e o próprio uso de álcool. Ao ser realizada uma investigação mais detalhada, foi observado o resultado da testagem abaixo do esperado para a paciente e um prejuízo principalmente amnéstico, englobando outros dois domínios cognitivos. No entanto, teve mínimo prejuízo funcional, ainda sem impacto significativo em sua autonomia.

Além disso, os exames laboratoriais revelaram que as comorbidades não estavam bem controladas e havia a presença de hipovitaminose de vitamina B12 e vitamina D. Não foram encontradas alterações no exame de neuroimagem.

Considerando os dados disponíveis, foram elaboradas as seguintes hipóteses diagnósticas: comprometimento cognitivo leve amnéstico e múltiplos domínios; episódio depressivo leve com sintomas ansiosos; uso nocivo de álcool. Na condução do caso, optou-se por realizar o tratamento do quadro de humor com uso de antidepressivos e a reposição de vitaminas D e B12. Foi realizado o encaminhamento para nutricionista e educador físico, e recomendado o acompanhamento clínico para melhor controle dos fatores de risco. A paciente foi orientada quanto aos riscos desse padrão de uso do álcool e quanto à importância de manter o tratamento psiquiátrico para auxiliá-la em relação ao uso de substância e ao quadro de humor. Por fim, foram programadas novas testagens cognitivas a cada 6 meses, para acompanhamento.

APONTAMENTOS SURGIDOS NA PRÁTICA CLÍNICA

Muitos casos de CCL ocorrem concomitantemente ou são mesmo causados por deficiências vitamínicas. Dessa forma, algumas questões se impõem.

Como se pode proceder a reposição de vitamina B12?

Pode-se repor a vitamina B12 por via parenteral e via oral. Em razão da presença de possibilidade de má-absorção vitamínica, dado o antecedente de cirurgia bariátrica, bem como parte dos sintomas cognitivos e de humor potencialmente poderem ser atribuídos ao baixo valor sérico, neste caso, idealmente a reposição deverá ser, a princípio, por via parenteral. Uma sugestão seria a aplicação de cianocobalamina 3.000 mcg na primeira semana e 1.000 mcg/semana por 3 meses. Após esse período, pode-se avaliar os níveis séricos de vitamina B12 e modificar o esquema terapêutico, de modo a intensificar a reposição se níveis baixos ou, em caso de níveis adequados, orientar reposição de 1.000 mcg por via parenteral uma vez por mês ou trocar reposição para 1.000 mcg/dia por via oral diariamente. Nessa fase do tratamento, a duração deve levar em conta a adesão do paciente e a causa da deficiência vitamínica. Em causas potencialmente irreversíveis, recomenda-se manter a reposição indefinidamente com reavaliações periódicas dos níveis séricos dessa vitamina[26].

Como seria possível fazer a reposição de vitamina D?

Existem várias possibilidades de reposição da vitamina D. Uma delas é, inicialmente, repor com uma dose de ataque de 50.000 UI por 6 a 8 semanas e, depois, modificar a reposição para 7.000 UI por semana (1.000 UI/dia), até a estabilização dos níveis séricos.

Episódios depressivos também são bastante comuns nessa faixa etária e, com frequência, estão associados ao CCL. Em relação à terapia farmacológica para os sintomas depressivos, qual tratamento recomendar?

Em linhas gerais, o tratamento farmacológico para o episódio depressivo maior em casos moderados a graves é recomendado. Já em casos leves, se o médico assistente julgar adequado o tratamento medicamentoso poderá recomendar o uso de psicofármacos. Assim, avalia-se uso prévio de medicação com a paciente, tempo de tratamento prévio e resposta a medicações antidepressivas. Também é necessário excluir o antecedente de episódios maniformes ou de hipomania que possa levar ao diagnóstico de transtorno afetivo bipolar. Caso o paciente não tenha esse antecedente e nunca realizou tratamento, inicialmente opta-se pelos inibidores seletivos de recaptação de serotonina. Algumas possibilidades de medicações seriam iniciar com sertralina 50 mg ou escitalopram 10 mg e reavaliar os sintomas e a tolerância da medicação por 1 a 2 semanas e, depois, com periodicidades de 2 a 8 semanas, a depender do caso e a critério do médico prescritor. Nos retornos, deve-se avaliar resposta à terapia proposta, a necessidade de troca de medicação ou a otimização do tratamento.

REFERÊNCIAS BIBLIOGRÁFICAS

1. Livingston G, Sommerlad A, Orgeta V, Costafreda SG, Huntley J, Ames D, et al. Dementia prevention, intervention, and care. Lancet. 2017;390(10113):2673-734.
2. Petersen RC. Mild cognitive impairment. Lancet. 2016;367(9527):1979.
3. Livingston G, Huntley J, Sommerlad A, Ames D, Ballard C, Banerjee S, et al. Dementia prevention, intervention, and care: 2020 report of the Lancet Commission. Lancet. 2020;396(10248):413-46.
4. Pais M, Martinez L, Ribeiro O, Loureiro J, Fernandez R, Valiengo L, et al. Early diagnosis and treatment of Alzheimer's disease: new definitions and challenges. Braz J Psych. 2020;42(4):431-441.
5. Diniz BS, Nunes PV, Yassuda MS, Pereira FS, Flaks MK, Viola LF, et al. Mild cognitive impairment: cognitive screening or neuropsychological assessment? Rev Bras Psiq. 2008;30(4):316-21.
6. American Psychiatric Association. Diagnostic and Statistical Manual of Mental Disorders. 5.ed. Washington: American Psychiatric Association, 2013.

7. World Health Organization. ICD-11 - Mortality and Morbidity Statistics. WHO Int. 2019. Disponível em: https://icd.who.int/browse11/l-m/en.
8. Forlenza OV, Diniz BS, Stella F, Teixeira AL, Gattaz WF. Mild cognitive impairment (part 1): clinical characteristics and predictors of dementia. Rev Bras Psiq. 2013;35(2):178-85.
9. Lorena Chaves M, Luiza Camozzato A, Godinho C, Piazenski I, Kaye J. Incidence of mild cognitive impairment and Alzheimer disease in Southern Brazil. J Geriatric Psychiatry Neurol. 2009;22(3):181-7.
10. Folstein MF, Folstein SE, McHugh PR. Mini-mental state. J Psychiatr Res. 1975;12(3):189-98.
11. Nasreddine ZS, Phillips NA, Bedirian V, Charbonneau S, Whitehead V, Collin I, et al. The Montreal Cognitive Assessment, MoCA: A brief screening tool for mild cognitive impairment. J Am Geriatrics Soc. 2005;53(4):695-9.
12. Nunes PV, Diniz BS, Radanovic M, Abreu ID, Borelli DT, Yassuda MS, et al. CAMcog as a screening tool for diagnosis of mild cognitive impairment and dementia in a Brazilian clinical sample of moderate to high education. Int J Geriatric Psych. 2008;23(11):1127-33.
13. Radanovic M, Facco G, Forlenza OV. Sensitivity and specificity of a briefer version of the Cambridge Cognitive Examination (CAMCog-Short) in the detection of cognitive decline in the elderly: an exploratory study. Int J Geriatric Psych. 2018;33(5):769-78.
14. Roth M, Tym E, Mountjoy CQ, Huppert FA, Hendrie H, Verma S, et al. CAMDEX: A standardised instrument for the diagnosis of mental disorder in the elderly with special reference to the early detection of dementia. Br J Psych. 1986;149(6):698-709.
15. Freedman M, Leach L, Kaplan E, Winocur G, Shulman KI, Delis DC. Clock drawing: a neuropsychological analysis. Oxford University Press, 1994.
16. Sanchez MA dos S, Correa PCR, Lourenço RA. Cross-cultural adaptation of the "Functional Activities Questionnaire - FAQ" for use in Brazil. Dementia & Neuropsychol. 2011;5(4):322-7.
17. Nitrini R, Lefèvre BH, Mathias SC, Caramelli P, Carrilho PE, Sauaia N, et al. Neuropsychological tests of simple application for diagnosing dementia. Arq Neuro-Psiq 1994;52(4):457-65.
18. Nitrini R, Caramelli P, Herrera Júnior E, Porto CS, Charchat-Fichman H, Carthery MT, et al. Performance of illiterate and literate nondemented elderly subjects in two tests of long-term memory. JINS. 2004;10(4):634-8.
19. Nitrini R, Brucki SMD, Smid J, Carthery-Goulart MT, Anghinah R, Areza-Fegyveres R, et al. Influence of age, gender and educational level on performance in the Brief Cognitive Battery-Edu. Dementia & Neuropsychol. 2008;2(2):114-8.
20. Moms JC, Heyman A, Mohs RC, Hughes JP, van Belle G, Fillenbaum G, et al. The Consortium to Establish a Registry for Alzheimer's Disease (CERAD). Part I. Clinical and neuropsychological assessment of Alzheimer's disease. Neurol. 1989;39(9):1159-9.
21. Virtuoso Junior JS, Santos RL. Reliability of the Brazilian version of the Scale of Instrumental Activities of Daily Living. Rbps. 2008;21(4):290-6.
22. Pfeffer RI, Kurosaki TT, Harrah CH, Chance JM, Filos S. Measurement of functional activities in older adults in the community. J Gerontol. 1982;37(3):323-9.
23. Assis LO, Assis MG, Paula JJ, Malloy-Diniz LF. O Questionário de Atividades Funcionais de Pfeffer: Revisão Integrativa da Literatura Brasileira. Estudos Interd Envelhecimento. 2015;20(1).
24. Lawton MP, Brody EM. Assessment of older people: self-maintaining and instrumental activities of daily living. Gerontologist. 1969;9(3 Part 1):179-86.
25. Sengoku R. Aging and Alzheimer's disease pathology. Neuropathol. 2019;40(1):22-9.
26. Sanford AM. Mild cognitive impairment. Clin Geriatric Med. 2017;33(3):325-37.
27. Jongsiriyanyong S, Limpawattana P. Mild Cognitive impairment in clinical practice: a review article. Am J Alzheimer's Dis Other Dem. 2018;33(8):500-7.
28. Law C-K, Lam FM, Chung RC, Pang MY. Physical exercise attenuates cognitive decline and reduces behavioural problems in people with mild cognitive impairment and dementia: a systematic review. J Physiotherapy. 2020;66(1):9-18.

29. McGrattan AM, McEvoy CT, McGuinness B, McKinley MC, Woodside JV. Effect of dietary interventions in mild cognitive impairment: a systematic review. Br J Nutrition. 2018;120(12):1388-405.
30. Ribeiro FS, de Oliveira Duarte YA, Santos JLF, Leist AK. Changes in prevalence of cognitive impairment and associated risk factors 2000-2015 in São Paulo, Brazil. BMC Geriatrics. 2021;21(1).
31. Scarmeas N, Anastasiou CA, Yannakoulia M. Nutrition and prevention of cognitive impairment. Lancet Neurol. 2018;17(11):1006-15.
32. Reijnders J, van Heugten C, van Boxtel M. Cognitive interventions in healthy older adults and people with mild cognitive impairment: a systematic review. Ageing Res Rev. 2013;12(1):263-7.
33. Means Jr RT, Fairfield KM. Treatment of vitamin B12 and folate deficiences. In: Takemoto CM, Tirnauer JS, Kunins L (eds.). UpToDate. Waltham: UpToDate, 2022. Acesso em: 14 Set.2022.
34. Olchik MR, Farina J, Steibel N, Teixeira AR, Yassuda MS. Memory training (MT) in mild cognitive impairment (MCI) generates change in cognitive performance. Arch Gerontol Geriatrics. 2013;56(3):442-7.

9
Doença de Alzheimer

Ricardo Vieira Nasser
Aline Siqueira de Souza

INTRODUÇÃO

A doença de Alzheimer (DA) é uma doença neurodegenerativa, cujas alterações neuropatológicas se iniciam décadas antes do surgimento dos sintomas clínicos[1]. A DA pode ser dividida em três estágios principais: fase pré-clínica (assintomática), fase prodrômica e demência. Durante a fase pré-clínica, os sintomas não estão manifestos, mas é possível identificar alterações em biomarcadores indicativos do processo fisiopatológico da DA. A fase prodrômica, por sua vez, pode ser compreendida como um estágio chamado comprometimento cognitivo leve (ou transtorno neurocognitivo leve). Nessa fase, uma investigação já pode ser feita, direcionando a conduta terapêutica[2].

EPIDEMIOLOGIA

A DA constitui a causa mais comum de demência neurodegenerativa, seja nas formas senil (i. e., quando o início dos primeiros sintomas ocorre com 65 anos ou mais) ou pré-senil (i. e., quando o início é antes dos 65 anos). A DA contribui para 60 a 70% do total de casos de demência no mundo[1].

Em dados norte-americanos, aproximadamente 3% dos casos de DA são pré-senis, em que os sintomas se iniciam antes dos 65 anos[3]. Quanto ao gênero, 2/3 dos casos de demência são em mulheres, tendo estas o dobro de risco de desenvolver DA ao longo da vida quando comparadas aos homens[4].

Nas últimas duas décadas, os Estados Unidos e a Europa Ocidental tiveram redução na incidência de demência na DA, o que foi explicado em razão do investimento em escolarização e controle dos fatores de risco cardiovasculares[4].

No Brasil, acredita-se que a DA, bem como outras demências, segue sendo subdiagnosticada. Em estudo recente brasileiro com 9.412 indivíduos de ≥ 50 anos, 0,75% da amostra recebeu diagnóstico de DA, sendo que em pessoas com pelo menos 80 anos a prevalência foi de 4,56%[5].

ETIOPATOGENIA

O principal fator de risco relacionado à DA é a idade. Em menos de 1% dos casos de demência na DA é encontrada uma das mutações genéticas com herança autossômica dominante – genes da proteína precursora amiloide (APP), presenilina 1 (PSEN-1) ou presenilina 2 (PSEN-2), com penetrância próxima a 100%[1].

Entretanto, acredita-se que diversos genes estejam envolvidos na gênese da DA, sendo o papel de cada um ainda incerto. Já foram descobertos genes envolvidos na cascata beta-amiloide, como *APP*, *PSEN1* e *PSEN2*; genes envolvidos no metabolismo do colesterol e *clearance* beta-amiloide, como o *APOE*; vias lisossomais e vias imunológicas e de endocitose. O polimorfismo do *APOE*, em particular, é relativamente frequente na população e pode configurar risco aumentado de demência quando presente o alelo APOE ε4, enquanto carreadores do alelo APOE ε2 têm menor risco de desenvolverem demência[4] (ver Tabela 1).

Tabela 1 Fatores de risco para a doença de Alzheimer[4]

Não modificáveis	Modificáveis
Idade (principal)	Risco: diabetes, hipotensão ortostática, estresse, depressão, hipertensão, traumatismo cranioencefálico, obesidade na meia-idade, cirurgia de revascularização miocárdica. Outros fatores de risco: distúrbios do sono como síndrome da apneia e hipopneia obstrutiva do sono (causalidade incerta), infecção pelo herpes-vírus tipos 1 ou 2 ou varicela-zóster.
Genética • Polimorfismo APOE ε4 (principal; não é biomarcador)	Proteção: maior escolaridade, maior índice de massa corporal em idosos e maior participação em atividades com estimulação cognitiva.

FISIOPATOGENIA

A fisiopatologia da DA é essencialmente caracterizada pelos depósitos extracelulares de placas senis ou neuríticas (PN), decorrentes de acúmulo de polímeros do peptídeo beta-amiloide; e por depósitos intracelulares de emaranhados neurofibrilares (ENF), decorrentes da hiperfosforilação da proteína tau[6].

Uma hipótese bastante conhecida e considerada central para a fisiopatogenia da DA é a da cascata amiloide. Peptídeos beta-amiloide são formados a partir da clivagem da proteína precursora amiloide, codificada pelo gene *APP*, localizado no cromossomo 21. A clivagem não patogênica da proteína precursora amiloide é feita pela enzima alfa-secretase. Quando, por outro lado, ocorre clivagem alternativa e sequencial pelas enzimas beta-secretase e gama-secretase, são formados peptídeos beta-amiloide contendo 40 ou 42 aminoácidos (dos quais o com 42 aminoácidos é o mais patogênico). Tais peptídeos beta-amiloide formam oligômeros insolúveis e tóxicos, que se depositam no espaço extracelular, provocando reação inflamatória local, levando a uma cascata de eventos que culminam em morte neuronal e no acúmulo de PN[1].

Um dado importante é que indivíduos com síndrome de Down possuem maior chance de ter DA ao longo da vida, por terem um cromossomo 21 a mais, o que aumenta a chance de sofrerem mutações no gene da APP. A gama-secretase é um complexo formado por, dentre outras proteínas, a presenilina 1 (PSEN-1) e a presenilina 2 (PSEN-2)[1].

Também vale a pena mencionar que o acúmulo de peptídeos beta-amiloide pode se dar por meio da redução do *clearance* amiloide. Normalmente os peptídeos beta-amiloide não patogênicos sofrem metabolismo e são eliminados, mas em casos de polimorfismos do gene APOE – especificamente alelos ε4, esse *clearance* é reduzido, o que faz com que ocorra maior acúmulo de beta-amiloide e, consequentemente, antecipação do fenótipo demência na DA[1].

O peptídeo beta-amiloide pode também se depositar na parede dos vasos, causando a angiopatia amiloide cerebral, sendo o polimorfismo APOE um fator de risco nesse caso[1].

De qualquer maneira, a formação de PN é condição necessária, mas não suficiente, para o surgimento da demência, além de regiões onde há depósito amiloide não guardarem relação com o quadro clínico[1].

Já os ENF são formados a partir da hiperfosforilação da proteína tau, que ajuda na integridade do citoesqueleto (junto com a proteína tubulina). Quando ocorre hiperfosforilação, a proteína tau se agrega em filamentos helicoidais pareados, que tendem a se localizar junto ao corpo celular do neurônio como ENF[1,6].

A propagação dos ENF guarda relação com o declínio cognitivo e pode ser estadiada de acordo com os estágios de Braak. Antes do estágio I, há acometimento de regiões do tronco encefálico, como o *locus coeruleus* e o núcleo dorsal da rafe. Os estágios I e II de Braak acometem o núcleo basal de Meynert, o córtex transentorrinal e o hipocampo. O núcleo basal de Meynert acumula neurônios colinérgicos, levando à hipótese do déficit colinérgico no alvo do tratamento sintomático da DA. Os estágios III e IV acometem regiões límbicas e é quando se torna mais evidente a síndrome cognitiva comportamental da DA, enquanto os estágios V e VI, chamados de neocorticais, acometem todas as regiões corticais[1].

Os ENF por si só não levam categoricamente à demência na DA, uma vez que foram encontrados ENF em idosos assintomáticos, na condição denominada taupatia primária relacionada à idade (PART). Porém, admite-se que a formação de PN induza a formação de ENF.

A evidência para essa hipótese é que mutações do gene *MAPT* levam à degeneração lobar frontotemporal (DLFT), enquanto mutações da APP levam ao declínio cognitivo da DA[1].

APRESENTAÇÃO CLÍNICA

A DA costuma manifestar-se inicialmente com a forma típica amnéstica, ocorrendo em 88% do total de casos[4]. Outras apresentações atípicas e menos frequentes começam com predomínio de alterações da linguagem, das habilidades visuoespaciais, das funções executivas ou motoras complexas. As formas atípicas (geralmente pré-senis) mais comuns são a variante logopênica da afasia progressiva primária (APPvl) e a visuoespacial-apráxica da DA, chamada atrofia cortical posterior (ACP); e as menos comuns são a síndrome corticobasal (SCB) e a variante comportamental e disexecutiva (DAvcd)[3].

Um dado interessante mostrado em revisão recente é que, dos pacientes com início antes dos 60 anos, 26% manifestaram inicialmente sintomas não amnésticos em comparação a 10% nos pacientes de 70 a 79 anos e a 6% nos com mais de 79 anos[3].

A DA amnéstica tem caracterização semelhante nas formas senil e pré-senil, com prejuízo progressivo da memória episódica. Na forma pré-senil, particularmente, o declínio se dá de maneira mais rápida; além disso, ocorre maior prejuízo em atenção, linguagem, funções visuoespaciais e funções executivas. O exame neurológico pode ser normal ou apresentar reflexos primitivos (estes se tornam mais comuns conforme a evolução da DA)[3].

No quadro clínico da ACP, geralmente há dificuldades em encontrar objetos dentro do seu campo visual, de dirigir, de navegar em superfícies irregulares, de juntar objetos ou se vestir. Médicos inexperientes podem confundir tais sintomas com doença psiquiátrica, simulação ou doença ocular primária. O exame neurológico nesses casos é crucial. No exame neurológico, podem ser encontradas simultaneagnosia, ataxia óptica e apraxia oculomotora, tríade conhecida como síndrome de Balint; ou desorientação direita/esquerda, agnosia dos dedos, discalculia e disgrafia – síndrome de Gerstman; prosopagnosia (não reconhecer rostos conhecidos) e alexia. 96% dos casos de ACP são decorrentes de DA[3].

Os sintomas primários de pacientes com DAvl são *word-finding*, circunlóquios e parafasias fonêmicas (p. ex., troca de caneta por baneta). A avaliação neuropsicológica é de grande valia nesses casos para diferenciar a APPvl das variantes semântica e agramática/não fluente da APP, cujo substrato neuropatológico é a degeneração lobar frontotemporal. Em geral, na APPvl, a compreensão semântica e a estrutura gramatical são poupadas inicialmente[3].

A DAvcd corresponde a cerca de 2% dos casos de DA, mas 7 a 20% dos casos diagnosticados clinicamente como demência frontotemporal apresentam patologia de DA. Tais pacientes possuem acometimento inicial das funções executivas: dificuldade com multitarefa, planejamento, organização e execução de projetos; ou alterações da personalidade e do comportamento[3].

A SCB é um termo guarda-chuva, que mais comumente está relacionado a uma taupatia 4R, mas também pode estar relacionado à DA (taupatia 3R e 4R)[7]. Os sintomas podem ser parkinsonismo assimetricamente resistente à levodopa, apraxia de membros e comprometimento cognitivo. Mioclonia, distonia, fenômeno da mão alienígena e perda sensorial cortical também podem estar presentes[3].

DIAGNÓSTICO

A DA pode se apresentar como declínio cognitivo subjetivo (aqueles pacientes com queixa, mas sem evidência objetiva de comprometimento cognitivo), comprometimento cognitivo leve (CCL), já descrito em outro capítulo, ou demência. A demência na DA é definida pelo prejuízo em dois ou mais domínios cognitivos associado a prejuízo significativo em atividades instrumentais de vida diária[6].

Critérios diagnósticos

Para o diagnóstico de demência na doença de Alzheimer, ou transtorno neurocognitivo maior decorrente de doença de Alzheimer, podem ser usados os critérios da Academia Brasileira de Neurologia ou o DSM-5, sendo que o primeiro usa a denominação demência e o segundo, TNM. Nas Quadros 1 e 2, são elencados os critérios dos dois manuais.

Anamnese

A anamnese de um paciente com queixa cognitiva ou comprometimento cognitivo observado é de crucial importância. Primeiramente, é essencial a presença de informante confiável, que conheça bem o paciente. O médico psiquiatra deve saber instigar o informante a se lembrar de quando os primeiros sintomas ou sinais de comprometimento cognitivo ou alterações do comporta-

Quadro 1 Diagnóstico da demência da doença de Alzheimer

Demência da doença de Alzheimer provável
Preenche critérios para demência e tem adicionalmente as seguintes características:
I. Início insidioso (meses ou anos).
II. História clara ou observação de piora cognitiva.
III. Déficits cognitivos iniciais e mais proeminentes em uma das seguintes categorias: Apresentação amnéstica (deve haver outro domínio afetado). Apresentação não amnéstica (deve haver outro domínio afetado). Linguagem (lembranças de palavras). Visuoespacial (cognição espacial ou agnosia para objetos ou faces e alexia). Funções executivas (alteração do raciocínio, julgamento e solução de problemas).
IV. Tomografia ou, preferencialmente, ressonância magnética do crânio deve ser realizada para excluir outras possibilidades diagnósticas ou comorbidades, principalmente a doença vascular cerebral.
V. O diagnóstico de demência da DA provável não deve ser aplicado quando houver: • Evidência de doença cerebrovascular importante definida por história de AVC temporalmente relacionada ao início ou piora do comprometimento cognitivo; ou presença de infartos múltiplos ou extensos; ou lesões acentuadas na substância branca evidenciadas por exames de neuroimagem. • Características centrais de demência com corpos de Lewy (alucinações visuais, parkinsonismo, distúrbio comportamental do sono REM e flutuação cognitiva). • Características proeminentes da variante comportamental da demência frontotemporal (hiperoralidade, hipersexualidade, perseveração). • Características proeminentes de afasia progressiva primária manifestando-se como a variante semântica (com discurso fluente, anomia e dificuldades de memória semântica) ou como a variante não fluente (com agramatismo e/ou apraxia de fala importante). • Evidência de outra doença concomitante e ativa, neurológica ou não, ou de uso de medicação que pode ter efeito substancial sobre a cognição.

Fonte: modificado de Schilling, 2022[6].

Quadro 2 Critérios diagnósticos para transtorno neurocognitivo maior ou leve decorrente de doença de Alzheimer – adaptado do DSM-5[8]

A. São atendidos os critérios para transtorno neurocognitivo maior ou leve.
B. Há surgimento insidioso e progressão gradual de prejuízo em um ou mais domínios cognitivos (no caso de transtorno neurocognitivo maior, pelo menos dois domínios devem estar prejudicados).
C. Os critérios são atendidos para doença de Alzheimer provável ou possível, do seguinte modo: **Para transtorno neurocognitivo maior:** Provável doença de Alzheimer é diagnosticada se qualquer um dos seguintes está presente; caso contrário, deve ser diagnosticada possível doença de Alzheimer.

(continua)

Quadro 2 Critérios diagnósticos para transtorno neurocognitivo maior ou leve decorrente de doença de Alzheimer – adaptado do DSM-5[8] (*continuação*)

1. Evidência de uma mutação genética causadora de doença de Alzheimer a partir de história familiar ou teste genético. 2. Todos os três a seguir estão presentes: a. Evidências claras de declínio na memória e na aprendizagem e em pelo menos outro domínio cognitivo (com base em história detalhada ou testes neuropsicológicos em série). b. Declínio constantemente progressivo e gradual na cognição, sem platôs prolongados. c. Ausência de evidências de etiologia mista (i.e., ausência de outra doença neurodegenerativa ou cerebrovascular ou de outra doença ou condição neurológica, mental ou sistêmica provavelmente contribuindo para o declínio cognitivo).
Para transtorno neurocognitivo leve: Provável doença de Alzheimer é diagnosticada se há evidência de alguma mutação genética causadora de doença de Alzheimer, constatada em teste genético ou história familiar. Possível doença de Alzheimer é diagnosticada se não há evidência de mutação genética causadora de doença de Alzheimer, de acordo com teste genético ou história familiar, com presença de todos os três a seguir: 1. Evidências claras de declínio na memória e na aprendizagem. 2. Declínio constantemente progressivo e gradual na cognição, sem platôs prolongados. 3. Ausência de evidências de etiologia mista (i.e., ausência de outra doença neurodegenerativa ou cerebrovascular ou de outra doença ou condição neurológica ou sistêmica provavelmente contribuindo para o declínio cognitivo).
D. A perturbação não é mais bem explicada por doença cerebrovascular, outra doença neurodegenerativa, efeitos de uma substância ou outro transtorno mental, neurológico ou sistêmico

mento começaram; se esse declínio está sendo consistente e progressivo ou se em degraus – este último diz mais a favor de um declínio pós-evento isquêmico –, bem como quais domínios são acometidos. É também importante lembrar que o diagnóstico de demência não pode ser realizado na vigência de *delirium* (estado confusional agudo)[9].

É importante fazer perguntas como: o paciente está mais repetitivo, esquecendo de se lembrar de compromissos ou pagando contas atrasado? (memória recente/episódica); está tendo problemas para dirigir, dificuldade de localizar itens dentro do campo visual ou problemas para reconhecer faces ou objetos? (visuoespacial); tem *word-finding*, problemas na compreensão de frases, perda de fluência do discurso, erros de soletração, problemas na escrita ou leitura? (linguagem); problemas para organizar, *multitasking*, ou para manter o foco, distraibilidade, problemas de julgamento ou tomada de decisões? (funções executivas)[9].

Outras perguntas podem ser importantes não para diagnosticar a demência na DA em si, mas para fazer o diagnóstico diferencial com outras etiologias de demência. No caso do diagnóstico diferencial com alfa sinucleopatias, identificar ou perguntar sobre parkinsonismo sobretudo espontâneo (não induzido por neurolépticos); flutuação cognitiva, transtorno comportamental do sono REM, alterações sensoperceptivas como alucinações visuais ou delírios, instabilidade postural e quedas[6]. No caso de diagnóstico diferencial com a demência frontotemporal variante comportamental, perguntar sobre apatia, desinibição, alterações do hábito alimentar e hiperoralidade precoces; comportamentos ritualísticos, perseverantes ou estereotipados e disfunção executiva[10].

Por ser uma síndrome cognitivo-comportamental, a demência na DA se manifesta não apenas com prejuízo de domínios cognitivos, mas também com sintomas neuropsiquiátricos. Na fase leve da demência, são comuns ansiedade, depressão, isolamento social e irritabilidade discretos. Na fase moderada da demência, são comuns maior irritabilidade/labilidade de humor, comportamentos agressivos, delírios ocasionais, maior ansiedade, perambulação e raras alucinações. Na fase grave da demência merecem destaque alucinações e apatia. De todos os sintomas citados, os mais prevalentes são depressão, ansiedade e apatia[4].

Testagem cognitiva

Sugere-se a aplicação de um rastreio cognitivo, como o miniexame do estado mental (MEEM), que é o mais utilizado. Outros testes podem ser utilizados, como o *Montreal Cognitive Assessment* (MoCA), a Bateria Breve de Rastreio Cognitivo (BBRC) ou o exame cognitivo de Addrenbrooke (ver Tabela 2). Adicionalmente, recomenda-se a aplicação conjunta de tarefas breves, porém com alta sensibilidade diagnóstica, como a tarefa de fluência verbal semântica (animais) e teste de aprendizado de palavras, cujo déficit é altamente sugestivo de disfunção do sistema hipocampal[6].

A avaliação neuropsicológica possui indicações específicas: discrepância entre o prejuízo relatado e o detectado em testes cognitivos; queixas cognitivas subjetivas e testes de rastreio normais; ausência de fonte boa de informação; seguimento de pacientes com CCL[6].

A funcionalidade pode ser avaliada por meio de atividades instrumentais de vida diária (AIVD) e atividades básicas de vida diária (ABVD). A escala de Pfeffer avalia AIVD e sua pontuação é de 0 a 30. Quando ≥ 5 pontos, é compatível com comprometimento significativo funcional. Outro instrumento que permitem avaliar AIVD é o *The Informant Questionnaire on Cognitive Decline*

Tabela 2 Rastreio cognitivo na doença de Alzheimer[6]

MEEM	Sua pontuação é de 0 a 30. De acordo com Brucki et al., os cortes conforme escolaridade são: analfabetos < 20; escolaridade 1 a 4 anos < 25; 5-9 anos < 26,5; 9-11 anos < 28. O MEEM é um teste pouco sensível, mas específico para demência. Depende da escolaridade e existe efeito teto, isto é, indivíduos com alta reserva cognitiva podem ter desempenho normal e já apresentarem declínio cognitivo.
MoCA	Sua pontuação é de 0 a 30 e avalia função executiva/visuoespacial, nomeação, memória, atenção, linguagem, abstração, evocação tardia e orientação. Permite avaliar melhor funções executivas, comparado ao MEEM. O MoCA identifica melhor os déficits nos casos de DFTvc e demência com corpúsculos de Lewy, quando comparado ao MEEM.
BBRC	É composta por teste de memória de figuras, fluência verbal semântica e desenho do relógio. É interessante por ter uma aplicação simples e alta sensibilidade inclusive para indivíduos de baixa escolaridade.
Outros	MEEM-grave (aplicar quando MEEM ≤ 10 pontos); *Addenbrook-r*, lista de palavras do CERAD e rastreio cognitivo-10 itens.

BBRC: Bateria Breve de Rastreio Cognitivo; CERAD: *Consortium to Establish a Registry for Alzheimer's Disease*; MEEM: Miniexame do Estado Mental; MoCA: *Montreal Cognitive Assessment.*

in the Elderly (IQCODE). Já o índice de Katz avalia ABVD e mede desempenho nas seguintes atividades: tomar banho, vestir-se, ir ao banheiro, transferir-se, continência e alimentação. O comprometimento de ABVD marca a gravidade da síndrome demencial[6].

Exames laboratoriais

A lista de exames laboratoriais recomendados deve incluir hemograma, concentrações séricas de creatinina, enzimas hepáticas, albumina; perfil lipídico e metabólico; íons (sódio, potássio, cálcio séricos), vitamina B12, TSH, T4 livre, VDRL e, especialmente em casos atípicos ou em situações de suspeita clínica, sorologia anti-HIV[6].

O exame do liquor também deve ser solicitado em pacientes com demência pré-senil, quadros atípicos ou em suspeita de doença inflamatória, priônica ou infecciosa[9].

Neuroimagem estrutural

O uso da tomografia computadorizada (TC) ou a ressonância magnética (RM) de crânio são fundamentais para o diagnóstico adequado da DA, para afastar diagnósticos diferenciais de lesões secundárias ou identificar marcadores biológicos da doença. O padrão mais comum é o de atrofia do lobo temporal mesial, com alterações no volume do hipocampo e na espessura do córtex entorrinal, para os lobos parietal, occipital e frontal ao longo dos anos[11].

Biomarcadores

Neuroimagem molecular

Os processos fisiopatológicos relacionados à DA podem ser alternativamente inferidos por métodos de imagem molecular, como a tomografia por emissão de pósitrons (PET). O fluorodesoxiglicose (FDG)-PET mede a captação de glicose em neurônios e células gliais e é sensível à disfunção sináptica. O padrão típico de FDG-PET alterado na DA é um hipometabolismo em regiões temporoparietal, cingulado posterior, pré-cúneo e temporal medial[11].

Biomarcadores plasmáticos de DA

Os biomarcadores sanguíneos candidatos incluem níveis plasmáticos de Aβ, proteína tau e proteína de cadeia de neurofilamentos leves. A avaliação desses biomarcadores pode fornecer estimativas suficientemente confiáveis de positividade de amiloide cerebral e neurodegeneração[11].

Líquido cefalorraquidiano

O exame do líquido cefalorraquidiano (LCR) é indicado na investigação de demência de início pré-senil (antes dos 65 anos), em casos com apresentação ou curso clínico atípicos, hidrocefalia comunicante e, ainda, qualquer evidência ou suspeita de doença inflamatória, infecciosa ou priônica do sistema nervoso central[6].

Conforme Schilling et al., "O uso da pesquisa de biomarcadores da DA é principalmente indicado em casos em que há dúvida diagnóstica entre DA e outras demências neurodegenerativas que não são do espectro amiloide, por conta da mudança de conduta em relação ao uso de medicações aprovadas para DA, como os inibidores de colinesterase e a memantina. Outra indicação clínica para o uso de biomarcadores liquóricos na propedêutica dos transtornos cognitivos é a predição de demência em casos oligossintomáticos, onde a identificação da assinatura patológica da DA em casos de comprometimento cognitivo leve permite inferir a etiologia subjacente com elevada acurácia"[6]. O desenvolvimento de biomarcadores para diagnóstico e triagem é fundamental para a identificação de indivíduos na fase pré-clínica da doença, na qual existe nossa maior oportunidade de intervenção com terapias modificadoras da doença[11].

Podemos utilizar do sistema de classificação A/T/N para o diagnóstico biológico da DA, sendo "A" (biomarcadores amiloides), "T" (biomarcadores tau) e

"N" (biomarcadores de neurodegeneração). Esse sistema de classificação agrupa todos os principais biomarcadores de DA pelo processo patológico que cada um representa, classificado como positivo ou negativo. Dessa forma, cria-se uma linguagem comum com a qual os pesquisadores podem caracterizar as alterações patológicas observadas em sujeitos de pesquisa diagnosticados com DA e facilitar a seleção de sujeitos para ensaios de intervenção[11].

Para estar no espectro da DA é preciso haver evidência de acúmulo do peptídeo Aβ. A DA é definida, conforme o NIA/AA de 2018, pela combinação da positividade desse marcador (A+) e de marcadores indicativos da presença da proteína tau fosforilada (T+)[6].

Assinatura neuropatológica da DA no líquido cefalorraquidiano

Desenvolvimentos recentes em biomarcadores de LCR e de imagem são promissores para o diagnóstico precoce de DA, porém têm maior disponibilidade em ambientes de pesquisa. Os principais biomarcadores do LCR da DA são: peptídeo Aβ de 42 aminoácidos($A\beta_{1\text{-}42}$), a proteína tau total (T-tau) e a proteína tau fosforilada (P-tau). A assinatura patológica da DA consiste em concentrações reduzidas do peptídeo $A\beta_{1\text{-}42}$ combinadas com concentrações aumentadas de T-tau e de P-tau[11].

Mutações genéticas associadas à DA causam alterações neuropatológicas na seguinte ordem: aumento de $A\beta_{1\text{-}42}$, amiloidose cerebral, tauopatia, atrofia cerebral e diminuição do metabolismo da glicose[11].

Biomarcadores de acúmulo de amiloide

Os biomarcadores moleculares ou relacionados à amiloide da DA são $A\beta_{1\text{-}42}$ e PET amiloide. $A\beta_{1\text{-}42}$ baixo reflete deposição de amiloide cerebral e mostra alta concordância com PET amiloide. Essa alteração patológica é encontrada na DA e na DA prodrômica com sensibilidade superior a 90%. Os pesquisadores encontraram sensibilidade comparável dos níveis de $A\beta_{1\text{-}42}$ no LCR e PiB PET para a detecção de patologia de DA[11].

Biomarcadores de patologia tau e degeneração neuronal

Os níveis de P-tau no LCR representam a presença de patologia de tau, já que níveis elevados de P-tau não ocorrem em outras demências. A T-tau no LCR representa mais provavelmente lesão neuronal ou neurodegeneração e reflete a progressão da doença. As medidas de deposição de tau em regiões específicas do cérebro estão mais relacionadas à degeneração precoce, medidas de atrofia e declínio cognitivo. É importante lembrar que Aβ precede a patologia da tau, mas, ao contrário da deposição de amiloide, os ENFs correlacionam-se melhor com o declínio cognitivo[11].

DIAGNÓSTICO DIFERENCIAL

A Tabela 3 apresenta os principais diagnósticos diferenciais da demência por doença de Alzheimer. Na DA pré-senil, um diagnóstico diferencial importante é a demência frontotemporal (DFT), cuja proporção relativa tem aumentado nos últimos anos[4].

Tabela 3 Diagnósticos diferenciais na DA[4]

Transtorno depressivo maior	Doenças clínicas	Doenças neurológicas
	• Hipovitaminose B12 • Hipotireoidismo • Hiperparatireoidismo	• Neurossífilis • HSD • HPN • Demências (HIV, HPN, DFT, DCL, DV)

DCL: demência por corpos de Lewy; DFT: demência frontotemporal; DV: demência vascular; HPN: hidrocefalia de pressão normal; HSD: hematoma subdural.

TRATAMENTO

O tratamento da DA combina abordagens farmacológicas e não farmacológicas, sendo que ambas visam a manutenção da melhor cognição e funcionalidade. Dessa forma, aborda o tratamento das alterações comportamentais e cognitivas, medicamentoso e não medicamentoso.

Tratamento não farmacológico

Intervenções não farmacológicas são consideradas importantes alternativas terapêuticas para indivíduos com déficit cognitivo, especialmente na doença de Alzheimer (DA). Alguns sintomas neuropsiquiátricos parecem responder melhor a intervenções não farmacológicas. Atualmente, estão disponíveis diversas intervenções não farmacológicas para o cuidado de pacientes com demência[12], como a reabilitação cognitiva, a estimulação psicossocial e os programas de estimulação multissensorial[13].

Além disso, abordagens psicoterapêuticas também têm sido utilizadas com resposta satisfatória, como o aconselhamento individual ou outras técnicas psicológicas já conhecidas[14]. Essas intervenções são mais frequentemente usadas em combinação umas com as outras, mostrando uma resposta mais satisfatória das alterações comportamentais[12].

O ensaio clínico randomizado e duplo-cego realizado por Oliveira et al. apresentou resultados preliminares promissores tanto nos sintomas neuropsiquiátricos de pacientes com demência quanto na sobrecarga do cuidador. O estudo avaliou programas de atividades e testou a versão ambulatorial de uma intervenção de terapia ocupacional, o programa de atividades sob medida (TAP)[15].

Estimulação sensorial generalizada, musicoterapia, presença simulada e terapias de validação foram as terapias não farmacológicas que levaram à maior redução das alterações comportamentais em pacientes com demência, conforme a revisão realizada por Meyer et al.[14]

A musicoterapia tem potencial para reduzir hormônios relacionados à resposta ao estresse, como o cortisol, evocar memórias e, em um ambiente de grupo, potencializar as interações sociais, impactando nos sintomas depressivos[14].

Estudos recentes sugerem que, em idosos, a atividade física pode reduzir o risco de demência relacionada ao envelhecimento e que aumenta a atividade cognitiva e protege os processos cerebrais contra o declínio neural[13]. Particularmente a de natureza aeróbia, além de estimular as funções cognitivas, traz benefícios importantes à condição vascular e cardiorrespiratória[13,14].

Exercício físico e terapia de luz mostraram alguma evidência de eficácia na melhora e manutenção das atividades de vida diária (AVD), enquanto estimulação cognitiva, terapia de reminiscência e estimulação nervosa elétrica transcutânea (TENS) mostraram-se promissoras para melhorar a cognição[14].

Em relação à melhora dos transtornos de humor comórbidos, há fortes evidências para realização de atividade física, musicoterapia, intervenções psicológicas, reminiscências e terapias de validação[14].

Alterações comportamentais, como psicose, transtornos de humor, hiperatividade e apatia, são comuns nos quadros demenciais e podem ser consideradas desafiadoras para familiares e funcionários de instituições de cuidados residenciais[14]. Nesses casos, a psicoeducação, em que o profissional de saúde informa a família a respeito do diagnóstico e dos próximos passos, tem significativo impacto no engajamento dos familiares no tratamento.

Dessa forma, os tratamentos farmacológicos podem ser necessários e, muitas vezes, são utilizados, porém as terapias não farmacológicas devem ser a estratégia de primeira linha[14].

Tratamento farmacológico

O atual paradigma de tratamento medicamentoso da DA é reduzir a progressão dos sintomas e a incapacidade. Combinados, o manejo não farmacológico e o farmacológico na DA buscam minimizar os efeitos incapacitantes do declínio cognitivo e funcional e do surgimento e gravidade dos sintomas comportamentais e psicológicos da demência (SCPD).

As abordagens farmacoterapêuticas para a DA podem ser divididas em duas categorias: terapias sintomáticas e modificadoras da doença (TMD). Os tratamentos sintomáticos têm impacto significativo não apenas na cognição, mas também em sintomas como agitação, psicose e distúrbios do sono, que estão presentes em até 90% dos pacientes com demência[11].

Anticolinesterásicos

Os inibidores da colinesterase (ChEIs) (Tabela 4), donepezil, galantamina e rivastigmina, são medicamentos para DA aprovados pela FDA. Essas substâncias exibem diferenças quanto a seu mecanismo de ação, porém possuem o mesmo perfil de efeitos colaterais (Tabela 5) e de eficácia. O antagonista do N-metil-d--aspartato (NMDA), memantina, é uma droga aprovada para DA moderada a grave, e pode reduzir a progressão dos sintomas clínicos e da incapacidade[16,17].

O manejo inicial na abordagem terapêutica da DA consiste em revisar e eliminar medicamentos redundantes e potencialmente deletérios. É importante o tratamento de comorbidades que podem contribuir ou descompensar os sintomas de demência: identificar e tratar condições que podem impactar negativamente a cognição, função e comportamento em pacientes com DA pode afetar de maneira substancial os resultados clínicos[16].

A resposta clínica de curto prazo aos ChEIs varia entre os indivíduos. Conforme Atri, durante os primeiros 6 a 12 meses de tratamento, o desempenho em medidas de cognição, atividades da vida diária (AVD), sintomas comportamentais ou impressão clínica global de mudança pode melhorar significativamente em uma minoria (10 a 20%), atingir platô em quase metade (30 a 50%) ou continuar a piorar em cerca de um terço (20 a 40%) dos pacientes tratados. Nos estágios de demência da DA, o número necessário para tratar (NNT) a fim de alcançar estabilização ou melhora em um ou mais domínios clínicos, como cognição, função, comportamento e gravidade global, varia de 5 a 9:1 para monoterapia (com ChEI ou memantina), bem como para a terapia de combinação dupla ChEI e memantina. Podem ser utilizadas também na melhora de alterações comportamentais e retardar a ida para instituições de longa permanência (indicativo de um quadro mais grave)[16].

À medida que a DA progride, ao longo de vários meses a anos, os pacientes que inicialmente podem apresentar melhora ou estabilidade acabarão por declinar, mesmo quando os tratamentos farmacológicos forem mantidos. O tratamento medicamentoso sustentado da DA fornece maior probabilidade de estabilização geral no curto prazo e uma redução modesta esperada na trajetória de declínio clínico no longo prazo. Assim, o atual manejo farmacológico da DA pode mitigar, mas não prevenir o declínio[16].

Tabela 4 Farmacocinética dos anticolinesterásicos[16,17]

Substância	Ação	Meia-vida (h)	Tmáx (h)	Metabolismo	Dose inicial	Dose terapêutica	Via	Dose diária
Donepezila	Inibidor seletivo e reversível da AChE	60-90	3-5	Fígado (CYP2D6 e CYP3A4)	5 mg	5-10 mg	Oral	1
Rivastigmina	Inibidor pseudoirreversível da AChE e da BuChE	1,5-2*	0,8-1,8	Hidrólise na fenda sináptica	3 mg	6-12 mg	Oral	2
Rivastigmina *patch*		3,4*	8-12		4,6 mg	9,5 mg	Transdérmica	1
Galantamina ER**	Inibidor reversível e competitivo da AChE e agonista alostérico do receptor nicotínico	25-35	4,5-5	Fígado (CYP2D6 e CYP3A4)	8 mg	16-24 mg	Oral	1

Os ChEIs previnem a quebra da acetilcolina e, portanto, aumentam a neurotransmissão colinérgica nas regiões do prosencéfalo, e acredita-se que isso contribua para seus benefícios clínicos. Na fenda sináptica, a acetilcolina é degradada rapidamente pela acetilcolinesterase (AChE) e mais lentamente pela butirilcolinesterase (BuChE). Os fármacos que inibem uma ou ambas servem para aumentar a acetilcolina disponível na fenda e a duração de sua ação[17].

Tabela 5 Eventos adversos mais comuns dos anticolinesterásicos[16,17]

Substância	Efeitos colaterais
Donepezila	Náuseas, diarreia, insônia, vômitos, cãibras, fadiga, anorexia, tontura, dor abdominal, perda de peso, ansiedade, síncope
Galantamina	Náuseas, vômitos, anorexia, perda de peso, dor abdominal, tontura, tremores, síncope
Rivastigmina	Náuseas, vômitos, anorexia, tontura, dor abdominal, diarreia, fadiga, cefaleia, perda de peso, sonolência, síncope

Observações:

- Efeitos adversos podem ocorrer em 5 a 20% dos pacientes que iniciam com ChEIs, mas geralmente são leves e transitórios e podem ser mitigados pela dose e pela taxa de aumento da dose.
- Normalmente, bradicardia e maior risco de síncope podem ocorrer em indivíduos que são suscetíveis (como aqueles com síndrome do nódulo sinusal ou bloqueio atrioventricular) e com superdosagem.
- Contraindicações: doença cardíaca instável ou grave, epilepsia não controlada, síncope inexplicada e úlcera péptica ativa.

Memantina

Outra abordagem e o uso de antagonista de receptor NMDA do glutamato, a memantina, isolada ou associada aos ChEIs nos casos moderados a graves (ver Tabela 6). Na avaliação de efeitos adversos, sabe-se que a memantina tem boa tolerabilidade e poucos efeitos colaterais.

Fármacos com evidências de ineficácia no tratamento da doença de Alzheimer

Além da vitamina E, grandes ECRs não forneceram suporte de estudos de associação epidemiológica para benefício potencial de vitaminas e suplementos no estágio de demência da DA[18].

Tabela 6 Memantina[16,17]

Mecanismo de ação	Antagonista não competitivo de moderada afinidade de receptores NMDA do glutamato
Meia-vida (h)	60-80
Tmáx (h)	9-12
Metabolismo	Mínimo hepático (< 10%) Excreção renal (ajustar dose se ClCr < 30)
Dose inicial diária	5 mg
Otimização medicamentosa	Aumentar 5 mg a cada 7 dias
Dose máxima diária	20 mg
Efeitos adversos	Agitação, diarreia, insônia, desorientação, alucinações, tontura, cefaleia, ansiedade e vômito
Indicação	DA moderada a grave (MEEM < 15 ou por avaliação clínica)

Tabela 7 Anticolinesterásicos e o antagonista de NMDA: como utilizar?[16,17]

Donepezila	Iniciar com a dose de 5 mg/dia e pode ser aumentada para 10 mg/dia após 4 a 6 semanas. Caso o paciente apresente sensibilidade gastrointestinal, pode-se aventar a possibilidade de realizar a introdução da donepezila de forma ainda mais cautelosa. Nesse caso, pode ser feito aumento gradual a cada mês de 2,5 mg até a dose-alvo de 10 mg/dia.
Rivastigmina	**Oral** Iniciar com a dose de 1,5 mg duas vezes ao dia. Se bem tolerada, pode ser aumentada para 3 mg duas vezes ao dia após 2 semanas. Aumentos subsequentes para 4,5 e 6 mg duas vezes ao dia devem ser tentados após no mínimo 2 semanas na dose anterior. Dose máxima: 6 mg duas vezes ao dia. Costuma causar mais sintomas gastrointestinais, podendo ser mais difícil a tolerabilidade. Orientar que sejam tomadas após as refeições (café da manhã e jantar), buscando amenizar os efeitos adversos gastrointestinais. **Adesivo transdérmico** Iniciar com a dose de 4,6 mg/dia (5 cm^2) por um período de 24 horas. Depois do primeiro mês de uso, deve-se aumentar a dose para o adesivo de 9,5 mg/dia (10 cm^2). Se bem tolerado, deve-se atingir a dose-alvo com o adesivo de 13,3 mg/dia (15 cm^2). Atentar para irritação na pele, vermelhidão ou erupção cutânea no local da aplicação.
Galantamina	Iniciar com a dose de 8 mg/dia por 4 semanas, aumentar para 16 mg/dia por mais 4 semanas, até alcançar a dose-alvo de 24 mg/dia.
Memantina	Iniciar com a dose de 5 mg/dia e fazer ajustes semanais de 5 mg até um máximo de 20 mg/dia, sendo as doses divididas duas vezes/dia. Sugere-se aumentar meio comprimido de 10 mg, duas vezes ao dia (5 mg, a cada 12 horas); depois 1 comprimido de 10 mg de manhã e meio comprimido à noite; e, por último, na quarta semana, atinge-se a dose-alvo de 1 comprimido de 10 mg, duas vezes ao dia (20 mg/dia). A dose máxima recomendada na insuficiência renal grave é de 5 mg duas vezes ao dia.

TRATAMENTOS FUTUROS NA DOENÇA DE ALZHEIMER

Terapias modificadoras da doença

Apesar dos investimentos maciços, o desenvolvimento de compostos direcionados ao Aβ intracerebral para imunoterapia passiva contra a doença de Alzheimer leve a moderada enfrentou várias desvantagens nos últimos anos. Os ECRs de imunoterapia passiva não mostraram efeitos clinicamente relevantes em pacientes com demência clinicamente manifesta ou prodrômica. O risco de eventos adversos parece superar os benefícios dessas intervenções[19].

A busca por terapias modificadoras da doença (TMD) concentrou-se principalmente em intervenções baseadas na hipótese da cascata amiloide e na biologia da tau. A hipótese amiloide da DA foca no processamento anormal da proteína precursora de amiloide (APP), levando à produção de Aβ. Esta pode então desencadear uma cascata que leva a danos sinápticos e perda de neurônios e, finalmente, às características patológicas da DA: placas amiloides e ENFs compostos de proteína tau hiperfosforilada, resultando em neurodegeneração. Muitos estudos sugerem que a via amiloide é um evento muito precoce na doença, começando no hipocampo e no córtex entorrinal. O recente fracasso das terapias antiamiloide vem questionando a sequência temporal dos eventos patológicos na DA, apesar da hipótese da cascata amiloide ser um modelo amplamente aceito. Na cascata amiloide, os principais alvos são as placas senis ou neuríticas e oligômeros fibrilares Aβ ou Aβ nas fases de pré-demência e demência. O principal objetivo na DA pré-clínica seria prevenir o acúmulo de Aβ[11].

A patologia da tau está mais fortemente associada ao declínio clínico e cognitivo do que a patologia amiloide, e a tau pode se acumular em regiões suscetíveis mais cedo do que a amiloide. Há evidências convincentes de que as intervenções farmacológicas que alteram a tau valeriam a pena, nesse caso os ENFs seriam o alvo principal. Ainda, existem outros mecanismos que levam à toxicidade secundária, como a inflamação, estresse oxidativo, ativação glial, entre outros[11].

SINTOMAS NEUROPSIQUIÁTRICOS NA DOENÇA DE ALZHEIMER

Tratar sintomas comportamentais e psicológicos da demência (SCPD) é uma tarefa muito complexa, pois não há evidências suficientes sobre os mecanismos neurobiológicos de muitas das síndromes comportamentais observadas na prática clínica. As alternativas terapêuticas são limitadas, entretanto, intervenções combinadas não farmacológicas e farmacológicas seguras parecem ser a melhor abordagem de tratamento. Os psicotrópicos para o tratamento de SCPD são geralmente prescritos, seguindo diretrizes e experiência clínica no tratamento de transtornos psiquiátricos primários[11].

Os pacientes tendem a melhorar com trazodona, mirtazapina, venlafaxina ou inibidores seletivos da recaptação da serotonina (ISRS), como sertralina, citalopram e escitalopram. Em agitação grave e agressão, em que o paciente coloca em risco sua integridade física ou a de outras pessoas, ou quando há sintomas psicóticos que provocam sofrimento, a opção por um antipsicótico, preferencialmente de segunda geração, pode ser considerada[20].

VINHETA CLÍNICA

Uma senhora de 62 anos, do lar e com 11 anos de escolaridade, vem acompanhada da filha para avaliação neuropsiquiátrica após episódios de confabulações. Há 5 meses, paciente foi buscar o neto em escola próxima de sua residência e disse ter ficado conversando com ele. Quando familiares chegaram em casa, a paciente ficou questionando a filha de não ter ido buscar o filho na escola. Familiares ficaram preocupados com o episódio, já que o neto da paciente não estava em casa nesse dia e nunca estudou na escola em que diz ter ido buscá-lo.

Após 2 meses paciente foi levada em casa por funcionários de um supermercado, após quase sofrer um atropelamento. Relata que estava em busca do neto desaparecido, porém este estava em casa com a mãe.

Durante avaliação, a filha diz que nos últimos 4 anos vem percebendo que a paciente estava mais esquecida, não lembrava onde guardava objetos, repetitiva e algo irritada, sendo que não apresentava essas alterações anteriormente. Sempre acharam que era "algo da idade" e que não estava prejudicando o dia a dia, porém, no último ano os sintomas estão piorando. Nos últimos 2 anos tem apresentado maior dificuldade nas atividades instrumentais de vida diária, como cozinhar, limpar a casa, organizar as tarefas domésticas, algo que sempre fez sem nenhuma dificuldade. Outro relato familiar é que a paciente vem "inventando histórias", conta histórias que nunca aconteceram e fica irritada se é contrariada de alguma maneira. Fica em casa a maior parte do dia sem companhia, já que os familiares saem para trabalhar, mas percebem que paciente "às vezes se esquece de se alimentar" e que tem perdido peso.

Apresenta episódios de desorientação auto e alopsíquica e "desconfianças em relação ao esposo", se ele está trabalhando realmente. Tem acumulado objetos e alimentos no quarto, justificando que precisa guardar os alimentos para não faltar em casa. Apresenta também despertares noturnos, com perambulação noturna em busca de familiares.

Em relação à parte clínica, é hipertensa, faz uso de losartana 100 mg/dia e há 2 meses apresentava incontinência urinária. Perda de 40 kg em 1 ano, porém mantinha-se eutrófica. Nega alterações psicopatológicas anteriores ou tratamentos psiquiátricos prévios. Na história familiar, tem duas irmãs com diagnóstico de demência por doença de Alzheimer senil.

Na avaliação, a paciente apresentava-se desorientada auto e alopsiquicamente, eutímica, sem produção psicótica ou alterações sensoperceptivas, sem crítica em relação à sua morbidade. No exame neurológico, afasia importante, com dificuldade em nomear partes do corpo e objetos de uso comum, fala fluente para frases curtas, frequentemente trocava palavras por equivalentes semânticos, circunlóquios, simplificações e substituições por "coisa" e pausas anômicas. Sem alterações psicomotoras. Foi submetida a teste de rastreio cognitivo (ver Tabela 8).

Tabela 8 Testagens cognitivas

MEEM	5/30
MEEMg	22/30
BBRC	Nomeação: 4 Memória incidental: 0 Memória imediata: 0 Aprendizado: 0 Memória tardia: 5 Reconhecimento: 1
Fluência verbal semântica	4 animais
Fluência verbal fonêmica	3 palavras
Addenbroke (linguagem)	Repetição: 2/2, 1/1, 1/1 Nomeação 0/2, 0/10 Compreensão 0/4 Leitura 1/0

BBRC: Bateria Breve de Rastreio Cognitivo; MEEM: Miniexame do Estado Mental; MEEMg: Miniexame do Estado Mental Grave.

A princípio foi iniciado mirtazapina 15 mg/dia, visando melhora na qualidade do sono e nos despertares noturnos. Também, foi encaminhada ao hospital dia de psiquiatria geriátrica para concluir investigação diagnóstica. Passou por avaliações fonoaudiológicas, neuropsicológica, funcional, nutricional, fisioterapia e exames de neuroimagem e laboratoriais (ver Tabela 9).

Tabela 9 Avaliações com equipe multiprofissional

Neuropsicológica	Fluência consistentemente baixa, logopênica e gramatical; memória verbal e operacional abaixo da média para a idade e escolaridade; déficit global em aprendizagem auditivo-verbal; prejuízo nas funções executivas.
Fonoaudiológica	Discurso reduzido e desorganizado, dificuldade de acesso semântico-lexical, com presença de circunlóquios, anomia, paráfrase e parafasias semânticas. Apresenta comprometimento de linguagem sugestivo de prejuízo nas áreas temporoparietal e pré-frontal, com déficit em função executiva.
Funcional – terapia ocupacional:	Divergência importante em relação aos cuidadores e familiares, tendo pouca percepção dos déficits e levando à maior vulnerabilidade. DAFS-BR 25/106

DAFS: Avaliação Direta de Funcionalidade.

Tabela 10 Exames complementares

Exames laboratoriais e eletrocardiograma	Sem alterações
PET-FDG cerebral	Hipometabolismo moderado em regiões temporoparietal bilateral, com predomínio em cíngulos posteriores e pré-cúneos. Apresenta extensão frontal bilateral e temporal anterior e mesial. Assimétrico e pior à esquerda
Ressonância magnética de encéfalo	Atrofia importante em hipocampo e temporal mesial. Escala MTA 2 (direita) e MTA 3 (esquerda); Escala ERICA 3 (esquerda); Fazekas 1.

ERICA: atrofia cortical entorrinal; MTA: atrofia do lobo temporal medial.

Dessa forma, a paciente foi diagnosticada com demência por doença de Alzheimer pré-senil provável, com importante acometimento das funções de memória, linguagem e executiva. Iniciou-se rivastigmina *patch* 9 mg.

Posteriormente, foi realizado novo plano terapêutico: orientação familiar em relação ao diagnóstico e seguimento clínico, reabilitação cognitiva, treinamento e manejo de cuidados, suporte ao cuidador e familiares, modificação de rotina e ambiente.

CONSIDERAÇÕES FINAIS

O envelhecimento populacional e a sobrecarga da DA nos serviços públicos reforçam a necessidade de diagnóstico e intervenção precoces. Sabemos que as modificações no estilo de vida, incluindo dieta e exercícios, continuam sendo as únicas intervenções com evidências mostrando menor risco de DA e possível prevenção do declínio cognitivo geral, e essas intervenções são recomendações de primeira linha para todos os pacientes, independentemente da função cognitiva.

O manejo não farmacológico e as terapias farmacológicas, incluindo medicamentos para DA aprovados pela FDA (ChEIs e memantina), visam minimizar os efeitos incapacitantes do declínio cognitivo e funcional e sintomas neuropsiquiátricos.

As características patológicas associadas à DA são os principais alvos atuais para potenciais tratamentos. Entretanto, sem efeitos clinicamente relevantes até o momento. Esforços intensivos de pesquisa continuam em andamento para desenvolver ferramentas de diagnóstico mais precisas e melhores terapias de DA.

REFERÊNCIAS BIBLIOGRÁFICAS

1. Nitrini R, Takada LT, Smid J. Doença de Alzheimer. In: Clínica psiquiátrica: as grandes síndromes psiquiátricas, volume 2. Miguel EC, et al. (eds.) 2. ed. Barueri: Manole; 2021. p. 1234-1262.
2. Loureiro JC, Pais MV, Radanovic M, Forlenza OV. Comprometimento cognitivo leve. In: Clínica psiquiátrica: as grandes síndromes psiquiátricas, volume 2. Miguel EC, et al. (eds.). 2. ed.. Barueri: Manole; 2021. p. 1234-1262.
3. Polsinelli AJ, Apostolova LG. Atypical Alzheimer disease variants. Continuum (Minneap Minn). 2022;28(3):676-701.
4. McDade EM. Alzheimer disease. Continuum (Minneap Minn). 2022;28(3):648-75.
5. Feter N, Leite JS, Caputo EL, Cardoso RK, Rombaldi AJ. Who are the people with Alzheimer's disease in Brazil? Findings from the Brazilian Longitudinal Study of Aging. Rev Bras Epidemiol. 2021;24:e210018.
6. Schilling LP, et al. Diagnóstico da doença de Alzheimer: recomendações do Departamento Científico de Neurologia Cognitiva e do Envelhecimento da Academia Brasileira de Neurologia. Dement Neuropsychol. 2022;16(3 Suppl. 1):25-39.
7. Armstrong MJ, Litvan I, Lang AE, Bak TH, Bhatia KP, Borroni B, et al. Criteria for the diagnosis of corticobasal degeneration. Neurology. 2013;80(5):496-503.
8. Manual diagnóstico e estatístico de transtornos mentais: DSM-5/American Psychiatric Association. 5. ed. Porto Alegre: Artmed, 2014.
9. Smid J, et al. Declínio cognitivo subjetivo, comprometimento cognitivo leve e demência - diagnóstico sindrômico: recomendações do Departamento Científico de Neurologia Cognitiva e do Envelhecimento da Academia Brasileira de Neurologia. Dement Neuropsychol. 2022;16(3Suppl. 1):1-17.
10. Boeve BF. Behavioral variant frontotemporal dementia. Continuum (Minneap Minn). 2022;28(3):702-725.
11. Pais M, Martinez L, Ribeiro O, Loureiro J, Fernandez R, Valiengo L, et al. Early diagnosis and treatment of Alzheimer's disease: new definitions and challenges. Braz J Psychiatry. 2020;42:431-41.

12. Chen RC, Liu CL, Lin MH, Peng LN, Chen LY, Liu LK, et al. Nonpharmacological treatment reducing not Only behavioral symptoms, but also psychotic symptoms of older adults with dementia: a prospective cohort study in Taiwan. Geriatr Gerontol Int. 2014;14(2):4406.
13. Andrade LP, Gobbi LT, Coelho FG, Christofoletti G, Costa JL, Stella F. Benefits of multimodal exercise intervention for postural control and frontal cognitive functions in individuals with Alzheimer's disease: a controlled trial. J Am Geriatr Soc. 2013;61:191926.
14. Meyer C, O'Keefe F. Non-pharmacological interventions for people with dementia: A review of reviews. Dementia (London). 2020;19(6):1927-54.
15. de Oliveira AM, Radanovic M, Homem de Mello PC, Buchain PC, Dias Vizzotto A, Harder J, et al. An intervention to reduce neuropsychiatric symptoms and caregiver burden in dementia: preliminary results from a randomized trial of the tailored activity program-outpatient version. Int J Geriatr Psychiatry. 2019;34:1301-7.
16. Atri A. Current and future treatments in Alzheimer's disease. Semin Neurol. 2019;39(2):227-40.
17. Gauthier S. Advances in the pharmacotherapy of Alzheimer's disease. CMAJ. 2002;166(5):616-23.
18. Dysken MW, Sano M, Asthana S, et al. Effect of vitamin E and memantine on functional decline in Alzheimer disease: theTEAMAD VA cooperative randomized trial. JAMA. 2014;311(01):33-44.
19. Loureiro JC, Pais MP, Stella F, Radanovic M, Teixeira AL, Forlenza OV, et al. Passive antiamyloid immunotherapy for Alzheimer's disease. CurrOpin Psychiatry. 2020.
20. Kales HC, Gitlin LN, Lyketsos CG. When less is more, but still not enough: why focusing on limiting antipsychotics in people with dementia Ii the wrong policy imperative. JAMDA. 2019;20:107479.

10

Demência vascular e demência na doença de Parkinson/demência com corpos de Lewy

Lucas F. B. Mella

INTRODUÇÃO

Além da doença de Alzheimer (DA), outras etiologias subjacentes às síndromes demenciais são, por exemplo, as doenças cerebrovasculares, as demências com corpos de Lewy (DCL), as demências frontotemporais, as afasias progressivas primárias, a hidrocefalia de pressão normal, a encefalopatia límbica por TDP-43 relacionada ao envelhecimento, as síndromes parkinsonianas atípicas e o traumatismo cranioencefálico. Neste capítulo, serão abordados os aspectos clínicos fundamentais das demências por causas vasculares e por corpos de Lewy, que correspondem, respectivamente, a segunda e terceira causas mais prevalentes de demência, após a doença de Alzheimer[1].

DEMÊNCIA VASCULAR

Epidemiologia

As condições cerebrovasculares correspondem a cerca de 20 a 40% das causas de demência[2]. Além disso, lesões vasculares frequentemente figuram como copatologias associadas às doenças neurodegenerativas, como a DA e a DCL, constituindo grande parte das demências por causas mistas. A prevalência de demência vascular (DV) em pessoas com 65 anos ou mais é estimada em 1,6 a 2,6%, dobrando a cada aumento de cinco anos na faixa etária[3]. Após um ano de um acidente vascular cerebral (AVC) grave, até 34% das pessoas podem desenvolver demência[3]. A incidência de causas vasculares como etiologia principal ou como copatologia das demências tem aumentado particularmente em países de baixa a média rendas, como o Brasil, onde a transição demográfica ainda está em curso e o controle de fatores de risco vascular é insatisfatório[3]. Hipertensão arterial sistêmica (HAS), hipercolesterolemia, *diabetes mellitus* (DM), obesidade, tabagismo, etilismo, doenças cardiovasculares e idade avançada são os fatores associados à grande maioria dos casos de demência vascular. Pequena proporção dos casos é secundária a causas genéticas.

Fisiopatologia

As lesões cerebrovasculares podem ocorrer por conta da doença de grandes vasos ou de pequenos vasos cerebrais. A doença de grandes vasos envolve lesões isquêmicas e/ou hemorrágicas, que podem ser causadas por aterosclerose (nas artérias carótidas e cerebrais, p. ex.), cardioembolismo (secundário a fibrilação atrial ou forame oval patente, p. ex.) e rotura de aneurismas cerebrais. Extensas áreas corticais e subcorticais são comumente afetadas. Como consequência, o declínio cognitivo pode aparecer após múltiplos infartos cerebrais (demência por múltiplos infartos), cujo número e tamanho correlacionam-se com piores desfechos. Também, infarto estratégico único acometendo área de integração do sistema nervoso central, como o tálamo, por exemplo, já pode resultar em demência (demência pós-AVC).

A doença de pequenos vasos inclui lesões isquêmicas em substância branca com dano axonal por gliose e desmielinização, além de microinfartos, micro-hemorragias, infartos lacunares e dilatação do espaço perivascular em regiões subcorticais (microangiopatia isquêmica subcortical). HAS, DM, dislipidemia, tabagismo, etilismo e idade avançada são os principais fatores de risco. A doença de pequenos vasos também pode ser secundária à angiopatia amiloide cerebral, o que indica possível intersecção com a fisiopatologia da DA. Em consequência da microangiopatia cerebral, podem ocorrer disfunções em redes corticossubcorticais, déficit colinérgico e atrofia cortical decorrente de morte neuronal por deaferentação.

Menos comumente, alterações genéticas podem causar lesões cerebrovasculares na ausência de fatores de risco vascular. A arteriopatia cerebral autossômica dominante com infartos subcorticais e leucoencefalopatia (CADASIL, sigla em inglês para *cerebral autosomal dominant arteriopathy with subcortical infarcts and leukoencephalopathy*), decorrente de mutações no gene *Notch3*, e a principal causa hereditária de demência vascular. Sua apresentação clínica abrange migrânea, distúrbios afetivos e declínio cognitivo, devido a lesões cerebrovasculares com início na quarta década de vida.

Quadro clínico

A doença de grandes vasos cerebrais apresenta-se com curso em degraus. Tipicamente, após cada AVC isquêmico ou hemorrágico ocorre declínio abrupto da cognição em até seis meses, seguido de melhora variável em semanas a meses e evolução estacionada até a ocorrência de outro evento cerebrovascular. Os sintomas variam de acordo com a região cerebral correspondente ao território vascular acometido. Frequentemente, o declínio cognitivo é acompanhado de alterações motoras com lateralização. Por exemplo, lesões em território de artéria cerebral média à esquerda tendem a cursar com afasia motora (agramática) e paresia em hemicorpo direito. Podem ocorrer vários sintomas comportamentais, com destaque para depressão, apatia, síndrome pseudobulbar (riso e choro patológicos) e reação catastrófica de Goldenstein (crises de intensa agitação com comportamento desorganizado)[4].

A doença de pequenos vasos cerebrais apresenta início insidioso e evolução progressiva, que se assemelha ao curso da DA. A cognição pode estabilizar com o controle rigoroso dos fatores de risco vascular. O perfil cognitivo mais comum inclui disfunção executiva, lentificação da velocidade de processamento da cognição e desatenção. A memória verbal também pode ser acometida. O padrão do comprometimento da memória na doença de pequenos vasos cerebrais difere da DA. Enquanto na DV isquêmica subcortical o processamento frontotemporal da evocação é mais comumente afetado, na DA o déficit de memória envolve predominantemente o processamento hipocampal de registro de longo prazo de novas informações e eventoso[5]. O *Montreal Cognitive Assessment* (MoCA) é preferível ao Miniexame do Estado Mental (MEEM) como teste de rastreio, já que o primeiro tem melhor capacidade para avaliar as funções executivas.

Apatia e depressão de início tardio são frequentes no curso da doença de pequenos vasos cerebrais e podem se manifestar antes da instalação da demência. Em razão de microangiopatia em núcleos da base e em suas conexões, podem ocorrer sintomas motores parkinsonianos, caracterizados por acometimento preferencial de membros inferiores bilateral e simetricamente, rigidez axial, alteração de marcha e equilíbrio, e quedas. Urge-incontinência urinária também pode aparecer por conta da presença de lacunas nos núcleos da base. Nomeia-se a apresentação clínica de maior gravidade da doença de pequenos vasos cerebrais como doença de Binswanger, a qual inclui a tríade clínica composta por demência, distúrbio de marcha e equilíbrio, e urge-incontinência urinária, associada à evidência de extensa microangiopatia subcortical na neuroimagem[6,7].

Exames complementares

Exames de neuroimagem estrutural são fundamentais para se verificar a presença, a localização e a gravidade das lesões vasculares, parâmetros necessários para determinar se são suficientes para justificar o comprometimento cognitivo total (VD pura) ou parcialmente (demência mista). A tomografia computadorizada (TC) de crânio mostra achados da fase crônica do AVC, caracterizados por áreas focais hipodensas, que respeitam os limites do território vascular acometido. Na ressonância magnética (RM), as imagens das lesões de grandes vasos são isointensas em relação ao líquido cefalorraquidiano nas sequências T1 e T2, enquanto na sequência T2-FLAIR as áreas de gliose aparecem hiperintensas e as áreas de encefalomalacia aparecem hipointensas[2] (Figura 1A).

A RM é superior à TC para avaliar a doença de pequenos vasos cerebrais. Alterações microangiopáticas da substância branca (gliose e desmielinização) correspondem a hiperintensidades puntiformes ou confluentes na sequência T2-FLAIR, que se distribuem tipicamente em regiões periventriculares. Lacunas aparecem como imagens ovaladas hipointensas bem definidas, com halo de hiperintensidade, na sequência T2-FLAIR. Microssangramentos cerebrais podem ser identificados por imagens ovaladas com limites borrados, localizadas em regiões subcorticais, e vistas nas sequências T2*/SWI. Recomenda-se o uso da Escala de Fazekas para avaliação e graduação visual das hiperintensidades em substância branca. A Escala de Fazekas baseia-se em cortes axiais de sequências em T2 ou T2-FLAIR, e sua pontuação varia de zero (ausência de lesões) a 3 (lesões extensas chamadas leucoaraiose) (Figura 1B). A presença de prejuízo cognitivo vascular geralmente está associada à pontuação igual ou maior que 2 na Escala de Fazekas[8]. Na TC, a microangiopatia subcortical aparece como hipodensidades de limites pouco definidos.

A avaliação neuropsicológica pode contribuir com a suspeita diagnóstica de declínio cognitivo em razão de microangiopatia subcortical, ao evidenciar comprometimento em testes para funções executivas (como o Teste de Trilhas B e a Fluência Verbal Fonêmica), velocidade de processamento (Teste de Trilhas A), atenção (Dígitos) e memória episódica, particularmente a evocação (subitem A7 do Teste de Aprendizagem Auditivo Verbal de Rey predominantemente comprometido em comparação com os subitens referentes à curva de aprendizagem e ao reconhecimento).

Critérios diagnósticos

A 5ª edição do Manual Diagnóstico e Estatístico dos Transtornos Mentais (DSM-5, sigla em inglês)[12] e o *Vascular Impairment of Cognition Classification*

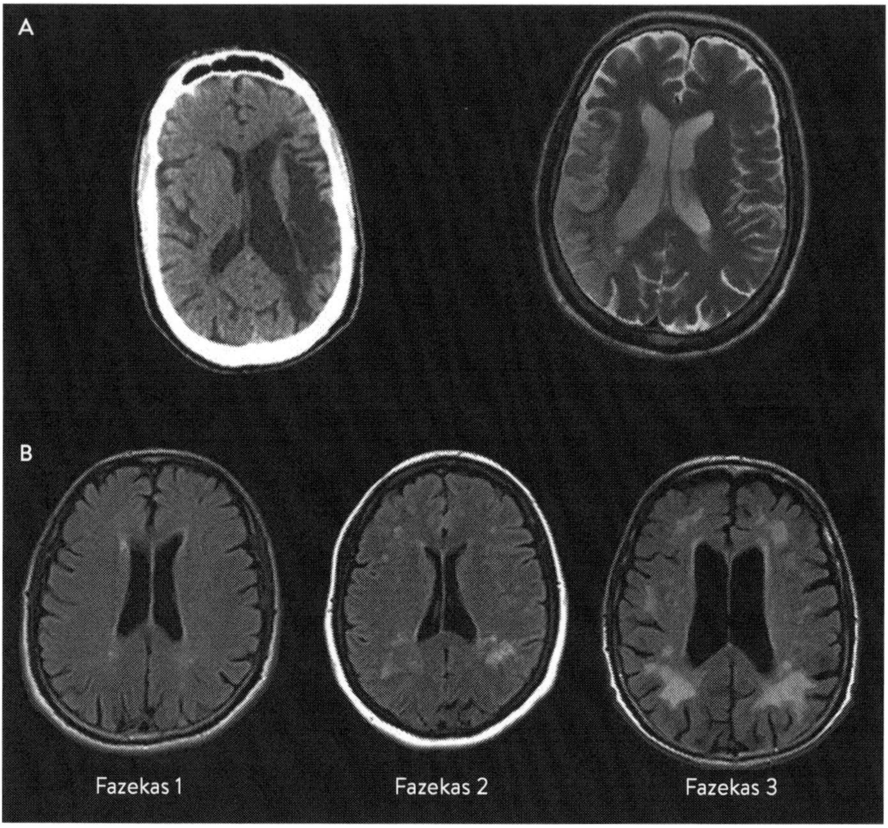

Figura 1 A: Tomografia computadorizada (TC) evidenciando infarto da artéria cerebral média esquerda (imagem à esquerda adaptada de Sharma e Hamidi, 2019[9]) e ressonância magnética (RM) na sequência T2 mostrando infarto da artéria cerebral média direita (imagem à direita adaptada de Schubert, 2012[10]). B: RM na sequência T2-FLAIR ilustrando a escala de Fazekas, utilizada para avaliação e graduação de hiperintensidades em substância branca periventricular (imagens adaptadas de Di Muzio, 2015[11]), de acordo com a seguinte classificação: Fazekas 1 indica a presença de lesões puntiformes focais; Fazekas 2, confluência inicial das lesões; e Fazekas 3, confluências extensas e difusas (leucoaraiose)[8].

Consensus Study (VICCCS)[6] podem ser usados como guias para o diagnóstico da DV. Ambos enfatizam a necessidade da neuroimagem estrutural e da relação temporal entre o declínio cognitivo e os eventos cerebrovasculares para o diagnóstico de DV provável. Na ausência da neuroimagem, a suspeita de doença cerebrovascular pela presença de fatores de risco proeminentes, de curso típico e/ou sinais sugestivos no exame físico suportam o diagnóstico de DV possível. O VICCCS aponta a superioridade da RM sobre a TC, estipula o tempo de até seis meses do evento vascular para instalação do déficit cognitivo e classifica a DV nos subtipos: demência pós-AVC, demência multi-infartos, demência vascular isquêmica subcortical e demência vascular mista.

Diagnóstico diferencial

Os diagnósticos diferenciais mais frequentes na prática clínica são a demência vascular isquêmica subcortical, a DA e a DCL. A semelhança entre a demência vascular isquêmica subcortical e a DA está fundamentalmente no curso insidioso e progressivo. As diferenças clínicas entre elas compreendem o perfil neuropsicológico frontal-disexecutivo na DV isquêmica subcortical *vs.* amnésico na DA, e a presença mais precoce de alterações motoras e incontinência urinária na DV (Tabela 1). A evidência na TC ou na RM de lesões vasculares com gravidade e distribuição que podem explicar o comprometimento cognitivo indica que a doença cerebrovascular figura como patologia principal ou contribuinte subjacente à demência. Como a concomitância dessas neuropatologias é frequente, sobretudo em idades mais avançadas, os biomarcadores da DA podem ser determinantes para evidenciar a presença da DA como copatologia da doença cerebrovascular e estabelecer o diagnóstico de demência mista (DV+DA).

Na comparação entre a DV isquêmica subcortical e a DCL, ambas podem se apresentar com curso insidioso e progressivo, com comprometimento predominante em funções executivas e com parkinsonismo axial. No entanto, na DCL tende a haver flutuação cognitiva, sintomas motores mais proeminentes, alucinações visuais e distúrbio do sono REM (sigla em inglês para *rapid eye movement*) (Tabela 1). Assim como ocorre com a DA, pode haver apresentações mistas resultantes da copatologia entre a DV e a DCL. Nesses casos, os marcadores clínicos e biológicos mais específicos da DCL também são necessários para se determinar o diagnóstico de demência mista (DV+DCL).

O quadro clínico da DV isquêmica subcortical também pode se assemelhar ao da Hidrocefalia de Pressão Normal (HPN), já que ambas podem se manifestar com lentificação da velocidade de processamento, parkinsonismo com predomínio em membros inferiores e incontinência urinária. No entanto, os sintomas motores tendem a ser mais precoces e mais graves na HPN, assim como a incontinência urinária mais frequente. Por um lado, a RM, nas sequências T2 e T2-FLAIR, pode mostrar hiperintensidades periventriculares em ambas. Por outro lado, na HPN esses achados indicam extravasamento liquórico para o parênquima cerebral e são mais bem localizados na adjacência dos cornos anteriores e posteriores dos ventrículos laterais, enquanto na DV são mais espraiados e irregulares na substância branca e nos núcleos subcorticais. Ade-

Tabela 1 Diagnóstico diferencial entre as três causas mais prevalentes de demência com início após 65 anos

	Demência vascular decorrente de microangiopatia isquêmica subcortical	Demência por corpos de Lewy	Demência decorrente de doença de Alzheimer
Curso clínico	Insidioso e progressivo, se não controlados os fatores de risco vascular.	Insidioso e progressivo.	Insidioso e progressivo.
Perfil cognitivo predominante	Comprometimento em funções executivas, atenção e velocidade de processamento.	Flutuação da cognição ao longo do dia, com variação da atenção e da consciência. Funções executivas e habilidades visuoespaciais são precocemente afetadas.	Comprometimento inicial da memória episódica, da aprendizagem e da nomeação, acometendo outros domínios cognitivos com a progressão da doença.
Sintomas comportamentais mais frequentes	Depressão e apatia.	Alucinações visuais complexas e bem definidas, distúrbio do sono REM, depressão e apatia.	Depressão, apatia, ansiedade, agitação, distúrbios do sono, que podem variar ao longo do curso da doença.
Alterações motoras	Parkinsonismo simétrico, com predomínio axial e em membros inferiores, resultando em alteração da marcha e do equilíbrio.	Parkinsonismo simétrico, com predomínio axial, alteração da resposta postural, do balanceio do tronco, da marcha e do equilíbrio.	Apraxia ideomotora em estágios de demência moderadamente grave e grave.
Achados em ressonância magnética	Hiperintensidades em substância branca periventricular (leucoaraiose), escala de Fazekas com pontuação ≥ 2.	Atrofia cortical generalizada com relativa preservação de estruturas mesiais temporais, atrofia com predomínio posterior (parieto-occipital).	Atrofia predominante em região mesial temporal (hipocampos e córtices entorrinais), tipicamente escala MTA[14] com pontuação ≥ 2, atrofia em região posterior (temporoparietal).

(continua)

Tabela 1 Diagnóstico diferencial entre as três causas mais prevalentes de demência com início após 65 anos (*continuação*)

	Demência vascular decorrente de microangiopatia isquêmica subcortical	Demência por corpos de Lewy	Demência decorrente de doença de Alzheimer
Achados em ^{18}FDG-PET	Hipometabolismo irregular.	Hipometabolismo em região cortical posterior (parieto-occipital), com preservação da região posterior do giro do cíngulo. Hipermetabolismo em núcleos da base nos estágios iniciais da doença.	Hipometabolismo temporoparietal, afetando a região posterior do giro do cíngulo de forma marcante.
Outros marcadores biológicos e genéticos	Mutações no gene *Notch3* na CADASIL.	Hipocaptação do marcador do transportador de dopamina nos estriados determinada por neuroimagem molecular (DAT-SPECT), hipocaptação de ^{123}MIBG na cintigrafia do miocárdio, ausência de atonia muscular na polissonografia, traçados com ondas lentas posteriores no EEG.	Redução de amiloide β_{1-42} e aumento das proteínas tau total e tau fosforilada no liquor, deposição de placas amiloides e de proteína tau determinada por neuroimagem molecular (PET) com traçadores específicos. Presença do alelo $\varepsilon 4$ no gene da apolipoproteína E (aumento do risco para DA esporádica), presença de mutações autossômicas dominantes nos genes APP, PSEN1 e PSEN2 (determinam DA familiar).

APP: *amyloid protein precursor*; CADASIL: *cerebral autosomal dominant arteriopathy with subcortical infarcts and leukoencephalopathy*; DA: doença de Alzheimer; DAT-SPECT: *dopamine transporter imaging with single-photon emission computed tomography*; EEG: eletroencefalograma; ^{18}FDG-PET, *18F-fluorodeoxyglucose positron emission tomography*; ^{123}MIBG: *metaiodobenzylguanidine*; MTA: *mesial temporal atrophy*; PET: *positron emission tomography*; PSEN1: pré-senilina1; PSEN2: pré-senilina2; REM: *rapid eye movement*.

mais, a presença de alargamento ventricular (com Índice de Evans* maior que 0,3), estreitamento do ângulo caloso e apagamento dos sulcos corticais da alta convexidade cerebral são altamente sugestivos de HPN.

Tratamento

A principal intervenção para DV baseia-se no controle rigoroso dos fatores de risco vascular, sobretudo da HAS, o que pode evitar o aparecimento de novas lesões vasculares e estacionar a progressão do declínio cognitivo. Na doença de pequenos vasos cerebrais, recomenda-se redução da pressão arterial quando as medidas estão maiores ou iguais a 140 × 90 mmHg, atingindo alvo de pressão arterial menor que 130 × 80 mmHg (ou menor que 140 × 80 mmHg em pessoas com idade avançada). Embora o controle adequado da DM e da dislipidemia seja recomendável, não há evidências consistentes de que essas intervenções impactem no desfecho cognitivo da DV isquêmica subcortical. Não se recomenda o uso de aspirina ou outras terapias antitrombóticas para doença de pequenos vasos cerebrais, por conta da ausência de benefícios, considerando o declínio cognitivo ao longo do tempo, bem como do aumento do risco de sangramento. Por outro lado, as terapias antitrombóticas são indicadas para prevenção secundária de AVC[7].

Os inibidores da colinesterase e a memantina podem ser usados no tratamento dos sintomas cognitivos da DV. As evidências de benefícios são mais robustas para a demência mista (DA+DV) e a DV isquêmica subcortical, assim como para o uso da donepezila ou da galantamina. O uso de inibidores da colinesterase e da memantina é controvertido para demência multi-infartos ou pós-AVC, por conta da falta de dados que sustentem a eficácia dessas medicações[7].

No manejo das alterações de comportamento, a primeira linha de tratamento é constituída de intervenções não farmacológicas voltadas para os fatores contribuintes dos sintomas comportamentais, como, por exemplo, ambiente inapropriado, rotina irregular, atividades além ou aquém das capacidades cognitivas, comportamento inadequado de cuidadores e intercorrências médicas gerais (como infecções, distúrbios hidroeletrolíticos e constipação intestinal). A falha de resposta às intervenções não farmacológicas ou a presença de sintomas comportamentais graves, implicando risco iminente para o paciente ou os familiares, podem ser abordadas com o uso de psicofármacos.

---

* O Índice de Evans é calculado pela razão entre a maior distância dos cornos anteriores dos ventrículos laterais e a distância entre as tábuas internas do crânio na região biparietal, medidas na mesma imagem de corte axial de TC ou RM. Resultados maiores que 0,3 indicam hidrocefalia, mas não determinam se a causa é decorrente de retenção liquórica ou *ex-vacuum*.

Para o manejo da agitação e da agressividade, podem ser usados antidepressivos com ação serotoninérgica e sedativa, como trazodona e citalopram. Deve-se atentar para o risco de hiponatremia com o uso de psicofármacos com ação serotoninérgica em idosos. Ademais, citalopram, escitalopram e antidepressivos tricíclicos podem causar alargamento do intervalo QT no eletrocardiograma, conferindo risco para arritmias graves (*torsades de pointes*). Antipsicóticos devem ser evitados, devido a sua associação com o aumento do risco de doença cerebrovascular e de morte em idosos com demência[13]. Também, o uso de antipsicóticos com alta potência de bloqueio dopaminérgico implica risco elevado para sintomas extrapiramidais e consequentes quedas e imobilismo. Sendo assim, seu uso deve ser reservado para casos de delírios ou alucinações com impacto na funcionalidade, ou para pacientes com agitação e agressividade graves, com risco iminente, ou refratários a outros tratamentos.

Antidepressivos podem ser prescritos para depressão e/ou apatia, ainda que a eficácia possa ser limitada e não tenha sido consistentemente testada com ensaios clínicos adequados. Em nossa prática, verificamos superioridade de agentes noradrenérgicos, como a duloxetina e a vortioxetina, no tratamento da depressão vascular.

DEMÊNCIA NA DOENÇA DE PARKINSON E DEMÊNCIA COM CORPOS DE LEWY (DCL)

Epidemiologia

A prevalência de demência em pacientes com doença de Parkinson varia de 25 a 50%, aumentando quanto mais longo o tempo da doença e quanto maior a idade do paciente. Após 10 anos do início dos sintomas motores da doença de Parkinson, até 80% dos pacientes apresentam demência[15]. Paralelamente, estudos clínicos estimam que a DCL corresponda a 10 a 15% dos casos de demência[15]. Ao passo que estudos neuropatológicos *post-mortem* encontraram corpos de Lewy em 20 a 35% dos casos de demência[12], indicando possível subdiagnóstico na prática clínica e/ou frequência elevada de casos com copatologias (demência mista com DCL). Na população geral de idosos, a prevalência da DCL varia de 4,2 a 7,5%[15].

Fisiopatologia

A doença de Parkinson e a DCL possuem o mesmo substrato histopatológico – inclusões citoplasmáticas eosinofílicas formadas essencialmente pela deposição patológica da proteína alfa-sinucleína. Em 1923, Friedrich Heinrich Lewy descreveu esses achados em pacientes com doença de Parkinson e deterioração cognitiva; e, em 1980, Kosaka nomeou-os como corpos de Lewy[16]. Na doença de Parkinson, os corpos de Lewy distribuem-se inicialmente no tronco cerebral e na substância *nigra*, enquanto na DCL localizam-se predominantemente no córtex cerebral e nos núcleos subcorticais. Outra síndrome associada a alterações neuropatológicas da alfa-sinucleína é a atrofia de múltiplos sistemas (AMS), que se manifesta com parkinsonismo, ataxia cerebelar e disautonomia.

Tanto na demência na doença de Parkinson quanto na DCL, os sintomas motores estão relacionados à redução da transmissão dopaminérgica nas vias nigroestriatais. Também em ambas as condições, a deterioração cognitiva tem como mecanismo principal a depleção de acetilcolina, em razão da presença dos corpos de Lewy no prosencéfalo basal (especialmente no núcleo basal de Meynert), levando à degeneração dos neurônios colinérgicos, cujas projeções atingem o córtex cerebral.

A expressão clínica ao longo do curso das alfa-sinucleinopatias correlaciona-se com a disfunção de diferentes sistemas cerebrais, afetados de acordo com a distribuição dos corpos de Lewy na evolução de cada doença. Assim, na doença de Parkinson, o sistema nigroestriatal de regulação da motricidade é predominantemente afetado antes de sistemas corticais de processamento da cognição e do comportamento. Já na DCL, a disfunção de sistemas corticais subjacentes aos sintomas cognitivos ocorre antes ou concomitantemente à disfunção do sistema nigroestriatal subjacente às alterações motoras.

Quadro clínico

A demência na doença de Parkinson e a DCL iniciam-se mais frequentemente após 65 anos, sendo pouco comuns quadros de instalação pré-senil. A evolução de ambas é insidiosa e progressiva. Os sintomas cognitivos caracterizam-se por acometimento preferencial da atenção, das funções executivas e das habilidades visuoespaciais. Nas fases iniciais, a memória e a linguagem estão preservadas, o que pode dificultar o diagnóstico. Tipicamente, ocorre flutuação da cognição ao longo do dia, com períodos de desatenção e confusão mental, com apresentação semelhante ao *delirium*.

As alterações motoras na doença de Parkinson caracterizam-se por rigidez, bradicinesia e tremor de repouso nos membros de forma assimétrica. Enquanto, na DCL, os sintomas parkinsonianos distribuem-se axial e simetricamente. São comuns em ambas as condições alterações de marcha e equilíbrio, manifestadas por passos curtos, redução do balanceio dos membros, instabilidade postural na mudança de direção e tendência a quedas para a frente.

Os pacientes com doença de Parkinson e DCL em geral possuem hipersensibilidade a psicofármacos com alta potência de ação antagonista do receptor dopaminérgico D2. Assim, além do parkinsonismo espontâneo, esses pacientes podem exibir piora dos sintomas motores e rebaixamento do nível de consciência, quando expostos aos antipsicóticos, em particular de primeira geração. Mesmo aqueles indivíduos com DCL que não apresentam sintomas extrapiramidais expressivos tendem a reagir com graves efeitos adversos, indicando baixa reserva dopaminérgica do sistema nigroestriatal.

Alucinações visuais complexas e bem definidas, com imagens de pessoas, crianças e animais, ocorrem em até 80% dos pacientes com DCL, sendo um dos pilares para o diagnóstico clínico[17]. Na doença de Parkinson, podem ocorrer alucinações visuais espontâneas ou induzidas por levodopa e outros agentes dopaminérgicos em altas doses. Sintomas depressivos e apatia estão presentes com frequência, incluídos nos estágios prodrômicos da doença de Parkinson e da DCL.

O distúrbio comportamental do sono REM tende a se manifestar previamente aos sintomas cognitivos e motores, podendo se agravar com o avanço da doença. Esse quadro é caracterizado por sintomas de sonhos vívidos com movimentos e verbalizações, que mimetizam o conteúdo dos sonhos. Apresentações mais graves incluem quedas da cama, agressões acidentais no cônjuge e gritos, que impactam significativamente na qualidade do sono e implicam riscos de traumas físicos em pacientes e familiares.

Sintomas de disfunção autonômica tendem a aparecer em fases moderadas a avançadas da doença de Parkinson e da DCL. Compreendem constipação intestinal, urge-incontinência urinária, disfunção sexual e hipotensão ortostática.

Exames complementares

Os achados em neuroimagem estrutural associados à demência na doença de Parkinson e à DCL são pouco específicos. No geral, há atrofia cortical generalizada, sem acometimento da região mesial temporal desproporcionalmente ao restante do córtex, o que difere do padrão neuroanatômico da DA. Parte dos pacientes, particularmente aqueles com proeminentes alterações visuoespaciais e alucinações visuais, pode apresentar atrofia cortical posterior, predominantemente em região parieto-occipital.

De forma coincidente ou precedente à atrofia cortical posterior, a tomografia por emissão de pósitrons com marcador para fluordeoxiglicose (^{18}FDG-PET) ou a tomografia computadorizada com emissão de fóton único (SPECT, sigla em inglês para *single-photon emission computed tomography*) podem evidenciar hipometabolismo/hipoperfusão na região parieto-occipital. Ademais, a preservação do metabolismo no giro do cíngulo posterior (sinal da "ilha do cíngulo") na DCL é um marcador de neuroimagem funcional que a distingue da DA (Figura 2).

O SPECT com traçadores para o transportador de dopamina (DAT, sigla em inglês para *dopamine transporter*) avalia indiretamente a carga de neurônios dopaminérgicos pré-sinápticos das vias nigroestriatais. A redução da captação desses traçadores no estriado é um biomarcador específico de condições parkinsonianas primárias que comprometem o sistema nigroestriatal, incluindo a doença de Parkinson, a DCL e a paralisia supranuclear progressiva (PSP). Ainda que não demonstre as alterações etiológicas da deposição de alfa-sinucleína, a alteração no DAT-SPECT configura-se um biofenótipo com relevância clínica para o diagnóstico diferencial e o diagnóstico precoce da doença de Parkinson e da DCL (Figura 2).

Outro biofenótipo da DCL é a redução da captação de metaiodobenzilguanidina (^{123}MIBG, sigla em inglês para *metaiodobenzylguanidine*) na cintigrafia do miocárdio. Esse biomarcador reflete a denervação simpática da musculatura cardíaca, que ocorre no processo fisiopatológico da DCL subjacente aos sintomas de disautonomia.

A ausência de atonia durante o sono REM vista na polissonografia confirma a presença do distúrbio comportamental do sono REM, o qual está fortemente associado a alfa-sinucleinopatias, apoiando o diagnóstico de doença de Parkinson ou DCL. A hipótese de DCL também é reforçada por meio do eletroencefalograma (EEG) com traçados indicativos de ondas lentas posteriores com flutuação periódica.

A evidência de comprometimento proeminente em funções executivas e em habilidades visuoespaciais na avaliação neuropsicológica confirma o perfil cognitivo da DCL. Caracteristicamente, pacientes com DCL apresentam déficits nos Testes de Trilhas A e B e nos Testes de Dígitos (que medem em conjunto a performance em funções executivas, atenção e velocidade de processamento), em associação com déficits na cópia e na memória da Figura Complexa de Rey, na cópia dos Pentágonos Interceptados (subitem do MEEM), na cópia do cubo (subitem do MoCA) e no Teste do Desenho do Relógio (que medem a performance em visuoespacialidade).

Critérios diagnósticos

A diferenciação entre demência na doença de Parkinson *vs.* DCL baseia-se exclusivamente em critérios clínicos arbitrários, já que a etiologia subjacente é a mesma. Por consenso, define-se que na DCL a deterioração cognitiva inicia-se antes ou em até um ano da instalação das alterações motoras. Na demência na doença de Parkinson, o comprometimento cognitivo manifesta-se após um ano do surgimento dos sintomas motores[15].

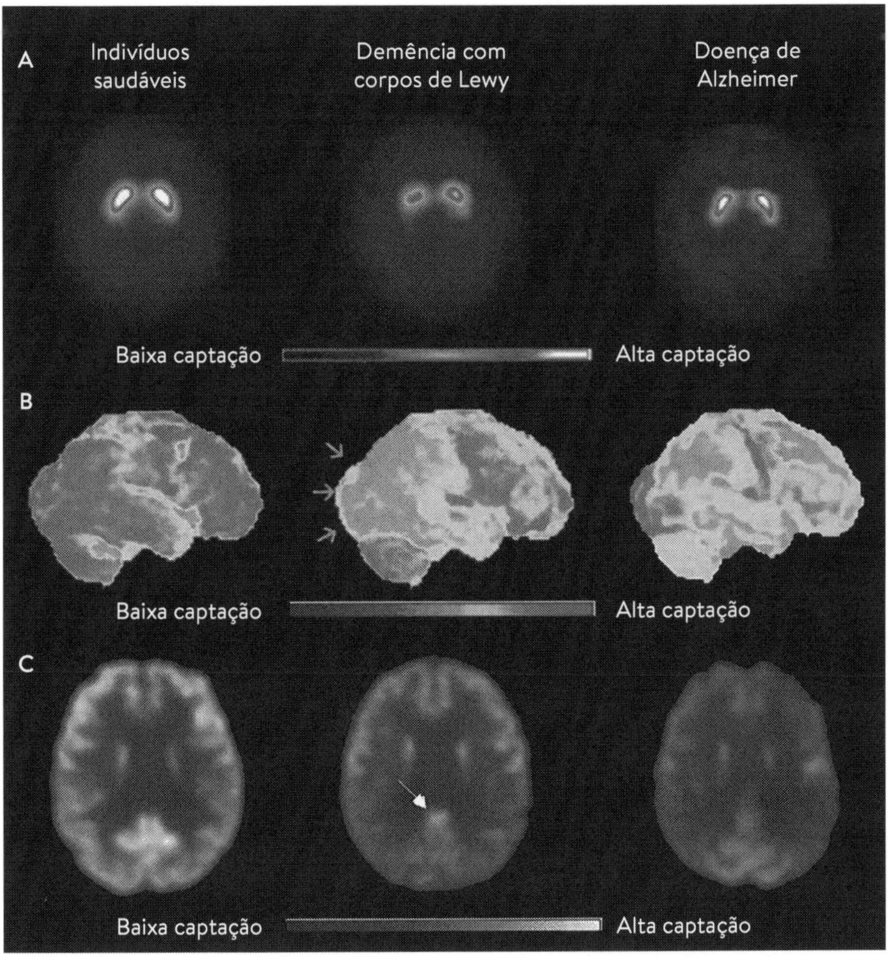

Figura 2 Comparação de pacientes com DCL *versus* idosos saudáveis e pacientes com DA, em relação a (A) cintilografia com marcador de transportador de dopamina (DAT-SPECT), (B) e (C) tomografia por emissão de pósitrons com marcador de fluordeoxiglicose (^{18}FDG-PET). Na DCL há redução significativa da captação do traçador no DAT-SPECT em comparação com a DA e com indivíduos saudáveis. Também, os pacientes com DCL tendem a apresentar hipometabolismo parieto-occipital (setas em B) com preservação do cíngulo posterior (seta em C) no ^{18}FDG-PET, diferentemente da DA, na qual o hipometabolismo se localiza na região temporoparietal afetando marcadamente o cíngulo posterior.
Fonte: adaptada de Cousins et al., 2019[18]; McKeith et al., 2017[17].

O DSM-5[12] apresenta critérios clínicos para o diagnóstico da DCL, destacando como caraterísticas centrais a flutuação da atenção, as alucinações visuais e o parkinsonismo espontâneo. Distúrbio comportamental do sono REM e hipersensibilidade a antipsicóticos são classificados como características sugestivas. A presença de duas características centrais, ou uma característica central com uma ou mais características sugestivas preenche os critérios para DCL provável. Apenas uma característica central, ou uma ou mais características sugestivas são critérios para DCL possível.

Diferentemente do DSM-5, o quarto Consórcio Internacional de DCL[17] classifica como característica clínica central o distúrbio comportamental do sono REM, juntamente com flutuação cognitiva, alucinações visuais e parkinsonismo. Adicionalmente à hipersensibilidade aos antipsicóticos, essa diretriz também inclui os sintomas de disfunção autonômica como característica clínica de suporte. Ademais, o papel dos biomarcadores é enfatizado dentre os critérios diagnósticos, em associação às características clínicas.

De acordo com o quarto Consórcio Internacional de DCL, são biomarcadores indicativos de DCL: redução da captação do traçador no DAT-SPECT, redução da captação do ^{123}MIBG na cintigrafia do miocárdio e confirmação de distúrbio comportamental do sono REM por meio de polissonografia sem atonia. Com menor peso para o diagnóstico, os biomarcadores de suporte são: relativa preservação das estruturas mesiais temporais na TC ou na RM, hipoperfusão/hipometabolismo occipital com sinal da "ilha do cíngulo" no SPECT/^{18}FDG-PET e traçados com atividade de ondas lentas posteriores no EEG. A presença de um biomarcador indicativo associado a uma característica clínica central é suficiente para o diagnóstico de DCL provável. O diagnóstico de DCL possível pode ser aventado somente com biomarcadores indicativos, na ausência de características clínicas centrais. Isoladamente os biomarcadores não determinam o diagnóstico de DCL provável[17].

Diagnóstico diferencial

A identificação de quadros de *delirium* sobrepostos à demência na doença de Parkinson ou à DCL pode não ser óbvia, em razão da similaridade dos sintomas cognitivos nessas condições, marcados por flutuação da atenção e da consciência. No geral, o *delirium* sobreposto manifesta-se com piora aguda da cognição e do comportamento, e com alteração do ciclo sono-vigília. O diagnóstico de *delirium* é confirmado mediante a identificação das causas precipitantes, como, por exemplo, infecção urinária, infecção respiratória, constipação intestinal grave e distúrbio hidroeletrolítico. O EEG pode ajudar no diagnóstico, visto que evidências de lentificação generalizada da atividade de base e de perda da reatividade na abertura ou no fechamento dos olhos apontam para *delirium*.

Quando a DCL não se manifesta com sintomas motores proeminentes, o quadro clínico pode assemelhar-se à DA, tendo-se em vista o curso insidioso e progressivo, e a atrofia cortical na TC ou RM. Deterioração precoce das funções executivas e das habilidades visuoespaciais, alucinações visuais proeminentes, neuroimagem estrutural com relativa preservação das estruturas mesiais temporais (Tabela 1) e neuroimagem funcional com hipoperfusão/hipometabolismo do lobo occipital e/ou sinal da "ilha do cíngulo" (Figura 2) apontam para DCL. Contudo, muitas vezes essas características podem não se revelar com clareza na prática clínica. Em particular, há maior dificuldade na diferenciação da DCL *vs.* a variante posterior da DA. Nesses casos, a hipocaptação do traçador no DAT-SPECT é determinante para o diagnóstico de DCL (Figura 2). É importante destacar que biomarcadores de deposição de amiloide apresentam baixa especificidade para distinguir DA e DCL[18].

A sobreposição do curso e da apresentação clínica, aliada à alta prevalência de copatologia conferem dificuldade ao diagnóstico de DCL em pacientes com fatores de risco vascular e/ou evidência de doença de pequenos vasos na neuroimagem estrutural. O DAT-SPECT também pode auxiliar sobremaneira o diagnóstico nessa situação clínica (Tabela 1).

O diagnóstico diferencial da demência na doença de Parkinson ou da DCL engloba também outras síndromes com parkinsonismo associado à demência, como a HPN, a PSP, a AMS e a degeneração corticobasal (DCB). Na diferenciação com HPN, os achados na TC ou na RM indicativos de HPN ou o DAT-SPECT são fundamentais, por conta da coincidência das características clínicas. Inversamente, o DAT-SPECT não contribui para distinguir demência na doença de Parkinson ou DCL vs. PSP. São decisivos para o diagnóstico de PSP alterações da motricidade ocular, disfagia e disfonia relativamente precoces, e achados típicos de PSP na RM (dilatação do terceiro ventrículo, atrofia anteroposterior do mesencéfalo e afinamento da lâmina quadrigêmea). A AMS tende a cursar com disfunção autonômica mais grave do que a doença de Parkinson ou a DCL, além de exibir sintomas cerebelares. Por fim, a DCB pode se manifestar com apraxia, alteração proeminente do comportamento ou afasia, associadas a sintomas extrapiramidais com marcada lateralização. Achados de atrofia cortical e/ou hipometabolismo/hipoperfusão com assimetria expressiva na neuroimagem é indicativa de DCB nesse contexto clínico.

Tratamento

Os inibidores da colinesterase mostram-se eficazes para o tratamento do declínio cognitivo na demência na doença de Parkinson e na DCL. A rivastigmina e a donepezila apresentam evidências mais robustas. Logo nos primeiros meses após o início e a titulação do inibidor da colinesterase, os pacientes tendem a exibir discreta melhora, particularmente da atenção e do interesse cognitivo. O principal desfecho é a preservação da cognição, do comportamento e da funcionalidade ao longo do tempo. A prescrição de memantina é controvertida, pois os ensaios clínicos não mostraram evidências definitivas de eficácia para os sintomas cognitivos na demência na doença de Parkinson ou na DCL[15].

Os inibidores da colinesterase também podem atenuar as alucinações visuais e melhorar a apatia. Não há fortes evidências de melhora dos sintomas psicóticos com o uso de antipsicóticos. Além disso, há alto risco de efeitos adversos graves com o uso de potentes bloqueadores dopaminérgicos, em razão da hipersensibilidade a esses fármacos. Em quadros com sintomas comportamentais exuberantes, incluindo alucinações, delírios, agitação e agressividade, com risco para o paciente ou para os cuidadores, baixas doses de antipsicóticos de segunda geração com baixa afinidade D2 podem ser considerados. Em particular, há evidências de eficácia com quetiapina e clozapina[15]. Sugere-se que a clozapina seja reservada para quadros refratários, por conta do risco de agranulocitose e plaquetopenia associado a esse medicamento, o que exige monitoramento frequente e contínuo com hemograma.

Sintomas de depressão e apatia secundários especialmente à doença de Parkinson estão relacionados à desregulação dopaminérgica e noradrenérgica. Sendo assim, melhores respostas podem ocorrer com o uso de pramipexol, antidepressivos duais e nortriptilina. Agentes com potente ação serotoninérgica podem resultar em piora do embotamento afetivo e dos sintomas motores. Antidepressivos tricíclicos podem incorrer em piora cognitiva pela ação anticolinérgica.

Melatonina e clonazepam podem ser usados no tratamento do distúrbio comportamental do sono REM. É recomendável que a melatonina seja a primeira opção, tendo-se em vista seu melhor perfil de tolerabilidade e segurança. O clonazepam pode causar piora cognitiva, sedação excessiva e risco de queda, de modo que deve ser considerado quando há falha terapêutica com a melatonina. Para sonolência excessiva diurna, alguns ensaios clínicos mostram eficácia com modafilina.

Enquanto a resposta à levodopa e a outros agentes dopaminérgicos para os sintomas motores tende a ser boa na doença de Parkinson, a eficácia é pobre ou ausente na DCL. Recomenda-se prescrever levodopa para pacientes com DCL e sintomas motores proeminentes. Se houver benefícios claros, a levodopa pode ser mantida. Caso contrário, deve-se suspender essa medicação. Fisioterapia motora deve ser indicada tanto para pacientes com doença de Parkinson quanto para DCL, podendo contribuir com a preservação da mobilidade. Em fases moderadas a graves de ambas as condições, recomendam-se avaliação e acompanhamento por fonoaudiólogos para prevenção e tratamento de disfagia.

A abordagem dos sintomas de disfunção autonômica abrange principalmente medidas para hipotensão ortostática, incontinência urinária e constipação intestinal. Para o manejo da hipotensão ortostática, recomenda-se suspender medicações anti-hipertensivas, manter boa hidratação, aumentar o aporte de sódio na dieta, evitar mudanças bruscas de decúbito, evitar exposição ao calor excessivo, usar meias e colete abdominal compressivos e, em casos graves, considerar a introdução de fludrocortisona ou desmopressina. Para incontinência urinária, pode-se prescrever antiespasmódicos com menor ação anticolinérgica central, como tróspio ou darifenacina. Os cuidados para constipação intestinal incluem aumentar a ingesta hídrica, aumentar o aporte de fibras na dieta e usar compostos emolientes ou laxantes.

Um resumo das intervenções farmacológicas para a DCL é apresentado na Tabela 2.

Tabela 2 Intervenções farmacológicas na demência com corpos de Lewy

Medicamento	Doses	Efeitos adversos mais comuns
Sintomas cognitivos		
Rivastigmina (oral)	Iniciar com 1,5 mg 2x/dia, após as refeições Aumentar 1,5 mg 2x/dia a cada 4 semanas Faixa terapêutica de 6 a 12 mg/dia, divididos em duas tomadas	Redução do apetite, náusea, vômitos, diarreia, bradicardia, hipersecretividade brônquica
Rivastigmina (adesivos transdérmicos)	Iniciar com 4,6 mg (5 cm)/24 h Aumentar para 9,5 mg (10 cm)/24 h após 1 mês Atingir 13,3 mg (15 cm)/24 h a partir do 3º mês, se bem tolerado Faixa terapêutica: 9,5-13,3 mg/24 h Trocar os adesivos pela manhã	Dermatite alérgica, bradicardia, hipersecretividade brônquica
Donepezila	Iniciar com 5 mg/dia, após alguma refeição Aumentar para 10 mg/dia após 1 mês, se bem tolerado Faixa terapêutica: 5-10 mg/dia	Redução do apetite, náuseas, vômitos, bradicardia, hipersecretividade brônquica, cãibras
Galantamina (cápsulas de liberação prolongada)	Iniciar com 8 mg/dia, após o café da manhã Aumentar para 16 mg/dia após 1 mês Atingir 24 mg/dia, se bem tolerado Faixa terapêutica: 16-24 mg/dia	Redução do apetite, náuseas, vômitos, bradicardia, hipersecretividade brônquica
Alterações do comportamento: alucinações, delírios, agitação e agressividade		
Quetiapina	Iniciar com 12,5 mg/dia, à noite. Progredir até 200 mg/dia, conforme eficácia e tolerabilidade	Sedação excessiva, hipotensão postural, sintomas extrapiramidais, risco de queda

(continua)

Tabela 2 Intervenções farmacológicas na demência com corpos de Lewy (*continuação*)

Medicamento	Doses	Efeitos adversos mais comuns
Clozapina	Iniciar com 12,5 mg/dia, à noite Progredir até 50 mg/dia, conforme eficácia e tolerabilidade	Sedação excessiva, sialorreia, sintomas extrapiramidais, agranulocitose e plaquetopenia (monitoramento com hemograma semanalmente nas 18 primeiras semanas e mensalmente a partir de então)
Distúrbio motor		
Levodopa + carbidopa	Iniciar com 100 + 25 mg/dia, distante das refeições Titular até 100 + 25 mg 3x/dia	Náusea, vômitos, hipotensão arterial, psicose, discinesia
Distúrbio comportamental do sono REM		
Melatonina	Iniciar com 3 mg, 30 a 60 minutos antes de dormir Titular até 6 mg, conforme a resposta	Cefaleia
Clonazepam	Iniciar com 0,25 mg logo antes de dormir Titular até 2 mg, conforme a resposta	Sedação excessiva, *delirium*
Disfunção autonômica: hipotensão ortostática		
Fludrocortisona	Iniciar com 0,1 mg/dia Titular até 0,3 mg/dia, com aumento de 0,1 mg a cada semana	Hipertensão arterial, insuficiência cardíaca congestiva
Desmopressina (oral)	Iniciar com 0,1 mg 3x/dia Titular até 1,2 mg	Hiponatremia
Desmopressina (*spray* nasal)	10-40 mcg/dia	Hiponatremia
Disfunção autonômica: incontinência urinária		
Tróspio	Iniciar com 20 mg/dia Titular até 20 mg 2x/dia, conforme eficácia e tolerabilidade	Xerostomia, constipação intestinal, visão turva (efeitos anticolinérgicos centrais)
Darifenacina	Iniciar com 7,5 mg/dia Titular até 15 mg/dia, conforme eficácia e tolerabilidade	Xerostomia, constipação intestinal, visão turva (efeitos anticolinérgicos centrais)

(*continua*)

Tabela 2 Intervenções farmacológicas na demência com corpos de Lewy (*continuação*)

Medicamento	Doses	Efeitos adversos mais comuns
Disfunção autonômica: constipação intestinal		
Emolientes, laxantes de contato e osmóticos	Seguir bula de cada composto	Cólicas abdominais, flatulências, diarreia, incontinência fecal, desidratação

VINHETA CLÍNICA: SÍNDROME DE EKBOM E DEMÊNCIA COM CORPOS DE LEWY (DCL)

Mulher, 72 anos, dona de casa, 8 anos de escolaridade.

Foi trazida à unidade de emergência pelos familiares, pois há 1 semana ela não comia, alegando que haveria larvas em sua boca. Há 3 meses, vinha reclamando da sensação de que "alguma coisa" estaria mexendo-se entre seus dentes e gengivas. Foi levada várias vezes a dentistas, que não observaram alterações. Descrevia que há 1 mês vinha enxergando pequenas larvas brancas em seu travesseiro, nos talheres e na comida. Retirava fragmentos de mucosa e saliva, referindo serem larvas. Recusava-se a se alimentar, pois acreditava que as larvas chegavam à sua boca por meio dos alimentos.

Os familiares referiram que, por volta de 12 meses antes do início desses sintomas, a paciente vinha demorando mais tempo e atrapalhando-se para executar tarefas habituais, como cozinhar e lavar louças, de modo que sua filha assumira essas funções. Ao longo do dia, vinha apresentando momentos em que ficava "aérea" e sonolenta. Apresentava também distúrbio do sono, com agitação, gesticulações e verbalizações enquanto dormia, chegando a cair da cama.

Seu histórico médico geral incluía apenas dislipidemia, para a qual estava em uso de rosuvastatina 10 mg por dia. Os familiares negavam antecedentes psiquiátricos. Como antecedente familiar, referia que sua mãe falecera aos 75 anos com demência.

A pontuação no Miniexame do Estado Mental (MEEM) foi de 20, com perda de 2 pontos em orientação temporal, 5 pontos em cálculo, 1 ponto na evocação, 1 ponto na execução do comando verbal e 1 ponto na cópia dos pentágonos. A fluência verbal fonêmica foi de seis palavras em um minuto. No teste do desenho do relógio, apresentou erro na sequência numérica e na marcação dos ponteiros. Exibia rigidez axial 2+/4 e marcha com passos curtos, redução do balanceio dos braços e instabilidade ao mudar de direção. Não havia outras alterações significativas nos exames físico e neurológico. Os exames laboratoriais também não revelavam alterações em hemograma, eletrólitos, função renal e hepática, TSH, urina 1, B12, ácido fólico e glicemia. Sorologias negativas para HIV, hepatites B e C, e sífilis.

Inicialmente, foram aventadas hipóteses diagnósticas de síndrome de Ekbom (delírio de infestação), síndrome demencial, síndrome parkinsoniana e possível distúrbio do sono REM. A paciente foi internada para tratamento dos sintomas psicóticos e da recusa alimentar, como também para investigação etiológica. A RM do encéfalo mostrou atrofia cortical predominantemente em região parieto-occipital, com relativa preservação dos hipocampos e córtices entorrinais (Figura 3). O SPECT com marcador do transportador de dopamina evidenciou redução da concentração do radiofármaco nos corpos estriados, com taxa de ligação de 0,25 bilateralmente (valor de normalidade ≥ 0,70). O distúrbio do sono REM foi confirmado por meio da ausência de atonia na polissonografia. Foi estabelecido o diagnóstico de DCL provável.

Ainda na internação foi iniciado tratamento com quetiapina 12,5 mg e melatonina 3 mg à noite, posteriormente titulados para 50 e 6 mg, respectivamente. Também foram realizadas avaliação e intervenção nutricionais, por conta de perda de peso e síndrome de fragilidade. A paciente evoluiu com melhora parcial dos sintomas psicóticos e passou

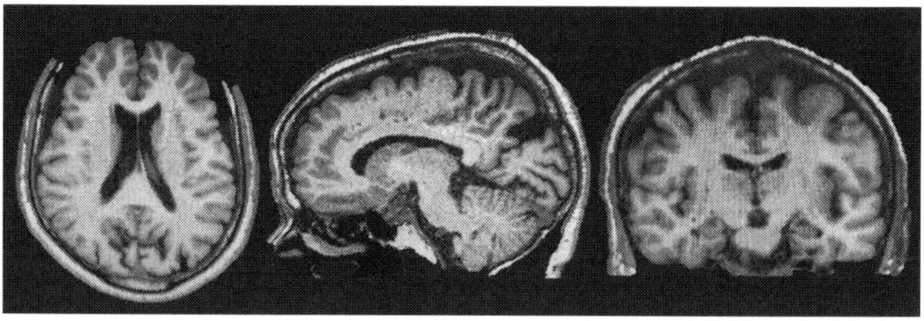

Figura 3 Ressonância magnética do encéfalo, na sequência T1, de uma mulher de 72 anos com demência com corpos de Lewy (ver vinheta clínica), evidenciando alargamento dos sulcos corticais na região posterior (corte axial, imagem da esquerda), atrofia cortical do precúneo e do cúneo com marcado alargamento da fissura parieto-occipital (corte sagital, imagem do centro) e preservação das estruturas mesiais temporais, incluindo hipocampos e córtices entorrinais (pontuação na escala MTA zero à direita e 1 à esquerda[14]) (corte coronal, imagem da direita).

a aceitar alimentação satisfatoriamente, recebendo alta hospitalar após 20 dias de internação.

Durante o seguimento ambulatorial, a paciente apresentou recuperação do peso, permitindo a adição de rivastigmina (adesivo transdérmico), titulada até 13,3 mg/24 h. Após três meses, os familiares relataram melhora parcial da cognição, descrevendo que a paciente estava mais atenta, com o "pensamento mais ágil" e mais participativa nas conversas da família. Nessa avaliação, a pontuação no MEEM foi de 23 pontos, com perda de 1 ponto em orientação temporal, 4 pontos em cálculo, 1 ponto na evocação e 1 ponto na cópia dos pentágonos. As alucinações e o delírio de infestação remitiram por completo. Houve também melhora do distúrbio comportamental do sono REM. A paciente foi encaminhada para fisioterapia motora e terapia ocupacional.

REFERÊNCIAS BIBLIOGRÁFICAS

1. Minett T, Brayne C, Stephan BC. Epidemiology of old age psychiatry. In: Dening T, Thomas A, Stewart R, Taylor JP (eds.). Oxford textbook of old age psychiatry, 3.ed. Oxford: Oxford University Press, 2020. p. 45-76.
2. Rundek T, Tolea M, Ariko T, Fagerli EA, Camargo CJ. Vascular Cognitive Impairment (VCI). Neurotherapeutics. 2022;19:68-88.
3. Wolters FJ, Arfan Ikram M. Epidemiology of vascular dementia: Nosology in a time of epiomics. Arterioscler Thromb Vasc Biol [Internet].2019;39(8):1542-9.
4. Hackett ML, Köhler S, O'Brien JT, Mead GE. Neuropsychiatric outcomes of stroke. Lancet Neurology. 2014;13:525-34.
5. Ramirez-Gomez L, Zheng L, Reed B, Kramer J, Mungas D, Zarow C, et al. Neuropsychological profiles differentiate Alzheimer disease from subcortical ischemic vascular dementia in an autopsy-defined cohort. Dement Geriatr Cogn Disord. 2017;44(1-2):1-11.
6. Skrobot OA, Black SE, Chen C, DeCarli C, Erkinjuntti T, Ford GA, et al. Progress toward standardized diagnosis of vascular cognitive impairment: Guidelines from the Vascular Impairment of Cognition Classification Consensus Study. Alzheimer's Dement. 2018;14(3):280-92.
7. Zanon Zotin MC, Sveikata L, Viswanathan A, Yilmaz P. Cerebral small vessel disease and vascular cognitive impairment: From diagnosis to management. Curr Op Neurol. 2021;34:246-57.
8. Fazekas F, Barkhof F, Wahlund LO, Pantoni L, Erkinjuntti T, Scheltens P, et al. CT and MRI rating of white matter lesions. Cerebrovasc Dis. 2002;13(Suppl. 2):31-6.
9. Sharma R, Hamidi H. Middle cerebral artery territory chronic infarct [Internet]. Radiopaedia.org. Radiopaedia.org; 2019. Disponível em: http://radiopaedia.org/cases/middle-cerebral-artery-territory-chronic-infarct.
10. Schubert R. Middle cerebral artery infarction [Internet]. Radiopaedia.org. Radiopaedia.org; 2012. Disponível em: http://radiopaedia.org/cases/middle-cerebral-artery-infarction.
11. Di Muzio B. Fazekas scale for white matter lesions [Internet]. Radiopaedia.org. Radiopaedia.org; 2015. Disponível em: http://radiopaedia.org/cases/fazekas-scale-for-white-matter-lesions.
12. American Psychiatric Association. DSM-5: Diagnostic and Statistical Manual of Mental Disorders. Fifth Edit. American Psychiatric Association, editor. Arlington: American Psychiatric Association; 2013.

13. Maust DT, Kim HM, Seyfried LS, Chiang C, Kavanagh J, Schneider LS, et al. Antipsychotics, other psychotropics, and the risk of death in patients with dementia: number needed to harm. JAMA Psychiatry. 2015;72(5):438-45.
14. Scheltens P, Kuiper M, Ch Wolters E, Barkhof F, Valk J, Weinsten HC, et al. Atrophy of medial temporal lobes on MRI in "probable" Alzheimer's disease and normal ageing: diagnostic value and neuropsychological correlates. J Neurol Neurosurg Psychiatry. 1992;55(10):967-72.
15. Walker Z, Possin KL, Boeve BF, Aarsland D. Lewy body dementias. Lancet. 2015;386(10004):1683-97.
16. Goedert M, Spillantini MG, Del Tredici K, Braak H. 100 years of Lewy pathology. Nat Rev Neurol. 2013;9(1):13-24.
17. McKeith IG, Boeve BF, Dickson DW, Halliday G, Taylor JP, Weintraub D, et al. Diagnosis and management of dementia with Lewy bodies. Neurology. 2017;89(1):88-100.
18. Cousins O, Yousaf T, Wilson H, Pagano G, Politis M. Molecular imaging of dementia with Lewy bodies. In: International Review of Neurobiology. Academic Press. 2019;59-93.

11

Degeneração lobar frontotemporal

Luiz Fernando de Almeida Lima e Silva

INTRODUÇÃO

O termo degeneração lobar frontotemporal (DLFT) engloba diferentes entidades patológicas que, por sua vez, são resultado de diversas alterações moleculares (incluindo taupatias, alteração da proteína TDP-43 ou relacionadas ao *fused-in-sarcoma*/FUS), que acarretam acometimento preferencial do córtex frontal e/ou temporal. Como costuma existir íntima relação entre a anatomia e o fenótipo apresentado pelo paciente, as principais manifestações clínicas estão relacionadas à disfunção de habilidades regidas pelos lobos frontais e/ou temporais, como distúrbios no controle inibitório e funções executivas, volição (incluindo apatia) e linguagem[1].

A prevalência da DLFT varia consideravelmente nos diferentes levantamentos e de acordo com a região geográfica que esses estudos englobam, podendo ser a primeira ou a segunda causa mais comum de demência pré-senil (i.e., que ocorre antes dos 65 anos), respondendo por 5 e 10% dos casos de demência. Sua ocorrência é mais comum entre os 50 e 60 anos, com pico de incidência em torno dos 58 anos. Contudo, os primeiros sintomas podem surgir em adultos mais jovens, tornando o diagnóstico diferencial com morbidades "puramente" psiquiátricas um desafio, e também em idosos com idade avançada[2].

Apesar de existirem diferentes subtipos clínicos, incluindo aqueles que envolvem preferencialmente linguagem (resultando em afasia fluente e/ou semântica), é o subtipo comportamental (demência frontotemporal variante comportamental – DFT-vc) que comumente exige um manejo mais contundente dos sintomas neuropsiquiátricos. Além disso, a DFT-vc é a apresentação clínica mais comum, representando cerca de 50% dos casos de DLFT[2]. Entretanto, é verdade que, com a progressão e o agravamento da patologia, o surgimento de sintomas neuropsiquiátricos é um caminho comum a todas as formas clínicas, e a distinção entre os subtipos da doença pode ser difícil em estágios avançados.

ASPECTOS CLÍNICOS E DIAGNÓSTICOS

Como é na variante comportamental da DFT (DFT-vc) que os sintomas neuropsiquiátricos se manifestam de forma mais precoce e exuberante, este capítulo focará nesse subtipo. Lembrando que, apesar de as outras formas clínicas comprometerem precocemente a linguagem de maneira relativamente seletiva, as variantes de linguagem (semântica ou não fluente) evoluem, em maior ou menor grau, com sintomas neuropsiquiátricos semelhantes aos evidenciados na DFT-vc.

Uma característica marcante da DFT é o início insidioso de alterações comportamentais, mais comumente entre os 50 e 60 anos, com relativa preservação da memória (dado que auxilia no diagnóstico diferencial com doença de Alzheimer). Com relação aos sintomas comportamentais, que se relacionam ao acometimento de diferentes circuitos da região frontotemporal, podemos agrupá-los em quatro grandes categorias[1-4]:

1. Apatia (85% dos casos): secundária ao acometimento das regiões mediais e cíngulo anterior.
   - Empobrecimento afetivo e perda da capacidade empática.
   - Comportamento insensível e sem consideração pelos sentimentos alheios.
   - Indiferença e perda do interesse, com redução global da atividade motora.
   - Perda do desejo de se engajar em atividades relacionadas a um objetivo específico, com afastamento do trabalho, família e *hobbies*.
2. Desinibição e impulsividade (76% dos casos): em função do acometimento das regiões orbitofrontais.
   - Hiper-reatividade, incluindo baixa tolerância à frustração, irritabilidade e comportamento agressivo.
   - Comportamento sexual aberrante, incluindo masturbação compulsiva, atos inadequados, além de discurso centrado em conteúdo sexual.
   - Invasão do espaço interpessoal ou excessiva intimidade e familiaridade com estranhos.
   - Engajamento em atos sem considerar as consequências, incluindo envolvimento compulsivo com jogos de azar, furtos ou roubos.
   - Perda do decoro social, com linguagem inadequada, palavras de baixo calão ou piadas inadequadas e ofensivas, sem que isso resulte em nenhum constrangimento.

3. Repetição, sintomas obsessivo-compulsivos (71% dos casos): relacionados a comprometimento dorsolateral e orbitofrontal.
   - Comportamentos motores simples como bater palmas, esfregar as mãos, cutucar ou estalar os lábios.
   - Comportamentos motores complexos também podem ocorrer, como rituais de contagem, colecionar objetos, idas repetidas ao banheiro.
   - O discurso também pode assumir caráter estereotipado e repetitivo.
4. Prejuízo atencional e da função executiva (precoce) e da memória e visuoespacialidade (mais tardio): associado principalmente ao acometimento dos circuitos dorsolaterais.
   - Dificuldades com atividades que exijam concentração, organização e sequência.
   - Dificuldades com atividades instrumentais de vida diária.
   - Em casos mais graves, dificuldades com a realização de atividades básicas de vida diária.

Frequentemente, esses sintomas são acompanhados por outras manifestações neuropsiquiátricas, como oscilações de humor (incluindo euforia e depressão) e até mesmo sintomas psicóticos (com delírios e alucinações). Estes podem tanto anteceder o início do quadro de franca demência como ocorrer durante sua evolução, e tornam o manejo dos pacientes um desafio ainda maior[1].

CRITÉRIOS DIAGNÓSTICOS DE DFT-VC (*INTERNATIONAL BEHAVIORAL VARIANT FTD CONSORTIUM* – FTDC)[5]

Os critérios diagnósticos para degeneração lobar frontotemporal variante comportamental foram definidos pelo International Behavioral Variant FTD Consortium (FTDC), no ano de 2011 (Quadro 1). Esses critérios exigem que ao menos três dos seis sintomas nucleares estejam presentes, incluindo cinco domínios comportamentais: (1) desinibição social; (2) apatia; (3) perda afetiva e da empatia; (4) comportamentos perseverativos, compulsivos ou estereotipados; (5) hiperoralidade ou mudanças dietéticas; (6) perfil neuropsicológico com disfunção executiva e relativa preservação de memória episódica e habilidades visuoespaciais. O diagnóstico é provável quando são evidenciadas alterações frontais e/ou temporais anteriores nos exames estruturais ou funcionais, associadas à perda funcional (Quadro 1)[5].

Na prática clínica, testes de triagem como o Miniexame do Estado Mental (MEEM) e o *Montreal Cognitive Assessment* (MoCA), o último superior na avaliação de funções executivas, fornecem informações preciosas na investigação desses pacientes[6]. Contudo, uma avaliação neuropsicológica completa fornece

Quadro 1 Critérios diagnósticos para demência frontotemporal variante comportamental (DFT-vc) segundo o *International Behavioral Variant FTD Consortium*

I. Doença neurodegenerativa: o seguinte sintoma DEVE estar presente para o diagnóstico de DFT-vc.
A. Deterioração progressiva do comportamento e/ou cognição, constatado por meio de observação direta ou história (anamnese objetiva com informante).
II. Possível DFT-vc: três dos seguintes sintomas envolvendo comportamento e cognição (A-F) devem estar presentes. Os sintomas devem ser persistentes ou recorrentes, e não um evento isolado ou raro.
A. Desinibição comportamental precoce (um dos seguintes sintomas deve estar presente): **A1.** Comportamento social inapropriado. **A2.** Perda da etiqueta e decoro. **A3.** Ações impulsivas e impensadas/descuidadas.
B. Apatia ou inércia precoce (um dos seguintes sintomas deve estar presente): **B1.** Apatia. **B2.** Inércia.
C. Perda precoce do afeto e capacidade de empatia (um dos seguintes deve estar presente): **C1.** Resposta diminuída às necessidades e sentimentos alheios. **C2.** Diminuição do interesse social, interpessoal ou "calor" pessoal nas relações.
D. Surgimento precoce de comportamento perseverativo, estereotipado ou compulsivo/ritualístico (um dos seguintes deve estar presente): **D1.** Comportamentos simples e repetitivos. **D2.** Comportamentos complexos, ritualísticos e compulsivos. **D3.** Estereotipia de fala.
E. Hiperoralidade e mudanças dietéticas (um dos seguintes deve estar presente): **E1.** Mudança nas preferências alimentares. **E2.** Comer em *binge*, aumento do consumo de álcool ou cigarros. **E3.** Exploração oral ou ingestão de substâncias/objetos não comestíveis.
F. Perfil neuropsicológico: déficits executivos com relativa preservação da memória e funções visuoespaciais (todos os seguintes devem estar presentes): **F1.** Déficit em tarefas executivas. **F2.** Preservação relativa da memória episódica. **F3.** Preservação relativa das habilidades visuoespaciais.
III. DFT-vc provável: todos os critérios devem estar presentes.
A. Preenche critério para possível DFC-vc.
B. Apresenta declínio funcional significativo (relatado pelo cuidador ou constatado pela *Clinical Dementia Rating Scale* ou *Functional Activities Questionnaire*)
C. Neuroimagem com resultados apontando para DFC-VC (um dos seguintes deve estar presente): **C1.** Atrofia frontal e/ou temporal anterior na RNM ou TC. **C2.** Hipoperfusão ou hipometabolismo anterior e/ou temporal anterior no SPECT/PET.

(continua)

Quadro 1 Critérios diagnósticos para demência frontotemporal variante comportamental (DFT-vc) segundo o *International Behavioral Variant FTD Consortium* (*continuação*)

IV. DFT variante comportamental com critérios patológicos definitivos para DLFT: critério A deve estar presente, somado ao critério B ou C.
A. Preenche critérios para possível ou provável DFT-vc.
B. Evidência histopatológica de DLFT na biópsia ou no estudo *post mortem*.
C. Presença de uma mutação patológica conhecida.
V. Critérios de exclusão para DFC-vc: critérios A e B devem ser negativos para o diagnóstico de DFT-vc. Critério C pode ser positivo para DFT-vc possível, mas deve ser negativo para DFT-vc provável.
A. Padrão de déficits é mais bem explicado por outra doença neurodegenerativa ou doença clínica.
B. Distúrbio comportamental é mais bem explicado por um diagnóstico psiquiátrico.
C. Biomarcadores fortemente indicativos de doença de Alzheimer ou outro processo neurodegenerativo.

Adaptada de Rascovsky et al., 2015[5].

um panorama mais detalhado dos aspectos cognitivos e neuropsiquiátricos[7]. O resultado tipicamente demonstra déficit nas funções executivas e atenção, com preservação relativa da memória episódica declarativa e visuoespacialidade (domínios comumente comprometidos na doença de Alzheimer). A memória de trabalho, relacionada a circuitos frontais, pode mostrar-se comprometida. Testes que avaliam as funções executivas de forma mais específica, como o INECO *Frontal Screening* (IFS), se mostraram capazes de diferenciar DFT-vc de outras condições em que a disfunção executiva está presente, como episódios depressivos[8].

A neuroimagem estrutural e funcional também demonstra acometimento preferencial das regiões frontotemporais, reforçando o diagnóstico. Exames estruturais como a tomografia computadorizada de crânio (TC) e a ressonância magnética de encéfalo (RM) revelam atrofia preferencial do lobo frontal, com atrofia da região orbitofrontal, do cíngulo anterior, do córtex insular anterior e do córtex temporal anterior. Por sua vez, técnicas de avaliação funcional, como SPECT e FDG-PET, mostram tipicamente hipoperfusão/hipometabolismo frontal ou temporal anterior, com preservação nas regiões parietais. Esses exames apresentam 80% de sensibilidade e especificidade ao distinguir DFT de DA[9,10].

Em alguns casos, uma avaliação genética, em que se pesquisam as principais mutações associadas a essa síndrome demencial, se mostra valiosa, principalmente quando há dúvida diagnóstica, como quando os sintomas surgem de forma precoce em indivíduos jovens[11]. Entre 30 e 50% dos indivíduos com DFT-vc apresentam história familiar positiva, com padrão autossômico dominante presente em 10 a 27% dos casos (forma genérica da DFT)[11]. Em 80% dos casos, a forma genética da DFT se relaciona a anormalidades em três domínios: (1) MAPT (*microtubule associated protein tau*); (2) C9orf72 (*chromosome 9 open reading frame 72*); (3) GRN (*proglanulin*)[12]. Atenção especial deve ser dada aos portadores da mutação C9orf72, já que esses pacientes apresentam mais comumente sintomas psicóticos e outros sintomas neuropsiquiátricos, e costumam receber diagnóstico de esquizofrenia, transtorno bipolar ou transtorno obsessivo-compulsivo anos antes do diagnóstico de DFT[13].

TRATAMENTO

Na avaliação, entender e explorar as manifestações cognitivas e comportamentais dos pacientes com hipótese diagnóstica de DFT-vc é imprescindível, já que o manejo desses pacientes é fundamentalmente sintomático, uma vez que não existem tratamentos modificadores de doença. Contudo, a abordagem dos sintomas neuropsiquiátricos proporciona melhor qualidade de vida para os pacientes, além de diminuir consideravelmente os sintomas relacionados ao estresse do cuidador[1].

Uma vez que a anatomia do acometimento tem íntima relação com as manifestações sintomáticas, uma maneira de estruturar a abordagem terapêutica é pensar em quais sistemas de neurotransmissores são possíveis alvos de intervenção, resultando, assim, em melhora clínica. As principais drogas usadas são ISRS (serotonina), antipsicóticos (dopamina), inibidores da acetilcolinesterase (acetilcolina) e antagonistas/moduladores de receptores NMDA (glutamato)[14,15].

Inibidores da recaptação de serotonina (ISRS)

Uma vez que o córtex frontal apresenta muitas projeções serotoninérgicas dos núcleos da rafe, medicações que modulam essas vias são as que apresentam mais evidências no manejo clínico de pacientes com DFT. Manifestações comportamentais relacionadas à disfunção serotoninérgica, como impulsividade, agitação e oscilações de humor, são comuns e costumam melhorar com o uso de ISRS[15]. Por serem fármacos relativamente seguros, os ISRS habitualmente são a intervenção terapêutica inicial no manejo neuropsiquiátrico dos casos de DFT, mesmo considerando que a efetividade da maioria dessas drogas tenha sido avaliada apenas em estudos abertos e não controlados[14-17].

Fármacos como fluoxetina, sertralina, paroxetina, fluvoxamina, citalopram e escitalopram frequentemente resultam em melhora de sintomas como desinibição, comportamento alimentar aberrante, estereotipias comportamentais, irritabilidade e depressão[18]. Outros benefícios incluem diminuição do comportamento impulsivo e compulsivo, da agressividade e agitação, e de comportamentos alimentares aberrantes[16,17].

Dentre os fármacos estudados, a trazodona (um antidepressivo com atuação atípica nas vias serotoninérgicas) é uma das poucas drogas avaliadas em um estudo duplo-cego, randomizado e controlado com pacientes portadores de DFT. Apesar do pequeno número de participantes (N=26), os pacientes com DFT que receberam até 300 mg de trazodona apresentaram redução na pontuação do inventário neuropsiquiátrico (NPI) após 12 semanas de tratamento, o que se traduz em melhora das alterações comportamentais[17]. Em um *follow-up* desse mesmo estudo, os indivíduos tratados com trazodona mantiveram sua pontuação do NPI mesmo após 2 anos, sugerindo que a droga possa ter eficácia em longo prazo dos sintomas comportamentais da DFT[16]. A paroxetina também demonstra benefício no manejo dos sintomas comportamentais da DFT, como evidenciado em estudos não controlados[19,20]. Contudo, como a droga tem maior ação anticolinérgica, principalmente em doses altas, o custo-benefício do seu uso deve ser considerado[21].

Apesar de os antidepressivos serem fármacos cujo uso frequentemente resulta em melhora de uma variedade de sintomas dos portadores de DFT, com a vantagem da relativa segurança clínica, distúrbios graves de comportamento comumente exigem o uso de um antipsicótico.

Antipsicóticos (antidopaminérgicos)

As regiões cerebrais acometidas na DFT também são ricas em projeções dopaminérgicas, circuitos acometidos no decorrer do processo neurodegenerativo. Dessa forma, o uso de antagonistas de dopamina pode parecer ilógico, já que esses indivíduos apresentam um déficit dopaminérgico que habitualmente resulta em parkinsonismo, com rigidez, bradicinesia e outros sintomas motores. Contudo, uma extrapolação do resultado positivo com o uso de antipsicóticos em outras condições que cursam com agitação, agressividade e psicose (como esquizofrenia e outros tipos de demência), bem como a experiência clínica nos casos de DFT dão suporte à administração desses fármacos[14,22,23]. Justamente pela maior tendência a efeitos adversos, incluindo sintomas motores (extrapiramidal), dá-se preferência às drogas de nova geração ("atípicos"), que possuem menor afinidade pelos receptores D2 de dopamina[14,24]. Deve-se dar atenção a um possível agravamento do parkinsonismo, bem como ao surgimento de outras complicações, como acatisia[25].

Como se pode imaginar, em uma condição em que os sintomas neuropsiquiátricos estão entre as principais manifestações clínicas, o uso de antipsicóticos nessa população não é raro[15], apesar de a literatura carecer de grandes estudos controlados que incluam especificamente pacientes com DFT (à semelhança do que ocorre com os antidepressivos). Das evidências disponíveis, a *olanzapina* parece atenuar delírios e outros sintomas neuropsiquiátricos (como estereotipias, desinibição, comportamento sexual aberrante e oscilações de humor), além de diminuir os indicativos de estresse do cuidador[26]. Há também, na literatura, relatos do uso de risperidona e aripiprazol em pacientes com DFT[22,23].

Mesmo que os fármacos de nova geração sejam mais bem tolerados, os já mencionados sintomas extrapiramidais podem ocorrer e, somados à maior sedação, aumentam o risco de quedas. Piora de quadros de humor (depressão), apatia, bem como outros sintomas somáticos como incontinência urinária também não são raros. Por fim, em especial na população geriátrica, as drogas antipsicóticas estão associadas a um considerável aumento do risco de mortalidade, e devem ser usadas com parcimônia[27].

Inibidores da acetilcolinesterase (IAChE)

Sabidamente, as vias colinérgicas são particularmente comprometidas em demências, como na doença de Alzheimer[14], e a prescrição de drogas inibidoras da acetilcolinesterase (colinérgicas) costuma trazer benefício clínico nesses pacientes. Naturalmente, esses fármacos foram estudados em portadores de DFT, mas os achados não apoiam o uso dos IAChE nesse tipo de demência[28,29]. Alguns dados sugerem, inclusive, que o uso dos IAChE em pacientes com DFT pode resultar em agravamento de sintomas comportamentais e cognitivos[30].

É importante salientar que existem poucos ensaios envolvendo o uso de IAChE em pacientes com DFT, e dados derivados de estudos abertos mostraram benefícios, em especial no manejo comportamental (medido pela NPI), sem prevenir o declínio cognitivo (medido pelo MEEM)[31]. Como a DFT é uma condição altamente heterogênea, estudos mais específicos poderão mostrar, no futuro, benefício no uso terapêutico de IAChE para subgrupos desses pacientes.

Moduladores de receptor NMDA (glutamato)

A memantina é um modulador (antagonista) de receptores NMDA (N-metil-D-aspartato), implicado nas vias glutamatérgicas. Trata-se de um fármaco usado em casos moderados a graves de DA, mas que também mostrou benefício no manejo neuropsiquiátrico de outras demências, como demência vascular e demência na doença de Parkinson e por corpos de Lewy.

Infelizmente, os principais estudos envolvendo o uso de memantina (em doses de até 20 mg) em pacientes com DFT mostraram-se negativos e, em alguns casos, houve até mesmo piora cognitiva[32,33]. Desse modo, o uso sistemático de memantina para pacientes com DFT não é recomendado com base nas evidências atualmente disponíveis.

OUTRAS ABORDAGENS FARMACOLÓGICAS

Psicoestimulantes

Por elevar a concentração de catecolaminas, com potencial otimização da função cognitiva, bem como de atenuação da disfunção em regiões orbitofrontais e frontoestriatais, fármacos psicoestimulantes foram estudados no manejo sintomático da DFT. Estudos envolvendo o uso de metilfenidato demonstraram melhora dos distúrbios comportamentais nesses pacientes[34]. Contudo, como a maior parte dos estudos envolveu pequenos grupos de pacientes e como o uso desse tipo de fármaco não é isento de riscos, na prática clínica seu uso deve ser cauteloso.

Ocitocina

Na literatura, o uso de ocitocina foi avaliado no manejo de diferentes transtornos neuropsiquiátricos, como esquizofrenia, autismo, ansiedade social, transtorno obsessivo-compulsivo, depressão puerperal, transtorno de estresse pós-traumático, transtorno *borderline* e outros[35]. Apesar de esses estudos terem mostrado algum benefício, ensaios envolvendo pacientes com DFT são raros.

O apelo do uso de ocitocina nesses pacientes deriva principalmente de uma extrapolação do benefício encontrado em pacientes com autismo, em que comumente estão presentes distúrbios em habilidades sociais, comportamento e cognição[36]. De fato, a pouca evidência disponível mostra melhora em aspectos emocionais de pacientes com DFT, mas são necessários mais estudos para consolidar o seu uso na prática clínica[37].

INTERVENÇÕES NÃO FARMACOLÓGICAS

Apesar de quase inevitáveis na prática clínica do cuidado de pacientes com DFT, as intervenções farmacológicas agregam riscos ao paciente, aumentando a sedação e a incidência de quedas, bem como resultando em piora cognitiva. Muitos desses fármacos, como os antipsicóticos, também estão implicados em um incremento do risco de eventos vasculares e de morte. Além disso, os psicofármacos nem sempre controlam, de forma contundente, alguns dos sintomas neuropsiquiátricos apresentados por esses pacientes.

Dessa forma, por se mostrarem frequentemente mais efetivas do que a farmacoterapia isolada e por ajudarem a minimizar a polifarmácia e os riscos derivados dela, as intervenções não farmacológicas devem ser sempre a primeira medida implementada no cuidado de pacientes com quadros demenciais, incluindo DFT. A literatura médica é farta em evidências de que essas intervenções melhoram a qualidade de vida e o bem-estar dos portadores de demência, bem como minimizam o estresse do cuidador[38].

Dentre as alterações de comportamento frequentemente manifestadas por pacientes com DFT, relacionadas à perda do controle inibitório e da crítica social, estão: exploração do ambiente, agressividade, hiperoralidade, comportamento sexual aberrante, dificuldade em fala e habilidades de comunicação. Sintomas como hiperoralidade podem fazer com que esses pacientes venham a ingerir substâncias não comestíveis, colocando-os em risco. Além disso, também são mais propensos a ganho de peso, aumento do tabagismo e ingestão de álcool, exigindo que a organização da casa previna o acesso fácil a elementos potencialmente perigosos[39].

Essas situações devem sempre ser abordadas de forma individualizada, preferencialmente focando no problema mais grave no momento e relevando, dentro do possível, as dificuldades mais brandas[40]. Garantir a segurança integral dos pacientes o tempo todo não é um objetivo realista, mas abordagem que impeça a ocorrência de acidentes graves é imperativa, tanto do ponto de vista da integridade física como da exposição social e financeira. Como esses indivíduos costumam ter pouco *insight* quanto às suas limitações, restringir o acesso a automóveis ou cartão de crédito costuma gerar protestos e brigas. A depender da natureza da profissão do indivíduo, sua perda de crítica pode igualmente colocar em risco outros indivíduos (p. ex.: médico, motorista, advogado), e o afastamento e aposentadoria devem ser considerados[41].

Finalmente, com relação à presença de distúrbios motores, como parkinsonismo primário ou medicamentoso, sua ocorrência não é rara na DFT. Por isso, a prática regular de atividade física, compatível com as capacidades e possibilidades do individuo, é altamente desejável. O benefício dessa intervenção não se restringe à questão motora, proporcionando melhora cognitiva e de humor[42,43].

CONSIDERAÇÕES FINAIS

Pacientes com degeneração lobar frontotemporal variante comportamental apresentam uma miríade de sintomas cognitivos e neuropsiquiátricos que tornam o diagnóstico preciso, bem como o manejo clínico, um desafio. Apesar de não existirem tratamentos modificadores de doença, uma série de intervenções – farmacológicas e não farmacológicas – pode trazer alívio sintomático a esses pacientes, bem como diminuir a sobrecarga do cuidador. Muitas dessas abordagens são extrapolações de resultados de tratamentos em outras condições neuropsiquiátricas, e a realização de novos estudos envolvendo especificamente essa população poderá trazer novas alternativas, bem como maior segurança, no tratamento desses indivíduos.

REFERÊNCIAS BIBLIOGRÁFICAS

1. Bang J, Spina S, Miller BL. Frontotemporal dementia. Lancet. 2015;386(10004):1672-82.
2. Miller B, Llibre Guerra JJ. Frontotemporal dementia. In: Handbook of clinical neurology. Philadelphia: Elsevier; 2019. p. 33-45.
3. Olney NT, Spina S, Miller BL. Frontotemporal dementia. Neurol Clin. 2017;35(2):339-74.
4. Gambogi LB, de Souza LC, Caramelli P. How to differentiate behavioral variant frontotemporal dementia from primary psychiatric disorders: practical aspects for the clinician. Arq Neuropsiquiatr. 2022;80:7-14.
5. Rascovsky K, Hodges JR, Knopman D, Mendez MF, Kramer JH, Neuhaus J, et al. Sensitivity of revised diagnostic criteria for the behavioural variant of frontotemporal dementia. Brain. 2011;134(Pt 9):2456-77.
6. Freitas S, Simões MR, Alves L, Duro D, Santana I. Montreal Cognitive Assessment (MoCA): validation study for frontotemporal dementia. J Geriatr Psychiatry Neurol. 2012;25(3):146-54.
7. Dodich A, Crespi C, Santi GC, Cappa SF, Cerami C. Evaluation of discriminative detection abilities of social cognition measures for the diagnosis of the behavioral variant of frontotemporal dementia: a systematic review. Neuropsychol Rev. 2021;31(2):251-66.
8. Fiorentino N, Gleichgerrcht E, Roca M, Cetkovich M, Manes F, Torralva T. The INECO Frontal Screening tool differentiates behavioral variant-frontotemporal dementia (bv-FTD) from major depression. Dement Neuropsychol. 2013;7(1):33-9.
9. Filippi M, Agosta F, Barkhof F, Dubois B, Fox NC, Frisoni GB, et al. EFNS task force: the use of neuroimaging in the diagnosis of dementia. Eur J Neurol. 2012;19(12):1487-501.
10. Peet BT, Spina S, Mundada N, La Joie R. Neuroimaging in frontotemporal dementia: Heterogeneity and relationships with underlying neuropathology. Neurotherapeutics. 2021;18(2):728-52.
11. Greaves CV, Rohrer JD. An update on genetic frontotemporal dementia. J Neurol. 2019;266(8):2075-86.
12. Takada LT, Bahia VS, Guimarães HC, Costa TVMM, Vale TC, Rodriguez RD, et al. GRN and MAPT mutations in 2 frontotemporal dementia research centers in Brazil. Alzheimer Dis Assoc Disord. 2016;30(4):310-7.
13. Ducharme S, Dols A, Laforce R, Devenney E, Kumfor F, Van Den Stock J, et al. Recommendations to distinguish behavioural variant frontotemporal dementia from psychiatric disorders. Brain. 2020;143(6):1632-50.
14. Huey ED, Putnam KT, Grafman J. A systematic review of neurotransmitter deficits and treatments in frontotemporal dementia. Neurology. 2006;66(1):17-22.
15. Seltman RE, Matthews BR. Frontotemporal lobar degeneration. CNS Drugs. 2012;26(10):841-70.
16. Lebert F. Behavioral benefits of trazodone are sustained for the long term in frontotemporal dementia. Therapy. 2006;3(1):93-6.
17. Lebert F, Stekke W, Hasenbroekx C, Pasquier F. Frontotemporal dementia: a randomised, controlled trial with trazodone. Dement Geriatr Cogn Disord. 2004;17(4):355-9.

18. Herrmann N, Black SE, Chow T, Cappell J, Tang-Wai DF, Lanctôt KL. Serotonergic function and treatment of behavioral and psychological symptoms of frontotemporal dementia. Am J Geriatr Psychiatry. 2012;20(9):789-97.
19. Swartz JR, Miller BL, Lesser IM, Darby AL. Frontotemporal dementia: treatment response to serotonin selective reuptake inhibitors. J Clin Psychiatry. 1997;58(5):212-6.
20. Moretti R, Torre P, Antonello RM, Cazzato G, Bava A. Frontotemporal dementia: paroxetine as a possible treatment of behavior symptoms. Eur Neurol. 2003;49(1):13-9.
21. Mdawar B, Ghossoub E, Khoury R. Selective serotonin reuptake inhibitors and Alzheimer's disease. Neural Regen Res. 2020;15(1):41-6.
22. Nomoto H, Matsubara Y, Ichimiya Y, Arai H. A case of frontotemporal dementia with sexual disinhibition controlled by aripiprazole. Psychogeriatrics. 2017;17(6):509-10.
23. Curtis RC, Resch DS. Case of pick's central lobar atrophy with apparent stabilization of cognitive decline after treatment with risperidone. J Clin Psychopharmacol. 2000;20(3):384-5.
24. Tauscher J, Hussain T, Agid O, Verhoeff NPLG, Wilson AA, Houle S, et al. Equivalent occupancy of dopamine D1 and D2 receptors, with clozapine: Differentiation from other atypical antipsychotics. Am J Psychiatry. 2004;161(9):1620-5.
25. Kerrsens CJ, Pijnenburg YAL. Vulnerability to neuroleptic side effects in frontotemporal dementia. Eur J Neurol. 2008;15(2):111-2.
26. Moretti R, Torre P, Antonello RM, Cazzato G, Griggio S, Bava A. Olanzapine as a treatment of neuropsychiatric disorders of Alzheimer's disease and other dementias: a 24-month follow-up of 68 patients. Am J Alzheimers Dis Other Demen. 2003;18(4):205-14.
27. Maust DT, Kim HM, Seyfried LS, Chiang C, Kavanagh J, Schneider LS, et al. Antipsychotics, other psychotropics, and the risk of death in patients with dementia. JAMA Psychiatry. 2015;72(5):438.
28. Kertesz A, Morlog D, Light M, Blair M, Davidson W, Jesso S, et al. Galantamine in frontotemporal dementia and primary progressive aphasia. Dement Geriatr Cogn Disord. 2008;25(2):178-85.
29. Li Y, Hai S, Zhou Y, Dong BR. Cholinesterase inhibitors for neurological conditions associated with rarer dementias. Cochrane Database Syst Rev. 2013;2013(7).
30. Mendez MF, Shapira JS, McMurtray A, Licht E. Preliminary findings: Behavioral worsening on donepezil in patients with frontotemporal dementia. Am J Geriatr Psychiatry. 2007;15(1):84-7.
31. Moretti R, Torre P, Antonello RM, Cattaruzza T, Cazzato G, Bava A. Rivastigmine in frontotemporal dementia. Drugs Aging. 2004;21(14):931-7.
32. Vercelletto M, Boutoleau-Bretonnière C, Volteau C, Puel M, Auriacombe S, Sarazin M, et al. Memantine in behavioral variant frontotemporal dementia: Negative results. J Alzheimer's Dis. 2011;23(4):749-59.
33. Boxer AL, Knopman DS, Kaufer DI, Grossman M, Onyike C, Graf-Radford N, et al. Memantine in patients with frontotemporal lobar degeneration: a multicentre, randomised, double-blind, placebo-controlled trial. Lancet Neurol. 2013;12(2):149-56.
34. Rahman S, Robbins TW, Hodges JR, Mehta MA, Nestor PJ, Clark L, et al. Methylphenidate ('Ritalin') can ameliorate abnormal risk-taking behavior in the frontal variant of frontotemporal dementia. Neuropsychopharmacology. 2006;31(3):651-8.
35. McKeith IG, Boeve BF, Dickson DW, Halliday G, Taylor J-P, Weintraub D, et al. Diagnosis and management of dementia with Lewy bodies: fourth consensus report of the DLB Consortium. Neurology. 2017;89(1):88-100.
36. Emre M, Aarsland D, Brown R, Burn DJ, Duyckaerts C, Mizuno Y, et al. Clinical diagnostic criteria for dementia associated with Parkinson's disease. Mov Disord. 2007;22(12):1689-707.
37. Jesso S, Morlog D, Ross S, Pell MD, Pasternak SH, Mitchell DGV, et al. The effects of oxytocin on social cognition and behaviour in frontotemporal dementia. Brain. 2011;134(9):2493-501.
38. Caceres BA, Frank MO, Jun J, Martelly MT, Sadarangani T, de Sales PC. Family caregivers of patients with frontotemporal dementia: an integrative review. Int J Nurs Stud. 201655:71-84.

39. Manoochehri M, Huey ED. Diagnosis and management of behavioral issues in frontotemporal dementia. Curr Neurol Neurosci Rep. 2012;12(5):528-36.
40. Talerico KA, Evans LK. Responding to safety issues in frontotemporal dementias. Neurology. 2001;56(11Suppl4).
41. Piguet O, Hornberger M, Mioshi E, Hodges JR. Behavioural-variant frontotemporal dementia: Diagnosis, clinical staging, and management. Lancet Neurol. 2011;10(2):162-72.
42. Almeida SIL, Gomes da Silva M, Marques ASPD. Home-based physical activity programs for people with dementia: systematic review and meta-analysis. Gerontologist. 2019;1-9.
43. Law CK, Lam FM, Chung RC, Pang MY. Physical exercise attenuates cognitive decline and reduces behavioural problems in people with mild cognitive impairment and dementia: a systematic review. J Physiother. 2020;66(1):9-18.

12
Sintomas neuropsiquiátricos nas demências

Florindo Stella

INTRODUÇÃO

Os sintomas neuropsiquiátricos (SNP) constituem um grupo de alterações de comportamento decorrentes do quadro demencial do paciente. Englobam alterações do tipo sintomas psicóticos (delírios e alucinações), agitação, depressão, ansiedade, apatia, distúrbios do sono, alterações do comportamento alimentar, dentre outras[1].

O propósito deste capítulo consiste, inicialmente, em discutir a trajetória dos sintomas neuropsiquiátricos no cenário das demências. Na sequência, o foco volta-se aos elementos comumente necessários para o diagnóstico dos SNP. Em seguida, discutem-se os componentes do comprometimento comportamental leve (MBI, *mild behavioral impairment*) como uma condição de risco, ou mesmo prodrômica, de demência. A seguir, resumidamente são apresentados alguns fatores precipitantes dos SNP no paciente.

A avaliação dos SNP nem sempre é tarefa fácil. Várias escalas auxiliam na identificação dos domínios neuropsiquiátricos mais relevantes. Para melhor acesso aos sintomas, vários instrumentos são sugeridos.

O diagnóstico diferencial constitui outro aspecto desafiador na prática clínica, especialmente quando há sobreposição de sintomas. Por isso, o item sobre variante comportamental da doença de Alzheimer (DA) ganha importância na execução do diagnóstico.

Finalmente, o tratamento dos sintomas neuropsiquiátricos representa um desafio ao clínico. A proposta não farmacológica é primariamente indicada. Quando não suficiente, o tratamento farmacológico constitui um recurso disponível, a despeito da eficácia limitada e dos riscos implicados na prescrição dos medicamentos.

TRAJETÓRIA DOS SINTOMAS NEUROPSIQUIÁTRICOS

As manifestações psicopatológicas podem assumir várias trajetórias clínicas, como sugere a Figura 1.

- Um paciente com SNP pode evoluir para um quadro de comprometimento cognitivo leve (CCL) e, daí, para demência. Esse curso é relativamente frequente na progressão para demências de etiologia neurodegenerativa: doença de Alzheimer (DA), demência frontotemporal (DFT), demência com corpos de Lewy (DCL) e demência na doença de Parkinson (DDP). Nesse contexto, os SNP representariam um fator de risco de declínio cognitivo associado a uma dessas patologias subjacentes. As manifestações psicopatológicas podem, também, constituir uma condição prodrômica de demência subsequente, determinada pelo processo neurodegenerativo.
- A evolução clínica também pode se dar quando o paciente apresenta SNP e, subsequentemente, progride para demência sem passar pelo estágio pré-demencial de CCL. Essa condição é observada em pacientes que evoluem dos

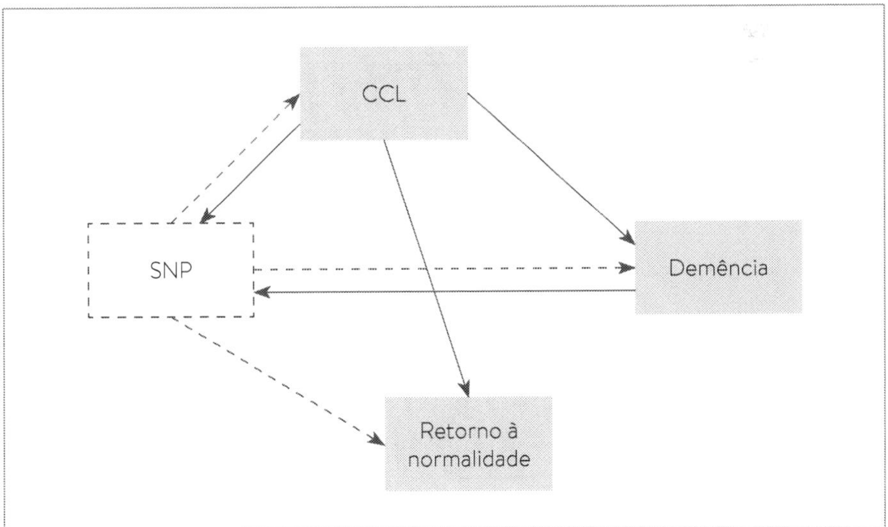

Figura 1 Curso dos sintomas neuropsiquiátricos. CCL: comprometimento cognitivo leve; SNP: sintomas neuropsiquiátricos.
Fonte: Loureiro et al., 2021[2].

SNP para demência vascular decorrente de evento cerebrovascular agudo ou subagudo com perda abrupta do padrão cognitivo.

- Um paciente com declínio cognitivo poderia, por sua vez, iniciar um quadro de manifestações psicopatológicas secundárias a CCL ou demência. Em outras palavras, a deterioração cognitiva tenderia a ser uma condição geradora de SNP. Portanto, aqui, os SNP seriam decorrentes da desorganização cognitiva e funcional.
- Finalmente, um paciente com SNP, ao invés de progredir para um quadro de declínio cognitivo, pode retornar à condição de normalidade. Isso se verifica no CCL, em que o paciente não progride para demência e volta ao patamar de normalidade cognitiva.

DIAGNÓSTICO E QUADRO CLÍNICO DOS SINTOMAS NEUROPSIQUIÁTRICOS

Nem sempre é tarefa fácil estabelecer, com precisão, o diagnóstico dos quadros neuropsiquiátricos na demência. A dificuldade de percepção e interpretação, por parte do familiar ou cuidador, da condição real do paciente, bem como a falta de acurácia no relato dos comportamentos e reações que ele apresenta, contribuem para que o diagnóstico efetuado pelo clínico seja um procedimento bastante complexo. Ademais, o sofrimento emocional e o estresse dos familiares e cuidadores idosos, eventualmente também com declínio cognitivo, podem determinar maior grau de dificuldade na interpretação das alterações de comportamento do paciente e no relato ao clínico dos distúrbios de comportamento do paciente[3].

O diagnóstico dos SNP requer do clínico a habilidade de identificar com precisão as alterações psicopatológicas reais do paciente, a despeito de relatos eventualmente incompletos providos pelo informante. É comum o familiar ou cuidador adicionar maior relevância clínica a episódios de agitação do paciente quando ele, informante, está em sofrimento emocional em decorrência do estresse e da forte sobrecarga de trabalho. Assim, episódios de agitação, clinicamente não tão relevante, acabam sendo interpretados como graves. Por outro lado, depressão e apatia, fenômenos comumente associados à redução das ações psicomotoras, podem ser interpretadas como um estado de "tranquilidade" do paciente e induzir o profissional de saúde desavisado a não valorizar a relevância clínica do quadro[3,4].

Curso dos sintomas neuropsiquiátricos

Em geral, os SNP refletem a gravidade da demência. De um lado, comportamento desorganizado, agitação, distúrbios do sono e outra manifestações fazem parte da deterioração cognitiva e funcional[5,6]. Por outro lado, os SNP tendem a agravar o declínio cognitivo e funcional, além de causar aumento da carga de trabalho e estresse em familiares e cuidadores[7].

Na doença de Alzheimer (DA), na demência da doença de Parkinson e nas demências da linguagem, as alterações de comportamento clinicamente relevantes surgem quando o paciente já tem o quadro estabelecido de deterioração cognitiva. Na demência frontotemporal (DFT), alterações de comportamento do tipo desinibição, inadequação social e perda da empatia nas relações interpessoais podem antecipar o declínio das funções cognitivas[8,9].

A despeito de controvérsias quanto ao agravamento das alterações de comportamento – se elas seguem linearmente, ou não, o declínio cognitivo e funcional do paciente –, há uma concordância geral quanto ao fato de essa trajetória ser permeada por sintomas comportamentais progressivamente mais acentuados[10].

É pertinente destacar, ainda, que mudanças tardias de um perfil psicopatológico prévio, como alterações de personalidade, agravamento de depressão de longa data e surgimento de parassonias na insônia crônica, podem refletir o início de um quadro demencial e devem ser investigadas. Também precisam ser adequadamente aferidos os sintomas de comportamento deflagrados, no idoso, por doenças sistêmicas descompensadas, quadros agudos (acidente vascular cerebral, descompensações cardíacas, processos infecciosos) e iatrogenia por polifarmácia[11].

De modo geral, pacientes com demência leve e que ainda mantêm a percepção da deterioração clínica tendem a apresentar ansiedade e depressão. Aqueles com demência em níveis moderado e avançado tendem a desenvolver episódios frequentes de agitação, delírios, alucinações e distúrbios do sono. Na medida em que se dá o agravamento da demência, agitação, perambulação noturna e comportamentos erráticos passam a ser muito comuns. Em fases avançadas da demência, apatia constitui uma característica proeminente. A Tabela 1 resume os SNP mais frequentes na demência.

COMPROMETIMENTO COMPORTAMENTAL LEVE – MBI

Um aspecto que, ultimamente, vem ganhando espaço na comunidade científica diz respeito a alterações de comportamento que surgem tardiamente, após os 55 anos, em indivíduos com cognição preservada ou com CCL e que, subsequentemente, evoluem para demência. Essa condição recebeu a designação de comprometimento comportamental leve (MBI – sigla em inglês de *mild behavioral impairment*), e representa um risco de deterioração cognitiva e funcional, ou pode já constituir uma manifestação prodrômica de demência[9]. O MBI é um estado de transição possível entre o envelhecimento normal e a

Tabela 1 Sintomas neuropsiquiátricos frequentes na demência

Alterações psicopatológicas/distúrbios de comportamento	
Agitação	Resistir aos cuidados, comportamento errático e repetitivo, inquietação motora, perambulação, desarrumar gavetas e armários
Irritabilidade/ labilidade	Mau humor persistente, perda do autocontrole facilmente; queixas frequentes sem causa real, atitudes beligerantes, choro sem motivos
Agressividade	Conflitos frequentes com as pessoas, atitudes ameaçadoras, uso de linguagem abusiva, explosões verbais, bater portas, chutar móveis, atirar objetos, agredir ou tentar agredir, tentar se ferir
Delírios	Pensamentos com conteúdo persecutório, de roubos, de traição ou místicos; atitudes paranoides; crença de que há pessoas estranhas em casa e interação com elas; crença sem fundamento de abandono; acreditar que os órgãos do corpo estão morrendo
Alucinações	Alterações da sensopercepção, como ouvir vozes, sons, ruídos inexistentes; conversar com pessoas não reais, ver objetos, pessoas, vultos, animais, luzes inexistentes; sensações de rastejamento não real de insetos na pele
Depressão	Tristeza, angústia, desesperança, desânimo, fácies de melancolia, autodepreciação, sensação de inutilidade, sensação de peso para a família, sentimentos de culpa, admitir merecer punição; pensamentos recorrentes de morte, querer morrer, ideação de suicídio; inapetência e emagrecimento, sem forças para sair da cama, delírios de ruína
Ansiedade	Preocupação excessiva, tensão, apreensão, inquietação psíquica ou motora; sensação de aperto no estômago, palpitações cardíacas e falta de ar decorrentes de tensão, medo e crises de pânico; incapacidade de relaxar
Euforia	Sensação excessiva de felicidade, rir em situações constrangedoras, senso de humor infantilizado, dizer piadas fora de contexto, brincadeiras pueris e sem senso crítico, discurso logorreico, sensação de poder excessivo
Apatia	Indiferença, redução da motivação, do interesse ou da curiosidade cognitiva; redução da espontaneidade, falta de iniciativa, diminuição da ressonância afetiva e emocional
Desinibição	Conversar com estranhos como se fossem pessoas próximas, dizer palavras ou frases grosseiras, relatar publicamente assuntos pessoais e que causem constrangimentos, atitudes inadequadas, ausência de julgamento social; comportar-se de forma socialmente inadequada
Impulsividade	Agir sem pensar nas consequências, pouca tolerância para frustrações, comer compulsivo, mexer nos pertences dos outros, ausência de autocontrole no comportamento motor
Distúrbios do sono	Dificuldade para iniciar o sono, interrupções frequentes do sono, perambulação noturna, sono agitado, parassonias, sonolência diurna
Distúrbios do apetite e da alimentação	Anorexia com emagrecimento, apetite aumentado com ganho de peso, mudanças no comportamento alimentar, colocar muita comida na boca de uma só vez, rodar a comida na boca sem saber o que fazer com ela, mudanças na preferência alimentar, rigidez nas preferências de alimentos, tentar comer ou beber produtos não alimentícios; solicitar alimentos desnecessariamente, recusar-se a comer

Fonte: adaptada de Medeiros et al., 2010[3]; Stella et al., 2013[4].

demência, sendo que, para um determinado grupo de pacientes, o quadro confere risco mais elevado do que o CCL de deterioração cognitiva e funcional, em particular, demência frontotemporal[9].

Os domínios do MBI e os critérios clínicos englobam as características contidas na Tabela 2.

Tabela 2 Domínios do MBI e critérios clínicos da Escala MBI-C (*checklist*)

MBI-C (*Checklist*) – Domínios psicopatológicos e componentes		
Domínios do MBI	Componentes da Escala MBI-C	Componentes operacionais
• Diminuição da motivação • Desregulação emocional • Descontrole dos impulsos • Inadequação social • Alterações da percepção e do conteúdo do pensamento	• Redução de interesse, motivação e energia • Sintomas de humor, ansiedade, labilidade emocional • Dificuldade em adiar gratificação, controle do comportamento, dos impulsos, da ingesta alimentar • Não adesão às normas da sociedade, comportamento social inadequado, ausência de tato ou empatia • Crenças arraigadas, experiências sensoriais	• Início tardio (≥ 50 anos) • Surgimento antes ou durante o CCL • Manifestação em indivíduos sem demência, com atividades instrumentais preservadas • Possibilidade de impacto nas relações sócio--ocupacionais

CCL: comprometimento cognitivo leve; MBI: *mild behavioral impairment*.
Adaptada de: Taragano et al., 2009[9]; Ismail et al., 2017[12].

Portanto, o MBI é uma condição neuropsiquiátrica de ocorrência tardia, que engloba alterações de comportamento ou de personalidade, em indivíduos sem demência. Em determinadas situações, o quadro representa uma condição potencial de transição do envelhecimento normal para a demência, um risco mais elevado de declínio cognitivo ou uma condição prodrômica de demência[13,14]. Traços de personalidade de longa data não se incluem nos critérios de diagnóstico do MBI, com exceção do agravamento tardio dessas características.

AVALIAÇÃO DOS SINTOMAS NEUROPSIQUIÁTRICOS

Na Tabela 3, seguem as escalas comumente aplicadas na avaliação dos domínios psicopatológicos na demência.

Tabela 3 Escalas de avaliação de sintomas neuropsiquiátricos da demência na prática clínica

Escalas de avaliação dos domínios psicopatológicos na demência	
Escala de Depressão Geriátrica[15]	Sintomas de depressão: insatisfação com a vida, sensação de vazio, tristeza, sensação de desamparo, reclusão, desmotivação e falta de energia, desesperança, pensamentos de morte
Inventário Neuropsiquiátrico-Q/ Questionário[16]	Delírios Alucinações Agitação/agressão Depressão/disforia Ansiedade Exaltação/euforia Apatia/indiferença Desinibição Irritabilidade/labilidade Distúrbio motor Comportamentos noturnos Apetite e alimentação
BEHAVE-AD[17]	Delírios Alucinações Comportamento desorganizado Agressividade Distúrbios do sono Depressão Ansiedade/fobias
Inventário de Apatia[18,19]	Redução ou perda da motivação e da iniciativa Redução ou perda da curiosidade cognitiva Redução ou perda da ressonância afetiva e emocional
MBI-C/*Checklist*[12]	Domínios psicopatológicos em pessoas em risco de demência ou demência prodrômica: redução do interesse e da motivação, desregulação emocional, descontrole dos impulsos, inadequação social e alterações da percepção e do conteúdo do pensamento
Escala de Estadiamento Funcional (FAST)[20]	Identificação dos estágios de declínio funcional em atividades instrumentais e básicas, decorrentes da deterioração cognitiva global
Escore Clínico de Demência (CDR)[21]	Estadiamento do nível de demência em função do declínio cognitivo e funcional

Fonte: adaptada de Stella, 2023[22]; Loureiro et al., 2021[2].

DIAGNÓSTICO DIFERENCIAL DOS SNP – VARIANTE COMPORTAMENTAL DA DA

A variante comportamental da DA (vcDA), também designada como variante frontal ou disexecutiva, é uma síndrome que apresenta características clínicas em parte semelhantes à demência frontotemporal (DFT), tanto assim que cerca de 10 a 40% dos casos clinicamente diagnosticados como DFT têm biomarcadores patologicamente confirmados de DA[23].

O perfil comportamental na vcDA é mais brando quando comparado com a DFT, com menos compulsividade e hiperoralidade, mas precocemente com maior prevalência de estereotipias, agitação, delírios e alucinações sobretudo visuais. Pacientes com essa variante manifestam, de maneira proeminente e precoce, distúrbios de comportamento e alterações de personalidade, fenômenos causados pela patologia DA. Com frequência, eles despertam mais preocupação aos familiares do que o declínio das funções cognitivas, e constituem fatores determinantes para a procura por atendimento clínico.

Com o objetivo de estabelecer os critérios para pesquisa em vcDA, Ossenkoppele et al.[24] desenvolveram uma revisão sistemática e metanálise na qual caracterizaram os sintomas neuropsiquiátricos compatíveis com essa variante clínica. Eles identificaram, inicialmente, 83 estudos, dos quais 13 deles, com a inclusão de 591 pacientes, preenchiam as exigências da investigação em vcDA. Embora a heterogeneidade dos dados fosse substancial, constatou-se que as manifestações neuropsiquiátricas, de forma comparativa, eram clinicamente mais relevantes na vcDA do que na DA típica e menos graves do que na DFT. No que concerne ao desempenho cognitivo, a diferença de memória episódica em pacientes com vcDA não diferiu significativamente dos que tinham DA típica. Entretanto, na vcDA, as funções executivas eram acentuadamente comprometidas e com características similares à DFT. Os autores também constataram que na vcDA havia dois fenótipos distintos de neuroimagem estrutural e/ou funcional: um padrão semelhante ao da DA típica, com atrofia temporoparietal bilateralmente e preservação relativa da região frontal; e outro mais semelhante à DFT, caracterizado por atrofia de regiões cerebrais anteriores, como cíngulo anterior, região anterior da ínsula e polos temporais[24]. Em resumo, a vcDA compartilha manifestações clínicas com a DFT, no entanto, seus componentes fisiopatológicos, tais como depósito cerebral de placas amiloides e de emaranhados neurofibrilares, são característicos da DA típica.

Aspectos epidemiológicos da variante comportamental da doença de Alzheimer

Cabe salientar, ainda, que, em comparação com a DA típica, o fenótipo da vcDA tem início em idade mais precoce, em média aos 62 anos[23], é mais comum em homens (61,7%) do que em mulheres (38,2%)[25] e tem um perfil menos frequente de APOEε4 (44,5%) em comparação com DA típica (66,1%)[26].

Níveis de evidência da variante comportamental da doença de Alzheimer

Ossenkoppele et al.[24] propuseram os critérios de pesquisa para vcDA, que se dividem em vários graus de evidência. O primeiro nível é estabelecido apenas com base em informações clínicas, enquanto o segundo (vcDA possível) e o terceiro níveis (bvAD provável) devem ser confirmados por meio de biomarcadores de beta-amiloide e patologia tau. O quarto nível (vcDA definitiva) é atribuído com base na confirmação histopatológica, como a presença, no parênquima cerebral, de placas amiloides e de taupatia com emaranhados neurofibrilares; ou alterações genéticas do tipo proteína precursora de amiloide (APP), pré-senilina 1 (PSEN 1) e pré-senilina 2 (PSEN 2). A essas alterações neurobiológicas também se acrescenta a síndrome clínica característica da vcDA já descrita, que engloba alterações precoces do tipo desinibição, impulsividade, perda da empatia, apatia, atitudes estereotipadas e hiperoralidade. Algumas alterações psicopatológicas também se incluem nas características clínicas, como delírios e alucinações principalmente visuais, além de declínio cognitivo de funções executivas, velocidade de processamento e memória episódica, com preservação relativa da linguagem. O Quadro 1 resume os critérios de diagnóstico da vcDA.

TRATAMENTO DOS SINTOMAS NEUROPSIQUIÁTRICOS

A conduta clínica relativa aos SNP depende, primeiramente, da otimização do tratamento da própria demência. Nesse contexto, a intervenção não farmacológica sempre constitui uma estratégia inicial e deve permanecer ao longo do tratamento. A intervenção farmacológica exige cuidados especiais e detém peculiaridades próprias nas demências em função da fisiopatologia e da gravidade de cada quadro.

Quadro 1 Critérios de diagnóstico da variante comportamental da doença de Alzheimer (vcDA)

Características clínicas da vcDA
1. A síndrome clínica é caracterizada por: A. Distúrbio ou agravamento precoce, persistente e progressivo, de pelo menos duas das cinco características comportamentais centrais dos critérios diagnósticos para demência frontotemporal variante comportamental[8]: I. Desinibição comportamental (um dos seguintes sintomas deve estar presente): • Comportamento socialmente inadequado. • Perda das boas maneiras ou decoro. • Ações impulsivas, precipitadas ou descuidadas. II. Apatia ou inércia (um dos seguintes sintomas deve estar presente): • Apatia. • Inércia. III. Perda da empatia ou simpatia (um dos seguintes sintomas deve estar presente): • Resposta diminuída às necessidades e sentimentos de outras pessoas. • Interesse social, inter-relacionamento ou calor pessoal diminuídos. IV. Comportamento perseverativo, estereotipado ou compulsivo ou ritualístico (um dos seguintes sintomas deve estar presente): • Movimentos repetitivos. • Comportamentos compulsivos ou ritualísticos. • Estereotipia da fala. V. Hiperoralidade e mudanças na dieta (um dos seguintes sintomas deve estar presente): • Preferências alimentares alteradas. • Compulsão alimentar ou aumento do consumo de álcool ou cigarros. • Exploração oral ou consumo de produtos não alimentícios. B. Além disso, comprometimento documentado em funções executivas e/ou memória episódica, com preservação relativa de linguagem e habilidades visuoespaciais. 2. Os critérios clínicos da vcDA não são pertinentes se as alterações de comportamento são explicadas por outra condição neuropsiquiátrica, como DFT, demência com corpos de Lewy, outras alterações médicas ou uso de substâncias com impacto no funcionamento mental. 3. Recursos de suporte (não obrigatórios; as categorias A e B devem ser identificadas): A. Presença de alucinações e/ou delírios. B. Doença de Alzheimer específica (ou seja, padrão temporoparietal) e/ou variante comportamental da DFT com características específicas de neuroimagem (ou seja, padrão frontotemporal).
vcDA possível
1. Atende aos critérios clínicos para vcDA. 2. Evidência de biomarcadores *in vivo* para a presença de (1) patologia beta-amiloide em neuroimagem ou no liquor; e/ou (2) patologia tau em neuroimagem ou no liquor ou no plasma.

(continua)

Quadro 1 Critérios de diagnóstico da variante comportamental da doença de Alzheimer (vcDA) (*continuação*)

vcDA provável
1. Atende aos critérios clínicos para vcDA, ou vcDA possível, com evidência adicional, por neuroimagem, da agregação neocortical da proteína tau.
vcDA definitiva
1. Atende aos critérios clínicos para vcDA, AD possível ou vcDA provável. 2. A presença de DA é estabelecida por: A. Indicação histopatológica de DA como patologia primária em biópsia ou autópsia. B. Presença de uma variante genética de DA.

Fonte: adaptado de Ossenkoppele et al., 2022[24].

Intervenção não farmacológica

Programas de intervenção não farmacológica constituem medidas de primeira linha para o tratamento dos pacientes com SNP. Eles são considerados seguros quanto à incidência de efeitos adversos, e as intervenções podem ser aplicadas individualmente ou em grupo, dependendo da situação específica. O propósito da intervenção não farmacológica consiste em reduzir os episódios de distúrbios de comportamento, propiciar melhor qualidade de vida ao paciente e reduzir a sobrecarga de trabalho e o estresse emocional do familiar ou cuidador.

No entanto, os resultados dos estudos de intervenção dessa natureza são heterogêneos, atribuídos a diferentes desenhos metodológicos, número pequeno das amostras, duração variável dos programas e diferentes modalidades aplicadas, como terapia ocupacional, arteterapia, atividade física, suporte psicossocial, psicoterapia, estimulação cognitiva, dentre outros[27,28].

Um ensaio clínico duplo-cego aplicou a versão ambulatorial do método TAP (*tailored activity program*, desenvolvido por Gitlin et al.[29]) e demonstrou evidências de melhora das alterações de comportamento em pacientes com demência moderada e avançada, bem como redução da sobrecarga do cuidador[28]. O TAP engloba três fases: (1) identificação das habilidades cognitivas e funcionais dos pacientes, como atenção, capacidade de seguir instruções, resolução de problemas e capacidade de aprender; são identificados os interesses e o padrão funcional anterior; também são fornecidas orientações específicas aos cuidadores a respeito de demência e sobre como lidar com os SNP; (2) implementação de estratégias, aos cuidadores, de técnicas de comunicação, visando a estimulação das capacidades do paciente segundo seu perfil cognitivo e funcional; (3) extensão dessas estratégias com vistas à manutenção e melhora do desempenho do paciente quanto às atividades de autocuidados específicas à medida que a doença progride.

Intervenção farmacológica

Uma conduta inicial consiste na otimização do tratamento da própria demência. Na demência de Alzheimer, por exemplo, recomenda-se atingir a dose-alvo do anticolinesterásico – donepezila, galantamina ou rivastigmina – e da memantina. Se, a despeito de se atingir a dose terapêutica-alvo da medicação antidemência o paciente apresentar SNP graves, uma intervenção adicional com outras estratégias farmacológicas pode ser adotada.

Anticolinesterásicos e memantina

Como mencionado, a otimização da prescrição dos anticolinesterásicos e da memantina é a estratégia primariamente recomendada para tratamento da cognição, mas, também, para alterações de comportamento e da funcionalidade. Nessa linha, efetuou-se uma análise retrospectiva, em média de 5 anos, das taxas de institucionalização associada a declínio cognitivo, funcional e a distúrbios de comportamento como agitação, psicose e depressão grave em pacientes com demência avançada em decorrência de DA[30]. Os autores constataram que os pacientes que haviam feito uso de anticolinesterásicos mais memantina tiveram taxas de institucionalização inferiores às daqueles que haviam utilizado anticolinesterásicos isoladamente, e ainda menores do que os pacientes sem tratamento com essas medicações. O estudo reforça a informação de que a coprescrição de anticolinesterásico e memantina, comparativamente, tem eficácia maior do que apenas uma das medicações ou do que não tratamento para pacientes com sintomas graves de agitação, psicose e depressão.

Mesmo isoladamente, o anticolinesterásico pode trazer benefícios clinicamente relevantes. A rivastigmina transdérmica (9,5 e 13,3 mg) propiciou desfechos clínicos favoráveis para cognição, funcionalidade e comportamento em pacientes com DA, além da redução da sobrecarga do cuidador, segundo um estudo comparativo randomizado de 48 semanas[31].

Os anticolinesterásicos também são indicados para tratamento de alucinações e delírios na demência com corpos de Lewy e na demência na doença de Parkinson.

A apatia na demência constitui uma condição psicopatológica de difícil tratamento. Admite-se que intervenções com anticolinesterásicos possam contribuir para minorar os sintomas, uma vez que o quadro parece estar associado à depleção colinérgica em pacientes com DA, demência com corpos de Lewy e demência na doença de Parkinson.

Pacientes com essas demências, mesmo em estágios iniciais, comumente apresentam apatia provavelmente associada à disfunção colinérgica em áreas límbicas e cíngulo anterior, além de disfunção dopaminérgica em áreas córtico-subcorticais anteriores responsáveis pela ressonância afetiva e emocional[32]. Esses fenômenos ocorrem também na demência com corpos de Lewy e demência na doença de Parkinson. Com base nessa provável disfunção principalmente colinérgica, os anticolinesterásicos tendem a propiciar benefícios para pacientes com essas demências[32].

Antipsicóticos

Alvo de controvérsias, os antipsicóticos têm sido extensamente prescritos para o tratamento de agitação grave, agressividade e sintomas psicóticos – alucinações e delírios – para pacientes com demência, em seus diferentes tipos. Os desfechos clínicos também são controversos e os efeitos adversos merecem monitoramento rigoroso por parte do clínico. No entanto, em algumas situações, as intervenções com esses psicofármacos podem ajudar no tratamento, sobretudo de pacientes com demência avançada.

Cabe lembrar que, desde 2005, o Food and Drug Administration (FDA) tem alertado sobre os riscos do uso de antipsicóticos por idosos e recomenda monitoração rigorosa dos efeitos adversos, inclusive quanto ao risco de mortalidade. Por outro lado, agitação e psicose como manifestações da gravidade da demência *per se* constituem um risco elevado de mortalidade, e o tratamento com antipsicóticos poderia reduzir essa tendência[33].

Uma metanálise de ensaios clínicos randomizados e controlados com placebo investigou a conjunção de eficácia e segurança dos antipsicóticos atípicos para o tratamento de SNP na DA, demência com corpos de Levy, demência vascular e demência mista[34]. O estudo, com duração de 10 semanas em média, englobou 17 publicações com 5.373 pacientes com idade em torno de 80,8 anos. Os autores aferiram o desfecho clínico segundo o Inventário Neuropsiquiátrico e a segurança com base na ocorrência principalmente de eventos cerebrovasculares e mortalidade. Eles constataram que o aripiprazol foi a droga mais eficácia e segurança, consideradas conjuntamente, quando comparado com quetiapina, olanzapina e risperidona.

Entretanto, as controvérsias ainda permanecem. Kales et al.[35] analisaram as estratégias de tratamento psicofarmacológico, a partir do alerta do FDA de 2005, de pacientes residentes em instituições de longa permanência nos Estados Unidos. Os autores notaram que, no período de 2009 a 2018, houve redução das prescrições de antipsicóticos de 24 para 15%. No entanto, em contrapartida, verificou-se um aumento das prescrições de antidepressivos sedativos, ácido valproico, gabapentina e de benzodiazepínicos para o tratamento de insônia, ansiedade e agitação a despeito da falta de eficácia dessas substâncias para o controle dessas condições clínicas. Os autores concluíram que a substituição dos antipsicóticos pelas drogas mencionadas não tem propiciado benefício clínico para pacientes com psicose e agitação grave na demência, e que antidepressivos sedativos, ácido valproico, gabapentina e, especialmente, benzodiazepínicos, não têm sido eficazes no tratamento dos quadros explicitados e têm aumentado o risco de sedação, quedas e mortalidade.

Em face das controvérsias quanto à segurança dos antipsicóticos em idosos, a Associação Americana de Psiquiatria (APA) propôs várias orientações para a prescrição dessa categoria de psicofármacos para pacientes idosos com demência avançada que manifestem agitação grave e psicose[36] (Quadro 2).

Quadro 2 Orientações quanto à prescrição de antipsicóticos para pacientes idosos com demência e psicose e agitação grave

Recomendações sobre a prescrição de antipsicóticos em pacientes idosos com demência
Indicação para agitação ou psicose na demência quando os sintomas são graves, oferecem riscos à integridade do paciente ou outros e/ou causam sofrimento significativo ao paciente.
Iniciar o tratamento com doses baixas, até a dose mínima eficaz tolerada.
Riscos e benefícios potenciais devem ser revistos; se possível, com redução gradual e descontinuação do psicofármaco.
Na demência com agitação ou psicose, se não houver resposta clínica após 4 semanas de uma dose adequada, o antipsicótico deve ser reduzido de forma progressiva e subsequentemente descontinuado.
Na demência com agitação ou psicose, antipsicótico injetável de ação prolongada não deve ser utilizado, a menos que indicado para transtorno psicótico crônico concomitante.

Fonte: American Psychiatric Association; Reus et al., 2016[36].

Na Tabela 4 são expostos os efeitos adversos mais comuns dos antipsicóticos típicos e atípicos.

Antidepressivos

Embora para o tratamento de pacientes com transtorno depressivo os antidepressivos tenham um efeito substancial e bem consolidado, em pacientes deprimidos com demência o impacto dessas medicações requer uma definição mais clara. Uma metanálise analisou sete estudos controlados com placebo, envolvendo 330 pacientes com demência e depressão concomitante[39]. Os resultados se mostraram contraditórios. Em alguns estudos, clomipramina e sertralina propiciaram melhora da depressão na demência, enquanto em outros, a eficácia de imipramina, venlafaxina e fluoxetina mostrou-se insuficiente.

Tabela 4 Efeitos adversos dos antipsicóticos [+: leve; ++: moderado; +++: acentuado]

Antipsicóticos típicos e atípicos – principais efeitos adversos no idoso	
Antipsicóticos	**Principais efeitos adversos**
Antipsicóticos típicos	
Haloperidol	Sinais extrapiramidais (+++)
Clorpromazina	Hipotensão, sedação (+++)
Levomepromazina	Sedação (++)
Periciazina	Sedação (++)
Tioridazina	Aumento do intervalo QTc (+++)
Antipsicóticos atípicos	
Amissulprida	Sinais extrapiramidais (+)
Aripiprazol	Sinais extrapiramidais/acatisia (+)
Asenapina	Sinais extrapiramidais (++)
Brexpiprazol	Sinais extrapiramidais (++), sedação, hipotensão e sonolência (++), ganho de peso (++), obstipação e boca seca (++)
Clozapina	Sedação, hipotensão, ganho de peso e dislipidemia (+++), discrasia sanguínea (++)
Lurasidona	Insônia (++), acatisia (++)
Olanzapina	Hipotensão e ganho de peso (+++), sedação (++), dislipidemia (+++)
Paliperidona	Sinais extrapiramidais (++)
Pimavanserina	Sinais extrapiramidais (+)
Quetiapina	Ganho de peso e dislipidemia (+) e sedação (++)
Risperidona	Sinais extrapiramidais (++)
Ziprasidona	Aumento do intervalo QTc (++)

Adaptada de: Stahl, 2013[37]; Galletly et al., 2016[38].

O estudo CitAD (citalopram para agitação em pacientes com DA[40]), controlado com placebo, foi metodologicamente desenhado para investigar o desfecho do citalopram 30 mg/dia para o controle de agitação em pacientes com DA, nos Estados Unidos e Canadá, após 9 semanas de tratamento. O desfecho clínico mostrou-se favorável ao citalopram. Entretanto, os pacientes que fizeram uso da medicação apresentaram declínio cognitivo mais acentuado do que os que haviam recebido placebo, e desenvolveram aumento do intervalo QTc, em média de 18 ms, sendo que, em vários pacientes, esse prolongamento chegou a 30 ms. Com base nesses dados e nas orientações do FDA, os autores recomendam que o uso do citalopram não ultrapasse 20 mg/dia em idosos com demência, para tratamento de sintomas depressivos ou agitação leve.

A vortioxetina, até 15 mg/dia, parece contribuir para a cognição e estado de humor em pacientes com DA leve e depressão associada. Esse dado, porém, foi descrito em um estudo aberto de 12 meses[41]. Náusea e cefaleia foram os efeitos adversos que mais despertaram a atenção dos clínicos.

Antidepressivos e risco de mortalidade representam outra questão relevante. Uma análise retrospectiva de 12 anos, com mais de 18 mil pacientes com demência e depressão, de Taiwan, verificou o impacto do uso, ou não, de antidepressivos por tempo prolongado e o risco de mortalidade[42]. O estudo incluiu inibidores seletivos da recaptação de serotonina (ISRS), venlafaxina, duloxetina, mirtazapina, bupropiona, trazodona, inibidores da monoaminoxidase e tricíclicos. Os autores verificaram que o uso de antidepressivos, por tempo prolongado, e em doses consideradas mais altas, porém adequadas, propiciou redução do risco de mortalidade, diferentemente do não uso ou de prescrições em doses baixas. Os autores afirmam que a depressão, *per se*, é um fator relevante de risco de mortalidade, e o controle desse quadro permite maior proteção do paciente.

Por sua vez, mirtazapina até 45 mg/dia não conferiu melhora da agitação, aferida pelo NPI e pelo Inventário de Agitação de Cohen-Mansfield, em pacientes com DA. Esse resultado foi derivado de um estudo randomizado e controlado com placebo, de 12 semanas, desenvolvido no Reino Unido[43]. Além disso, os pacientes que fizeram uso da medicação tiveram aumento do risco de mortalidade. No entanto, a mirtazapina tem sido prescrita para pacientes com demência e inapetência clinicamente relevante, e insônia, com resultados apreciáveis.

Benzodiazepínicos e drogas Z

Continuam a pairar dúvidas a respeito do impacto dos benzodiazepínicos (BZD) e drogas Z na cognição e na incidência de demência.

Um estudo epidemiológico e retrospectivo, efetuado por Richardson et al.[44], envolveu a análise de prontuários de pacientes com demência. Foram identificados os pacientes que haviam recebido BZD (n = 8.010) e comparados com um grupo controle (n = 52.017) de pacientes que não haviam utilizado essas substâncias. Também foram identificados aqueles pacientes que haviam feito uso de drogas Z (n = 3.120), comparados com um grupo controle (n = 19.163) sem essa medicação. Os participantes foram randomizados por idade, em média 83 anos, e gênero. Os BZD prescritos eram temazepam, diazepam, nitrazepam e lorazepam. A droga Z utilizada foi a zopiclona, e o período de utilização dessas substâncias variou de 1 a 20 anos. A análise dos prontuários demonstrou que não houve relação causal entre o uso de BZD ou drogas Z e incidência posterior de demência, e que sedação e risco de quedas foram os fenômenos adversos clinicamente mais relevantes.

Admite-se que ansiedade e, principalmente, a insônia crônica, podem deflagrar declínio cognitivo, e que essas medicações têm sido disponibilizadas para o tratamento dos quadros clínicos mencionados. Diante desse cenário, ainda falta caracterizar o real impacto na cognição por parte dessas drogas, bem como a definição de sua influência na causalidade ou agravamento da memória e de outras funções cognitivas.

Canabinoides

Nos últimos anos, tem sido discutida a aplicação dos canabinoides no tratamento dos sintomas neuropsiquiátricos em pacientes com demência. Uma revisão sistemática de 801 publicações sobre essa questão identificou 15 investigações clínicas com canabidiol (CBD) e tetra-hidrocanabinol (THC): cinco ensaios clínicos controlados, três estudos abertos e sete estudos, ou séries, de casos[45]. Observou-se que existem limitações metodológicas importantes, uma vez que há poucos estudos controlados, há vários estudos abertos, na maioria deles as amostras são relativamente pequenas; e os demais são estudos de caso. Os resultados são controversos, vários demonstrando algum benefício para o controle da agitação e comportamento agressivo, e a grande maioria sem evidência de eficácia consistente. A conclusão dessa revisão mostrou que ainda não há evidência suficiente para a prescrição de canabinoides no tratamento dos sintomas neuropsiquiátricos na doença de Alzheimer e outras demências[45]. É imperativo o desenvolvimento de estudos controlados, randomizados e duplo-cegos, com amostras mais amplas, para a determinação dos benefícios e dos riscos dos canabinoides no tratamento dos sintomas neuropsiquiátricos em pacientes com demência.

A Tabela 5 resume as estratégias psicofarmacológicas atualmente disponíveis para o tratamento de pacientes com SNP na demência.

APONTAMENTOS SURGIDOS NA PRÁTICA CLÍNICA

Se há controvérsias quanto ao uso de anticolinesterásicos e da memantina em sujeitos com CCL, as dúvidas são igualmente relevantes quanto à prescrição dessas substâncias para indivíduos com SNP, porém, sem demência. Nesse cenário, as estratégias de intervenção não farmacológica englobam psicoterapia, estimulação cognitiva, dieta, atividade física e outros, e são procedimentos indicados para indivíduos com CCL ou em risco de progredir para demência.

Há poucos estudos de intervenção com psicofármacos específicos para cada grupo de SNP na condição de pré-demência. Os medicamentos disponíveis são os mesmos designados para o tratamento da enfermidade de base (depressão, ansiedade, distúrbios do sono, sintomas psicóticos etc.). O desafio para o tra-

Tabela 5 Psicofármacos disponíveis para o tratamento dos sintomas neuropsiquiátricos na demência

Tratamento dos sintomas neuropsiquiátricos na demência	
AChEI	Benefícios limitados para SNP na DA (alucinações, delírios, apatia, ansiedade, irritabilidade e agitação leve); benefícios mais evidentes para DCL, DDP
Memantina	Benefícios evidentes, mas limitados, para SNP na DA moderada e avançada; benefícios mais limitados para SNP em outras (DDP, DCL, DV)
Antidepressivos	Melhora da depressão, ansiedade, pânico e agitação leve. Monitorar efeitos sedativos de mirtazapina e trazodona, e hiponatremia e tremores dos ISRS
Antipsicóticos	Para psicose, agitação grave e agressividade há resultados aceitáveis. A relação eficácia *vs.* segurança sugere o aripiprazol como o antipsicótico mais favorável. Quando imprescindível, prescrever doses baixas e por período estritamente necessário. Quetiapina auxilia em insônia com agitação noturna e *sundowning*
Ácido valproico, gabapentina, pregabalina	Para agitação leve há benefícios modestos; monitorar riscos de ganho de peso e sedação
BZD	Quando imprescindíveis, prescrever preferencialmente os de meia-vida curta, com doses baixas e por período estritamente necessário; monitorar sedação e risco de quedas
Drogas Z (zopiclona, eszopiclona, zolpidem)	Melhoram o início do sono (recomenda-se por períodos relativamente curtos); monitorar parassonias e risco de dependência
Canabinoides	Para agitação os resultados são controversos
Lítio	Há um estudo em curso sobre agitação na DA[46] Monitorar litemia ($\leq$ 1,0 mEq/L), funções renais, funções tireoidianas e tremores; eficácia para agitação em idosos com transtorno bipolar
Brexpiprazol, pimavanserina, lurasidona, azenapina, paliperidona	Há estudos em andamento, e outros são aguardados, sobre psicose na DA, DDP, DCL, DV e outras demências

AChEI: inibidores da acetilcolinesterase; BZD: benzodiazepínicos; DA: doença de Alzheimer, DDP: demência na doença de Parkinson; DCL: demência com corpos de Lewy; DV: demência vascular; SNP: sintomas neuropsiquiátricos; ISRS: inibidores seletivos da recaptação de serotonina.

tamento farmacológico dos SNP em indivíduos em risco de progressão para demência consiste na elaboração de drogas com desenhos farmacológicos segundo o processo biológico subjacente à doença (DA, DFT, DDP, Lewy e outras). Obviamente, essas drogas seriam prescritas para indivíduos criteriosamente selecionados, durante o estágio pré-demencial ou em risco de demência, com o propósito de se deter a trajetória de deterioração clínica.

Ainda nesse contexto, várias investigações voltadas para o tratamento de algumas condições que aceleram a progressão para demência têm se mostrado benéficas.

Depressão

Loureiro et al.[47] reportaram que o comprometimento cognitivo em idosos com depressão pode se sobrepor às manifestações prodrômicas da DA. O diagnóstico diferencial entre essas duas condições requer cuidados, inclusive, com a aplicação de estratégias biológicas, como a detecção da patologia DA no liquor de idosos com CCL e depressão.

Em relação à intervenção psicofarmacológica, Bartels et al.[48] desenharam um estudo longitudinal para o tratamento de pacientes com CCL e depressão, com 70 a 73 anos. Os pacientes tinham liquor com biomarcadores positivos para DA. Os autores constataram que os pacientes tratados com ISRS tiveram uma curva de descendência cognitiva mais suave do que aqueles não tratados ou que haviam recebido outro regime farmacológico. Embora não tivessem modificado o padrão biológico dos marcadores da DA, o uso de ISRS por pelo menos 4 anos retardou em 3 anos a progressão de CCL para demência por conta de DA em comparação com outras estratégias de conduta.

Nessa linha, uma investigação imuno-histoquímica, *post-mortem*, constatou que o tratamento de depressão de pacientes sem demência, com diferentes classes farmacológicas, incluindo-se ISRS, bupropiona, venlafaxina, mirtazapina e tricíclicos, induz à neurogênese de células progenitoras e de novos capilares sanguíneos na zona subgranular do giro denteado do hipocampo[49]. Salientando, o hipocampo é uma área crítica para a memória de aprendizagem de novas informações. O estudo adiciona suporte no sentido de que o tratamento vigoroso da depressão em pacientes em risco de demência induz à neuroplasticidade, com potenciais benefícios para a resiliência cognitiva.

Ansiedade

A ocorrência de ansiedade em indivíduos idosos sem demência é frequente e demanda a atenção do clínico. O tratamento envolve condutas não farmacológicas, como psicoterapia cognitivo-comportamental, dentre outras modalidades, e tratamento psicofarmacológico quando imprescindível.

A prescrição de ISRS e de inibidores da recaptação de serotonina e noradrenalina (IRSN) e duloxetina tem sido estratégia recomendada para o tratamento da ansiedade em idosos[50]. Obviamente, esses psicofármacos requerem o monitoramento dos efeitos adversos.

No entanto, faltam estudos sobre o tratamento de pacientes em risco de progredirem para demência. A reorganização do circuito amígdala-ínsula-cíngulo anterior e cíngulo posterior pode se tornar um dos alvos preferidos para o desenho de substâncias com vistas ao tratamento da ansiedade em pacientes em risco de demência.

Apatia

Dentre as manifestações psicopatológicas preditoras ou prodrômicas de demência, a apatia ainda tem sido pouco investigada. Os critérios clínicos do diagnóstico, propostos por Robert et al.[51], definem o quadro como uma redução das atividades direcionadas a um objetivo com: (a) redução do interesse cognitivo e iniciativa para atitudes; (b) redução da ressonância afetiva e emocional espontânea e em resposta aos estímulos do ambiente; (c) redução do engajamento em interação social.

Uma revisão da literatura sobre o tratamento da apatia em sujeitos sem demência evidenciou poucos estudos[52]. Gabapentina e risperidona propiciaram redução discreta dos sintomas do MBI, incluindo-se apatia. Rivastigmina não demonstrou evidência de benefícios na condição de pré-demência, embora em pacientes com DA leve esse anticolinesterásico tenha propiciado efeitos favoráveis[32]. Os antidepressivos e psicoestimulantes (metilfenidato e modafinila) apresentaram resultados controversos. Em resumo, há poucos estudos controlados para o tratamento da apatia em indivíduos em risco de demência, as amostras são pequenas e os resultados são pouco consistentes.

Distúrbios do sono

Um estudo interessante analisou a associação entre horas de sono e depósito de beta-amiloide (βA) cerebral por meio de neuroimagem funcional, em idosos na faixa de 76,4 anos, sem declínio cognitivo, com Mini-Mental de 28,9 pontos[53]. Os autores verificaram que quem dormia durante um período médio > 7 horas por noite apresentava uma taxa menor de depósito de βA, enquanto os sujeitos que dormiam entre 6 e 7 horas tinham taxa intermediária de depósito de βA, e naqueles com um período regular de ≤ 6 horas, a taxa de βA no parênquima cerebral era mais acentuada. O estudo aponta para a associação entre período menor de sono e maior taxa de depósito de βA cerebral, o que sugere que indivíduos com esse perfil de sono estariam em risco de progressão para demência, particularmente, DA. A questão que emerge desse contexto é:

tratar os distúrbios do sono reduziria o depósito de βA e, consequentemente, o risco de progressão para demência decorrente de DA? A resposta a esse desafio ainda está por ser esclarecida.

De toda maneira, várias substâncias têm sido prescritas para o tratamento dos distúrbios do sono em idosos, tais como mirtazapina, trazodona, ramelteona/melatonina, gabapentina/pregabalina, BZD e drogas Z (zolpidem, zopiclona, eszopiclona, zaleplon), e cada uma delas propicia benefícios, mas adiciona efeitos adversos clinicamente relevantes. Ainda faltam estudos controlados sobre se o tratamento dos distúrbios do sono exerceria um papel preventivo de demência em idosos em risco de declínio cognitivo[53].

A Tabela 6 engloba os psicofármacos com menções para o tratamento dos SNP em indivíduos em estágio pré-demencial. É notória a carência de ensaios clínicos controlados.

Tabela 6 Psicofármacos referidos para o tratamento dos sintomas neuropsiquiátricos (SNP) em estágio pré-demencial

AChEI	Faltam estudos com evidência para SNP
Memantina	Faltam estudos com evidência para SNP
ISRS, IRSN e outros antidepressivos	Benefícios para depressão e ansiedade, com possível retardamento da conversão de CCL para demência
Trazodona	Melhora da ansiedade e insônia
Antipsicóticos	Faltam estudos com evidência para SNP
Quetiapina	Benefícios limitados para insônia e agitação noturna leve
Ácido valproico, gabapentina, pregabalina	Faltam estudos com evidência para SNP
Drogas "Z" (zopiclona, eszopiclona, zolpidem)	Melhoram o início do sono, sem evidência para outros SNP no estágio pré-demencial
BZD	Benefícios para ansiedade, porém, deve-se aferir riscos *vs.* benefícios
Psicoestimulantes (metilfenidato, modafinila)	Faltam estudos com evidência para SNP
Canabinoides	Faltam estudos com evidência para SNP
Lítio	Estudos em curso sobre ação neuroprotetora, estabilização dos SNP e possível redução do risco de progressão para demência
Novas drogas – brexpiprazol, pimavanserina	Faltam estudos com evidência para SNP e para possível redução do risco de demência

AChEI: inibidores da acetilcolinesterase; BZD: benzodiazepínicos; CCL: comprometimento cognitivo leve; IRSN: inibidores seletivos de recaptação de noradrenalina; ISRS: inibidores seletivos da recaptação de serotonina.

CONSIDERAÇÕES FINAIS

Os sintomas neuropsiquiátricos, juntamente com o declínio cognitivo e funcional, são componentes inerentes aos diferentes tipos de demência e, de modo geral, causam sobrecarga de trabalho e desgaste emocional em familiares e cuidadores.

O tratamento dessas manifestações é um grande desafio aos profissionais de saúde. Intervenção não farmacológica constitui a primeira escolha para a condução dessas manifestações psicopatológicas. No entanto, quando imprescindível, o tratamento farmacológico representa uma estratégia adicional.

Cabe lembrar que os anticolinesterásicos e a memantina são drogas com benefícios limitados, porém consistentes, para a redução do declínio cognitivo e com benefícios para o controle do comportamento na DA, DCL e DDP e em demência mista (DA + DV), porém, sem resultado convincente na DFT e na DV "pura". A memantina também tem sido utilizada na DA e oferece benefícios limitados para pacientes com outras demências.

O tratamento do paciente com demência e com sintomas psicóticos – delírios e alucinações –, agitação e agressividade tem sido conduzido com base em antipsicóticos atípicos. Os resultados são limitados e os potenciais efeitos adversos merecem monitoramento rigoroso. Outras alterações neuropsiquiátricas, como depressão, ansiedade, irritabilidade, apatia e distúrbios do sono, costumam beneficiar-se de psicofármacos específicos, como antidepressivos e ansiolíticos, porém, sempre exigindo o devido acompanhamento quanto à dosagem, a menor possível, e ao período de prescrição, o mais adequado.

VINHETA CLÍNICA

Homem, 78 anos, casado, 3 filhos, aposentado, escolaridade de 13 anos, católico, destro.

Acompanhantes: esposa e filha

A esposa e a filha do paciente procuraram atendimento clínico pela ocorrência de episódios de agitação. Esses episódios têm se tornado mais intensos e mais frequentes nos últimos meses.

O paciente tem diagnóstico de doença de Alzheimer avançada. A família notou que, há 8 anos, ele vem apresentando declínio cognitivo progressivo. O quadro se iniciou com declínio de memória episódica recente, com piora progressiva. Após alguns anos, os familiares notaram deterioração cognitiva global, acentuada, envolvendo orientação espacial e temporal, atenção, linguagem e funções executivas, com impacto importante no desempenho das atividades instrumentais, como lidar com computador ou celular, dirigir veículo, pagar contas e atendimento a compromissos. Nesse contexto, o paciente passou a ficar irritado, às vezes deprimido, ansioso, inquieto psiquicamente e, também, do ponto de vista da motricidade. Adicionalmente, apresentou vários episódios de agitação importantes, inclusive, à noite, com perambulação noturna, querer sair de casa. Passou a dizer que as pessoas estavam monitorando sua conta bancária, a desconfiar da esposa e, por várias vezes, atirou objetos contra os familiares.

A avaliação cognitiva e funcional revelou escores significativamente alterados – Mini-Mental: 17/30; MoCA: 12/30; Teste do Desenho do Relógio: 1/3; Fluência Verbal Fonêmica: 7 Fluência Verbal Semântica: 8. Questionário de Funcionalidade (Pfeffer): 18/30.

Os exames físico e neurológico não indicaram alterações clinicamente relevantes. Os exames laboratoriais de sangue estavam dentro dos padrões de normalidade.

O exame de ressonância magnética indicou redução volumétrica do encéfalo com predomínio temporoparietal, bilateralmente; redução dos hipocampos bilateralmente (escala de atrofia mesial temporal – MTA: 3 em 4); microangiopatia/gliose leve (Escala de Fazekas 1 em 3).

Como o paciente já fazia uso de rivastigmina transdérmica 15 cm^2 (contém 27 mg e libera 13,3 mg) ao dia, foi adicionada a memantina 10 mg – 1/2 cp cedo com titulação a cada 10 dias até a dosagem de 20 mg ao dia. Várias tentativas com medicação antidepressiva e com estabilizadores do humor não propiciaram resultados.

Após 3 semanas, o paciente foi reavaliado, sem benefícios com o tratamento farmacológico.

A família foi orientada quanto à necessidade de intervenção não farmacológica, e o paciente iniciou a participação em terapia ocupacional, mas essa proposta não foi levada adiante por conta das dificuldades de seguimento regular do programa.

Diante da piora progressiva do comportamento, principalmente agitação, decidiu-se pela introdução de aripiprazol 5 mg ao dia. Após uma semana, o paciente apresentou discreta melhora do comportamento, e a dosagem foi escalonada para 7,5 mg, com redução dos episódios e da intensidade da agitação.

Novamente, insistiu-se, junto à família, para a inserção do paciente em um programa estruturado de terapia ocupacional em companhia de outros pacientes, com atendimento dessa solicitação. Após algumas semanas, houve melhora importante do desempenho das atividades instrumentais, principalmente o manejo dos pertences e procedimentos de jardinagem. Houve, também, melhora dos episódios de agitação, que não remitiram, mas tornaram-se menos intensos e menos frequentes. O paciente passou a dormir melhor, tornou-se mais participativo, envolvendo-se nas atividades de casa. A evolução clínica do paciente permitiu a redução progressiva do aripiprazol de 7,5 para 2,5 mg ao dia, com proposta, se viável, de suspensão dessa medicação.

REFERÊNCIAS BIBLIOGRÁFICAS

1. Lyketsos CG. Mental and behavioral disturbances in dementia: findings from the cache county study on memory in aging. Am J Psychiatry. 2000;157(5):708-714.
2. Loureiro JC, et al. Transtornos neuropsiquiátricos na demência. In: Miguel EC, Lafer B, Elkis H, Forlenza OV. Clínica psiquiátrica. 2.ed. v.3. Baureri: Manole, 2021.p. 1034-49.
3. De Medeiros K, Robert P, Gauthier S, Stella F, Politis A, Leoutsakos J, et al., and the NPI-C Research Group. The Neuropsychiatric Inventory-Clinician rating scale (NPI-C): reliability and validity of a revised assessment of neuropsychiatric symptoms in dementia. Int Psychogeriatr. 2010;22:984-94.
4. Stella F, Forlenza OV, Laks J, Andrade LP, Avendaño MAL, Sé EVG, et al. The Brazilian version of the Neuropsychiatric Inventory-Clinician rating scale (NPI-C): reliability and validity of assessment of neuropsychiatric symptoms in dementia. Inter Psychogeriatr. 2013;25(9):1503-1511.
5. Associação Americana de Psiquiatria. Manual de Diagnóstico Estatístico de Transtornos Mentais, 5ª edição (DSM-5). Porto Alegre: Artmed; 2013.
6. Lyketsos CG, Miller SS. Addressing the Alzheimer's disease crisis through better understanding, treatment, and eventual prevention of associated neuropsychiatric syndromes. Alzheimer's & Dementia. 2012;8:60-4.
7. Stella F, Laks J, Govone JS, de Medeiros K, Forlenza OV. Association of neuropsychiatric syndromes with global clinical deterioration in Alzheimer's disease patients. International Psychogeriatrics. 2016;28(5):779-86.
8. Rascovsky K, Hodges JR, Kipps CM, et al. Diagnostic criteria for the behavioral variant of frontotemporal dementia (bvFTD): current limitations and future directions. Alzheimer Dis Ass Dis. 2007;21:S14-S18.
9. Taragano FE, Allegri RF, Krupitzki H, Sarasola D, Serrano CM, Loñ L, Lyketsos CG. Mild behavioral impairment and risk of dementia. J Clin Psychiatry. 2009;70(4):584-92.
10. Stella F, Forlenza OV, Laks J, Andrade LP, Cação JC, Govone JS, de Medeiros K, Lyketsos CG. Caregiver report vs. clinician impression: Disagreements in rating neuropsychiatric symptoms in Alzheimer's disease patients. Int J Geriatr Psychiatry. 2015;30(12):1230-1237.
11. Rangel LF, Nunes PV, Suemoto CK. Envelhecimento normal e patológico: impacto das comorbidades. In: Miguel EC, Lafer B, Elkis H, Forlenza OV (eds.). v.2. Clínica psiquiátrica. Baureri: Manole, 2021. p. 800-804.
12. Ismail Z, Agüera-Ortiz L, Brodaty H, Cieslak A, Cummings J, Fischer CE, et al., for the NPS Professional Interest Area of the International Society of to Advance Alzheimer's Research and Treatment (NPS-PIA of ISTAART). The Mild Behavioral Imapairment Checklist (MBI-C): A rating scale for neuropsychiatric symptoms in pre-dementia populations. J Alzheimers Dis. 2017;56(3):929-38.
13. Taragano FE, Allegri RF, Heisecke SL, Martelli MI, Feldman ML, Sánchez V, et al. Risk of conversion to dementia in a mild behavioral impairment group compared to a psychiatric group and to a mild cognitive impairment group. J Alzheimers Dis. 2018;62(1):227-238.

14. Wise EA, Rosenberg PB, Lyketsos CG, Leoutsakos JM. Time course of neuropsychiatric symptoms and cognitive diagnosis in National Alzheimer's Coordinating Centers volunteers. Alzheimer's Dementia: Diagnosis, Assessment & Disease Monitoring. 2019;11:333-339.
15. Sheikh JI, Yesavage JA. Geriatric depression scale (GDS): recent evidence and development of a shorter version. Clin Gerontol. 1986; 5:165-73.
16. Kaufer D, Cummings J, Ketchel P, Smith V, MacMillan A, Shelley T, et al. Validation of the NPI-Q, a brief clinical form of the Neuropsychiatric Inventory. J Neuropsychiatry Clin Neurosci. 2000;12:233-239.
17. Reisberg B, Borenstein J, Salob SP, Ferris SH, Franssen E, Georgotas A. Behavioral symptoms in Alzheimer's disease: phenomenology and treatment. J Clin Psychiatry. 1987;48 Suppl:9-15.
18. Robert PH, Clairet S, Benoit M, Koutaich J, Bertogliati C, Tible O, et al. The Apathy Inventory: assessment of apathy and awareness in Alzheimer's disease, Parkinson's disease and mild cognitive impairment. Int J Geriatr Psychiatry. 2002;17:1099-105.
19. Stella F, Andrade LP, Garuffi M, Vital TM, Hernández SSS, Ruocco M, et al. Validation of the Brazilian version of the Apathy Inventory. Int J Geriatr Psychiatry. 2013;28:979-986.
20. Reisberg B. Functional Assessment Staging (FAST). Psychopharmacology Bulletin. 1988;24:653-659.
21. Hughes CP, Berg L, Danziger WL, Cohen LA, Martin RL. A new clinical scale for the staging of dementia. Br J Psychiatry. 1982;140:566-72.
22. Stella F. Exame Psiquiátrico do idoso. In: Forlenza OV, Radanovic M, Stella F. Neuropsiquiatria geriátrica. 3.ed. São Paulo: Atheneu; 2023 (no prelo).
23. Rabinovici GD, Rosen HJ, Alkalay A, et al. Amyloid vs FDG-PET in the differential diagnosis of AD and FTLD. Neurology. 2011;77(23):2034-2042.
24. Ossenkoppele R, Singleton EH, Groot C, Dijkstra AA, Eikelboom WS, Seeley WW, et al. Research Criteria for the behavioral variant of Alzheimer disease: a systematic review and meta-analysis, JAMA Neurol. 2022;79(1):48-60.
25. Johnson JK, Diehl J, Mendez MF, et al. Frontotemporal lobar degeneration: demographic characteristics of 353 patients. Arch Neurol. 2005;62(6):925-30.
26. Mattsson N, Groot C, JansenWJ, et al. Prevalence of the apolipoprotein E ε4 allele in amyloid β positive subjects across the spectrum of Alzheimer's disease. Alzheimers Dement. 2018;14(7):913-924.
27. Gitlin LN, Arthur P, Piersol C, Hessels V, Wu SS, Dai Y, et al. Targeting behavioral symptoms and functional decline in dementia: a randomized clinical trial. J Am Geriatr Soc. 2018;66(2):339-345.
28. Oliveira AM, Radanovic M, Mello PCH, Buchain PC, Vizzotto AD, Harder J, et al. An intervention to reduce neuropsychiatric symptoms and caregiver burden in dementia: preliminary results from a randomized trial of the tailored activity program-outpatient version. Int J Geriatr Psychiatry. 2019;34(9):1301-7.
29. Gitlin LN, Winter L, Burke J, Chernett N, Dennis MP, Hauck WW. Tailored activities to manage neuropsychiatric behaviors in persons with dementia and reduce caregiver burden: a randomized pilot study. Am J Geriatr Psychiatry. 2008;16(3):229-39.
30. Lopez OL, Becker JT, Wahed AS, Saxton J, Sweet RA, Wolk DA, Klunk W, DeKosky ST. Long-term effects of the concomitant use of memantine with cholinesterase inhibition in Alzheimer disease. J Neurol Neurosurg Psychiatry. 2009;80(6):600-7.
31. Cummings J, Froelich LF, Black SE, Bakchine S, Bellelli G, Molinuevo JL, et al. Randomized, double-blind, parallel-group, 48-week study for efficacy and safety of a higher-dose rivastigmine patch (15 vs. 10 cm2) in Alzheimer's disease. Dement Geriatr Cogn Disord. 2012;33:341-53.
32. Robert PH, Mulin E, Malle P, David R. Apathy diagnosis, assessment, and treatment in Alzheimer's disease. CNS Neurosc Ther. 2010;16:263-71.
33. Lopez OL,Becker JT, Chang Y-F, Sweet RA, Aizenstein H, Snitz B, et al. The long-term effects of conventional and atypical antipsychotics in patients with probable Alzheimer's disease. Am J Psychiatry. 2013;170:1051-8.

34. Yunusa I, Alsumali A, Garba AE, Regestein QR, Eguale T. Assessment of reported comparative effectiveness and safety of atypical antipsychotics in the treatment of behavioral and psychological symptoms of dementia: a network meta-analysis. JAMA Network Open. 2019;2(3):1-14.
35. Kales HC, Gitlin LN, PhD, FGSA, Lyketsos CG. When less is more, but still not enough: why focusing on limiting antipsychotics in people with dementia is the wrong policy imperative. JAMDA. 2019;20:1074-9.
36. Reus VI, Fochtmann LJ, Eyler E, Hilty D, Horvitz-Lennon, Jibson MD, et al. The American Psychiatric Association Practice Guideline on the use of antipsychotics to treat agitation or psychosis in patients with dementia. Am J Psychiatry. 2016;173:175.
37. Stahl SM. Essential psychopharmacology – Neuroscientific basis and practical applications. Cambrigde, CB: Cambridge University Press, 2013. 379p.
38. Galletly C, Castle D, Dark F, Humberstone V, Jablensky A, Killackey E, et al. Royal Australian and New Zealand College of Psychiatrists clinical practice guidelines for the management of schizophrenia and related disorders. Aust N Z J Psychiatry. 2016; 50:410-72.
39. Nelson JC, Devanand DP. A systematic review and meta-analysis of placebo-controlled antidepressant studies in people with sepression and dementia. J Am Geriatr Soc. 2011;59:577-85.
40. Porsteinsson AP, Drye LT, Pollock BG, Devanand DP, Frangakis C, Ismail Z, et al., for the CitAD Research Group. Effect of citalopram on agitation in Alzheimer disease: The CitAD Randomized Clinical Trial. JAMA. 2014;311(7):682-691.
41. Cumbo E, Cumbo S, Torregrossa S, Migliore D. Treatment effects of vortioxetine on cognitive functions in mild Alzheimer's disease patients with depressive symptoms: a 12 month, open-label, observational study. J Prev Alzheimers Dis. 2019;6(3):192-7.
42. Su JA, Chang CC, Wang HM, Chen KJ, Yang YH, Lin CY. Ther Adv Chron Dis. 2019. Antidepressant treatment and mortality risk in patients with dementia and depression: a nationwide population cohort study in Taiwan. Ther Adv Chron Dis. 2019;10:2040622319853719.
43. Banerjee S, High J, Stirling S, Shepstone L, Swart AM, Telling T, et al. Study of mirtazapine for agitated behaviours in dementia (SYMBAD): a randomised, double-blind, placebo-controlled trial. Lancet. 2021;398:1487-97.
44. Richardson K, Mattishent K, Loke YK, Steel N, Fox C, Grossi CM, et al. History of benzodiazepine prescriptions and risk of dementia: possible bias due to prevalent users and covariate measurement timing in a nested case-control study. Am J Epidemiol. 2019;188(7):1228-36.
45. Stella F, Valiengo LCL, de Paula, VJR, Lima CAM, Forlenza1 OV. Medical cannabinoids for treatment of neuropsychiatric symptoms in dementia: a systematic review. Trends Psychiatry Psychother. 2021;43(4):243-255.
46. Devanand DP, Strickler JG, Huey ED, Crocco E, Forester BP, Husain MM, et al. Lithium treatment for agitation in Alzheimer's disease (Lit-AD): clinical rationale and study design. Contemp Clin Trials. 2018;71:33-9.
47. Loureiro JC, Stella F, Pais MV, Radanovic M, Canineu PR, Joaquim HPG, Talib LL, Forlenza OV. Cognitive impairment in remitted late-life depression is not associated with Alzheimer's disease--related CSF biomarkers. J Affective Dis. 2020;272:409-16.
48. Bartels C, Wagner M, Wolfsgruber S, Ehrenreich H, Schneider A, for the Alzheimer's Disease Neuroimaging Initiative. Cognitive impairment to Alzheimer's dementia in individuals with previous depression. Am J Psychiatry. 2018;175:232-41.
49. Boldrini M, Butt TH, Santiago AN, Tamir H, Dwork AJ, Rosoklija GB, et al. Benzodiazepines and the potential trophic effect of antidepressants on dentate gyrus cells in mood disorders. Int J Neuropsychopharmacol. 2014;17(12):1923-33.
50. Pais MV, Sant'Ana LCFG. Tratamento dos transtornos de ansiedade no idoso. In: Miguel EC, Lafer B, Elkis H, Forlenza OV. Clínica psiquiátrica. 2.ed. v.3. Baureri: Manole, 2021. p. 1058-1063.

51. Robert P, Lanctôt KL, Agüera-Ortiz L, Aalten P, Bremond F, Defrancesco M, et al. Is it time to revise the diagnostic criteria for apathy in brain disorders? The 2018 International Consensus Group. Eur Psychiatry. 2018;54:71-6.
52. Sherman C, Liu CS, Herrmann N, Lanctôt KL. Prevalence, neurobiology, and treatments for apathy in prodromal dementia. Int Psychogeriatr. 2018;30(2):177-184.
53. Spira AP, Gamaldo AA, An Y, Wu MN, Simonsick EM, Bilgel M, et al. Self-reported sleep and β-amyloid deposition in community-dwelling older adults. JAMA Neurol. 2013.
54. Penteado CT. Delirium. In: Forlenza OV, Radanovic M, Stella F. Neuropsiquiatria geriátrica. 3.ed. São Paulo: Atheneu; no prelo.

13
Sono e envelhecimento

Daniel Guilherme Suzuki Borges
Rosa Hasan

INTRODUÇÃO

O sono ocupa aproximadamente um terço da vida humana e, por isso, representa função fisiológica essencial e vital para o bem-estar das pessoas. Quando ele apresenta disrupção são comuns as queixas de sonolência excessiva diurna, fadiga, dificuldade de memória e de concentração e maior propensão a erros e acidentes[1].

Os transtornos do sono estão associados a diferentes resultados adversos à saúde. Essas condições, muitas vezes, podem não ser reconhecidas e/ou tratadas de maneira adequada e, consequentemente, contribuem para a possível refratariedade de diversos quadros médicos e neuropsiquiátricos[2].

Existe uma maior vulnerabilidade e, consequentemente, maior prevalência de distúrbios do sono com o avançar da idade. Isso se deve a fatores[1,4] como:

- Alterações físicas e fisiológicas do sono inerentes à idade.
- Maior prevalência de comorbidades médicas e psiquiátricas.
- Tendência à polifarmácia, levando à maior exposição a efeitos adversos de certas medicações.
- Fatores psicossociais como, por exemplo, tendência a apresentar rotina menos estruturada, horários de sono mais irregulares, hábito de permanecer um tempo elevado de cama etc.

Transtornos do sono como insônia, síndrome da apneia obstrutiva do sono (SAOS), síndrome das pernas inquietas (SPI) e transtorno comportamental do sono REM têm apresentado alta prevalência na terceira idade. Estudos mostram que até 57% chegam a ter pelo menos uma queixa de sono[3].

Portanto, o reconhecimento dessas condições tem ganhado importância à medida que se trata de uma população crescente e que cada vez mais exerce pressão nos serviços de saúde.

FISIOLOGIA DO SONO

O sono normal encontra-se dividido em REM (sigla em inglês para movimento rápido dos olhos) e não REM; este último, por sua vez, divide-se ainda em estágios N1, N2 e N3 (ou sono de ondas lentas) de superficial para profundo. Idosos tendem a apresentar fases de sono mais superficiais (N1 e N2), além de diminuição do sono mais profundo (N3) e do sono REM. Outras mudanças possíveis incluem aumento da latência de sono e do número de despertares noturnos[5,6].

Observa-se, ainda, uma redução na necessidade de sono ao longo da vida. Enquanto recém-nascidos, necessitam dormir próximo de dois terços do dia. Essa quantidade diminui de modo progressivo, mantém-se relativamente constante na fase adulta (um terço do dia em média) e cai para cerca de 6 a 7,5 h de sono após os 60 anos[1,3,4].

Indivíduos normais apresentam ciclo sono-vigília com duração aproximada de 24,3 h, ou seja, um ritmo circadiano organizado pelo núcleo supraquiasmático (NSQ) no hipotálamo. Este recebe aferências provenientes dos neurônios ganglionares da retina quanto à presença ou não de luz ambiente para secreção de melatonina na ausência dele, assim como também recebe modulação das pistas sociais e comportamentais exercidas socialmente pelo indivíduo (chamadas *zeitgebers*, termo em alemão que significa doadores de tempo, incluindo, por exemplo, luz solar, relógio, agenda social, horário dos remédios e das refeições, entre outros)[6].

O envelhecimento vem acompanhado de uma tendência de processo de neurodegeneração do NSQ. Com isso, o ciclo sono-vigília tende a se tornar menos robusto, com menor amplitude e estabilidade. Isso pode ser expresso clinicamente com fragmentação do sono, menor nível de melatonina noturna circulante, menor capacidade de sincronização com os *zeitgebers* e dificuldade em tolerar privação de sono. Contudo, nem sempre esse processo resulta necessariamente em uma queixa subjetiva de um distúrbio do sono[7].

No entanto, queixas de sono ruim ou não restaurador na maior parte dos dias não representam um padrão de sono normal nessa faixa etária e, portanto, devem ser valorizadas[8].

INSÔNIA CRÔNICA

Pacientes com insônia tipicamente apresentam dificuldade de início e/ou manutenção do sono. Essa dificuldade deve ocorrer pelo menos três vezes por semana por um período de pelo menos três meses, com condições e oportunidades de sono adequadas, após exclusão de causas secundárias (outras condições médicas, psiquiátricas, efeito de medicações e substâncias psicoativas)[9,10].

Sintomas de insônia chegam a ser relatados por até cerca de 50% dos adultos acima de 65 anos, 12 a 40% fecham critério para transtorno de insônia em diferentes estudos[11,12].

A insônia crônica está associada a maior risco de morbidade e mortalidade e piora de desfechos clínicos em condições como transtorno depressivo maior, risco de quedas, acidente vascular cerebral, declínio cognitivo e prejuízo funcional, entre outras[11,13].

O diagnóstico da insônia crônica é clínico, portanto, a história médica representa a única ferramenta requerida para fins diagnósticos. Diários de sono, actigrafia e polissonografia são ferramentas de suporte[9,10].

Métodos diagnósticos objetivos como polissonografia e actigrafia não são indicados rotineiramente, mas apenas quando há suspeita de outros distúrbios do sono (apneia do sono, pela polissonografia), a fim de afastar a possibilidade de má percepção do sono, investigar inconsistências das queixas subjetivas com o quadro clínico e avaliar resposta de um tratamento instituído (principalmente se malsucedido)[9,10].

No DSM-5, diferentemente das classificações anteriores, a insônia crônica passou a ter *status* de transtorno. A sua presença concomitante em condições médicas ou psiquiátricas deixou de ser apenas um sintoma acessório (p. ex.: transtorno de insônia crônica comórbido à depressão, transtorno de insônia crônica comórbida à apneia obstrutiva do sono)[10].

É difícil o estabelecimento preciso de uma relação de causalidade entre essas entidades clínicas, visto que ela poderá se alterar ao longo do tempo. Além de poder aparecer concomitantemente a um transtorno mental, a insônia pode ter curso clínico próprio, ser um fator de risco, sintoma prodrômico ou mesmo sintoma residual da condição. Portanto, recomenda-se o tratamento tanto da insônia quanto da condição comórbida[9,10,12].

As abordagens não farmacológicas são o tratamento de primeira linha na insônia do idoso. Os efeitos adversos de medicações hipnóticas costumam ser significativos e limitam a abordagem medicamentosa produzindo sintomas como: sedação excessiva, comprometimento cognitivo, *delirium*, agitação, problemas de equilíbrio e desempenho prejudicado nas atividades diárias. Além disso, existe o risco de quedas da própria altura com o uso de benzodiazepínicos ou agonistas do receptor GABA-A (drogas Z)[13-16].

Os hábitos de higiene do sono constituem primeira linha de tratamento por sua praticidade e relativa simplicidade, e devem ser oferecidos a todos. Dos tratamentos não farmacológicos, o que apresenta maior nível de evidência (1A) é a terapia cognitivo-comportamental para insônia (TCC-i), apresentando eficácia comparável ao tratamento farmacológico, com a vantagem de resultados mais duradouros em longo prazo[13,17-19].

A TCC-i consiste em 6 a 10 sessões com foco nas mudanças de comportamentos mal adaptativos e de crenças disfuncionais que atuam como perpetuadores do quadro de insônia. Usa como principais ferramentas a higiene do sono, a terapia cognitiva, a terapia de controle de estímulos, a terapia de restrição de tempo de cama, técnicas de relaxamento, entre outras[20].

Outras abordagens não farmacológicas consistem em atividade física frequente, engajamento em atividades sociais, exposição à luz do dia e sua restrição à noite. Visto o risco mínimo incorrido nessas intervenções e pelos potenciais benefícios em outras esferas, essas opções devem ser sempre consideradas em conjunto com outros tratamentos adotados[21,22].

A opção pelo tratamento farmacológico para insônia do idoso (Tabela 1) deve levar em consideração o risco *versus* benefício do uso de medicações sedativas e hipnóticas nessa faixa etária. Existe carência de estudos de boa qualidade e de longo prazo, além disso o desempenho tem sido modesto nos ensaios clínicos[25-27].

A doxepina, um antidepressivo tricíclico, é medicação com maior nível de evidência para a faixa etária, apresenta perfil de efeitos adversos semelhante ao placebo em doses muito baixas, de 3 e 6 mg, porém, disponível apenas em formulações manipuladas. De maneira geral, antidepressivos tricíclicos têm perfil de efeitos colaterais limitantes como boca seca, tontura, hipotensão postural, arritmias cardíacas e ganho de peso[28].

Hipnóticos agonistas seletivos de receptor GABA-A, ou drogas-Z, como zolpidem e zopiclone, apesar de frequentemente prescritos em adultos para o tratamento da insônia, na terceira idade não costumam ser tão bem tolerados e há maior sensibilidade para efeitos colaterais motores, cognitivos, além de sonambulismo e *delirium*[20,28].

Os benzodiazepínicos não são indicados pela maior sensibilidade aos efeitos adversos, como sedação excessiva, ataxia, risco de quedas, fraturas, *delirium*, prejuízo cognitivo, tolerância, abstinência e dependência[28].

Medicamentos como antipsicóticos, anti-histamínicos e anticonvulsivantes não são recomendados via de regra como tratamento de escolha, salvo em casos de comorbidade que justifique seu uso[13,24,26,27].

Tabela 1 Fármacos utilizados no tratamento para insônia

Agente	Dose recomendada (mg/dia)	Meia-vida Adultos (idosos)
Amitriptilina [B]	12,5-25	21 h (31 h)
Doxepina [B]	1-6	6-17 h (15 h)
Mirtazapina [B]	7,5-15	20-40 h (32,2-40,6 h)
Ramelteona [C]	8	1,3 h (2,6 h)
Suvorexanto [D]	5-20	12 h (12h)
Trazodona [B]	50	7-8 h (6-16,2 h)
Zolpidem [A]	2,5-5	2,5 h (até 3,3 h)
Zolpidem CR [A]	6,25	2,8 (4,5)
Zolpidem dispersível [A]	2,5-5	2,5 (até 3,3 h)
Zolpidem sublingual [A]	2,5-5	3 h (3,96 h)
Zopiclona [A]	3,75-7,5	5,3 h (7 h)
Eszopiclona	1-3	5-7h (9 h)

Classes: A. hipnóticos agonistas seletivos de receptor GABA-A; B. antidepressivos sedativos; C. agonistas melatonérgicos; D: antagonista de receptores de orexina.

SÍNDROME DA APNEIA OBSTRUTIVA DO SONO (SAOS)

O quadro clínico da SAOS se caracteriza por roncos, pausas respiratórias presenciadas, sonolência diurna excessiva, engasgos, respiração laboriosa, cefaleia matinal, hipertensão de difícil controle e fragmentação do sono. Sintomas neuropsiquiátricos, tanto cognitivos como afetivos, podem ser manifestações clínicas da SAOS e, portanto, a avaliação de distúrbios respiratórios do sono na população com essas e as demais queixas é essencial[29,30,31]. O diagnóstico é feito pela polissonografia[9,10].

Trata-se de entidade clínica comum na terceira idade e, com frequência, ocasiona prejuízos clinicamente significativos nas qualidades de sono e de vida. O estudo EPISONO evidenciou prevalência de 60,2% nas faixas etárias de 60 a 70 anos e 86,9% entre 70 e 80 anos, usando uma amostra populacional representativa da cidade de São Paulo[32].

Essa maior prevalência nessa faixa etária pode ser explicada por diversos fatores, como: diminuição na capacidade dos músculos dilatadores da faringe de manterem via aérea totalmente livre durante o sono; diminuição na capacidade pulmonar, levando uma via aérea mais alongada e com maior área colapsável, a um aumento na resistência de vias aéreas superiores com consequente instabilidade do controle respiratório, uma arcada desdentada, facilitando constrição das vias aérea superiores, entre outros[33,34].

As consequências de maior impacto na SAOS são cardiovasculares. Ela está relacionada à hipertensão arterial sistêmica, à maior incidência de eventos cardiovasculares (como infarto agudo do miocárdio, edema agudo de pulmão, acidente vascular cerebral etc.) e à maior mortalidade[35].

Como muitos sintomas da síndrome se expressam de maneira inespecífica (insônia, sonolência diurna, irritabilidade, cansaço, fadiga, déficit de memória e concentração), eles costumam mimetizar ou exacerbar quadros neuropsiquiátricos, como déficits cognitivos, demência e síndrome depressiva. Da mesma maneira, tem-se mostrado que a síndrome cursa como fator de vulnerabilidade para esses mesmos quadros, com estudos epidemiológicos evidenciando maior risco para comprometimento cognitivo leve, demências e transtorno depressivo maior[36-38].

O tratamento da SAOS está indicado quando há sintomatologia significativa, gravidade das comorbidades clínicas e queixas cognitivas. O tratamento padrão-ouro inclui pressão positiva nas vias aéreas superiores (PAP)[39,40].

Também se recomendam mudanças no estilo de vida (perda de peso, exercício físico), terapia posicional (evitar dormir em posição supina), controle do consumo de álcool e limitação de medicações hipnóticas (em especial, benzodiazepínicos e barbitúricos) e de relaxantes musculares[39].

TRANSTORNOS DE RITMO CIRCADIANO (TRC)

Os TRC decorrem da dificuldade da adequação e sincronização do ritmo de sono endógeno em relação ao ritmo social desejado ou requerido. A Tabela 2 apresenta um resumo[14] dos principais TRC[9,10].

O diagnóstico é feito primariamente a partir da entrevista clínica, em que se observa um padrão crônico de desajuste entre a agenda de sono requerida ou desejada em relação ao ritmo circadiano endógeno[9,10].

O uso de ferramentas diagnósticas como o diário de sono e/ou a actigrafia ajuda a elucidar mais claramente o quadro clínico, em um período mínimo de pelo menos 14 dias.

Abordaremos com mais detalhes neste tópico os TRC mais comuns no idoso: o transtorno de avanço de fase do sono-vigília (TAvFS) e o transtorno do ritmo irregular do sono-vigília (TRIS).

A presença de condições clínicas comuns no idoso, como degeneração macular e opacificação do cristalino, pode favorecer uma menor sensibilidade à luz e favorecer um início precoce do sono (a luz normalmente atrasaria esse início). Como a luz é um inibidor da secreção da melatonina, essa menor sensibilidade levaria à antecipação do seu início e pico de produção[41,42].

Tabela 2 Resumo dos principais transtornos de ritmo circadiano[9,10]

Transtorno de atraso de fase do sono-vigília	Atraso significativo há pelo menos 3 meses do sono principal em relação ao cronograma desejado e/ou requerido para dormir e se levantar, causando privação de sono e dificuldade de se levantar no horário planejado e/ou requerido. O padrão de atraso se mantém mesmo perfazendo rotinas de sono à vontade e sem compromisso, com melhora na qualidade de sono e preservando tempo total de sono.
Transtorno de avanço de fase do sono-vigília	Avanço significativo há pelo menos 3 meses do sono principal em relação ao cronograma desejado e/ou requerido para dormir e se levantar, causando dificuldade em se manter acordado no horário desejado e/ou convencional junto com dificuldade de se manter dormindo até o horário planejado. O padrão de atraso se mantém mesmo perfazendo rotinas de sono à vontade e sem compromisso, com melhora na qualidade e tempo de sono.
Transtorno do ritmo sono-vigília irregular	Padrão crônico e recorrente há pelo menos 3 meses, com ciclo sono-vigília irregular nas 24 horas, com sonolência excessiva diurna e/ou insônia à noite, com incapacidade de manter um ciclo de sono principal no horário desejado e/ou requerido, tornando-se extensamente fragmentado ao longo das 24 horas.
Transtorno do ritmo do sono-vigília não 24 horas (livre-curso)	Atraso gradativo há pelo menos 3 meses do sono principal em relação ao cronograma desejado e/ou requerido para dormir e se levantar. Há uma dessincronização entre o temporizador interno e o externo, causando períodos de insônia e/ou sonolência diurna excessiva, ou ambos, que se alternam com períodos assintomáticos. O padrão de atraso gradativo se mantém mesmo perfazendo rotinas de sono à vontade e sem compromisso, com melhora na qualidade e tempo de sono.
Transtorno de trabalho em turno do sono	Muito prevalente em trabalhadores noturnos e com cronograma de sono e vigília irregulares, ocasionando sintomas de insônia e/ou sonolência diurna excessiva há pelo menos 3 meses.
Transtorno de mudança rápida de fuso-horário (*jet-lag*)	Associado a viagens aéreas com mudança rápida de pelo menos dois fusos horários, com queixas de insônia e/ou sonolência diurna excessiva. Nos primeiros 2 dias, pode haver, além de prejuízo no funcionamento, sintomas de mal-estar geral e/ou somáticos.

Além disso, um ciclo circadiano mais encurtado (< 24 horas) também favoreceria um padrão de sono antes do tempo planejado[43,44].

Diversos fatores psicossociais favorecem a presença e a manutenção do TAvFS: menor exposição à luz natural[45,46], mobilidade reduzida[47], estilo de vida mais sedentário[48,49], menor engajamento em atividades sociais e tendência a ter rotina diária menos estruturada[49].

Em relação ao TRIS, este resulta, na maior parte dos casos, de um processo de neurodegeneração avançada do NSQ, particularmente nos processos demenciais[50]. Em consequência, há diminuição acentuada na secreção de melatonina e ciclo sono-atividade errático ao longo das 24 horas com tendência a um sono polifásico.

O objetivo do tratamento dos TRC consiste na sincronia do ciclo sono-vigília com o ciclo claro-escuro e a agenda social[51,52].

O uso da melatonina em doses baixas (0,1 a 1,0 mg) à noite está indicado no tratamento do TRIS para fins cronotrópicos, com potencial para regularização desse ciclo. O tratamento não farmacológico possui peso fundamental nesses casos, deve incluir uma adesão rigorosa às práticas de higiene do sono, exposição diária à luz natural, atividade física e rotina social estruturada[51,52].

No TAvFS, o tratamento consiste na exposição à luz (2.500-10.000 lux) no fim do dia e começo da noite, para ajudar na postergação do início do sono, preferencialmente, acompanhado de atividades que sejam física e/ou mentalmente ativantes. Nesse distúrbio em específico, a administração de melatonina não está indicada[51,52].

TRANSTORNO COMPORTAMENTAL DO SONO REM

O transtorno comportamental do sono REM (TCSREM) é uma parassonia em que há perda da atonia normalmente presente no sono REM. Isto propicia a atuação física do conteúdo dos sonhos (onirismo)[9,10].

Em geral, as queixas são trazidas pela família ou parceiro de cama e, eventualmente, pelo próprio paciente, quando este se machuca. É relatado comportamento noturno anormal, principalmente na segunda metade da noite, na qual há maior densidade de sono REM: sonhos vívidos e violentos, sonilóquios e comportamentos motores sugestivos de atuação do sonho[9,10].

Frequentemente são os comportamentos de cunho violento que levam à procura por ajuda médica, por isso, depreende-se que os casos considerados discretos ou leves sejam sub-relatados e subdiagnosticados[53].

A literatura descreve prevalências de cerca de 0,5 a 1% na população geral e 2% nos idosos. Atualmente, tem sido descrita incidência similar entre os gêneros[54]. Até então relatava-se maior incidência em indivíduos do gênero masculino, provavelmente uma subestimação no sexo feminino, por não apresentar quadro clínico exuberante[55].

O diagnóstico de TCSREM deve ser suspeitado em pacientes com história clínica de comportamento recorrente de atuação dos sonhos e confirmado por videopolissonografia, que evidencia sono REM sem atonia. Este pode ser o único achado e nem sempre o comportamento onírico anormal é flagrado nessa fase de sono durante o exame[9,10].

O TCSREM apresenta formas secundárias e idiopáticas, sendo que estas são consideradas manifestações prodrômicas associadas a doenças neurodegenerativas do tipo alfa-sinucleína. Estima-se uma alta taxa de conversão (81 a 90%) para esses quadros dentro de 10 anos após a primeira manifestação do TCSREM[55-57].

Já na abertura do quadro idiopático, sintomas subclínicos podem estar presentes, como: hiposmia, déficits cognitivos clínicos, alterações cognitivas detectadas em testes neuropsicológicos e exames de neuroimagem funcional evidenciando diminuição do transportador de dopamina no estriado. Esses achados sugerem um processo neurodegenerativo em instalação[55,56].

Supõe-se que o processo neurodegenerativo conflua para a diminuição do tônus inibitório dos motoneurônios exercidos por GABA e glicina, por conta de lesão do núcleo dorsal sublateral e *locus subcoeruleos* no tronco cerebral[55].

As principais causas secundárias do TCSREM são doenças neurodegenerativas: doença de Parkinson (30 a 50% dos casos), atrofia de múltiplos sistemas (80 a 95% dos casos) e doença por corpúsculos de Lewy (50 a 80% dos casos), lesões pontinas, placas desmielinizantes e uso de medicações, especialmente antidepressivos (inibidor seletivo de recaptura de serotonina, antidepressivos tricíclicos, inibidores da monoaminoxidase)[9,10,57].

As parassonias não REM (NREM) são incomuns nessa faixa etária e, quando presentes, deve-se se atentar à história pessoal de parassonias, à presença de estressor recente e a fatores clínicos ou ambientais que estejam contribuindo para fragmentação do sono. A causa clínica mais comum de fragmentação causando parassonia NREM no idoso é a apneia obstrutiva do sono, cujas pausas respiratórias podem provocam um despertar parcial[58,78].

A primeira conduta em casos de alteração comportamental do sono consiste em avaliar o risco de machucar a si mesmo e/ou o companheiro de cama. Deve-se assegurar um ambiente de quarto e cama seguros: separar parceiros de cama, afastar objetos perigosos do alcance do paciente, afastar a cama da janela e gradeados na beira da cama, ou posicionar o colchão no chão[59].

A principal escolha de tratamento farmacológico costuma ser clonazepam em baixas doses, de 0,3 a 1 mg, uma hora antes deitar, no entanto, seus efeitos adversos podem ser limitadores. Melatonina em doses relativamente altas (3 a 15 mg), uma hora antes de deitar, também pode ser efetiva em associação ou nos casos nos quais, por alguma razão, não pode ser administrado clonazepam[55,59].

SÍNDROME DAS PERNAS INQUIETAS

A síndrome das pernas inquietas (SPI) é um distúrbio do movimento relacionado ao sono caracterizado pela urgência em mover as pernas, muitas vezes acompanhada por uma sensação desagradável nelas. Esses sintomas pioram com o repouso, aliviam com o movimento, tendem a piorar à noite e, com frequência, dificultam o início do sono (em alguns casos, também sua manutenção)[9,10].

A idade avançada é um fator de risco para SPI, com prevalência estimada de aproximadamente 4% da população geral, ao passo que, em indivíduos entre 70 e 89 anos, a prevalência sobre para 9 a 20%. Os fatores de risco para SPI nessa faixa etária incluem baixo teor de ferro, baixo nível socioeconômico, maior presença de comorbidades médicas e psiquiátricas, doença de Parkinson, doença renal crônica terminal e uso de determinadas medicações (antidepressivos, antipsicóticos, anti-histamínicos, lítio, antieméticos, entre outros)[60,78].

O diagnóstico é essencialmente clínico, obtido pela história médica, e não requer testes adicionais, exceto a avaliação dos estoques de ferro (hemograma, perfil de ferro) em todos os pacientes e da função renal (ureia, creatinina) se houver suspeita de insuficiência renal. Além disso, medicamentos com potencial de causar ou exacerbar os sintomas devem ser identificados[9,10].

A abordagem farmacológica de primeira linha para o tratamento de SPI envolve o uso de agonistas dopaminérgicos em baixas doses, como pramipexol, ropinirol (não vendido no Brasil), rotigotina e, menos frequentemente, levodopa (pelo risco de aumentação). A reposição de ferro está indicada nos pacientes com baixo estoque de ferro. Outras estratégias incluem anticonvulsivantes (especialmente gabapentina e pregabalina) e opioides, embora esses tratamentos possam causar efeitos colaterais significativos na população idosa[61].

Estratégias não farmacológicas como higiene do sono, exercício físico, restrição de bebidas cafeinadas e compressão das pernas com meias pneumáticas ajudam a tratar os sintomas[61].

SONOLÊNCIA DIURNA EXCESSIVA NO IDOSO

Queixas de sonolência diurna excessiva e fadiga costumam ser relativamente frequentes em idosos, por isso existe uma crença distorcida de que sonolência e fadiga nessa faixa etária representam aspectos normais do envelhecimento[3,4,7,8].

Estima-se que provavelmente essas queixas tenham base multifatorial: maior prevalência de condições médicas e psiquiátricas, maior prevalência de transtornos do sono, tendência à polifarmácia e alterações físicas e fisiológicas inerentes ao envelhecimento. Essa combinação resultaria em maior necessidade de sono e/ou de repouso durante o dia, e também sintomas excessivos de sonolência e fadiga diurnas. Logo, faz-se necessária a exclusão de possíveis causas orgânicas ou psiquiátricas subjacentes[62-64].

É raro o aparecimento de transtornos de hipersonia, como narcolepsia, em idade mais avançada[65,66], portanto, sinais e sintomas sugestivos como ataques de sono, acompanhados ou não de cataplexia, paralisia do sono e alucinações hipnagógicas/hipnopômpicas devem levar à suspeita de um quadro orgânico cerebral. Nesse caso, deve-se buscar acometimento em região hipotalâmica por processos como neoplasias, placas de esclerose múltipla, acidente vascular cerebral e má-formação vascular.

Não menos importantes, sintomas de sonolência e fadiga diurnos também podem ser encontrados nos idosos em razão de mudanças no estilo de vida, como aposentadoria, diminuição na rede de suporte psicossocial e institucionalização. Esses fatores colaboram para menor contato social, atividade física reduzida, maiores períodos diurnos sedentários e inativos, menor mobilidade, redução de estímulos ambientais, falta de rotina estruturada, baixa exposição à luz natural, entre outros[67].

O manejo desses casos requer um diagnóstico correto da comorbidade subjacente causando sonolência. O caráter multifatorial do quadro descrito torna-se desafiador tanto em termos diagnósticos como do manejo desses pacientes. Portanto, uma revisão cuidadosa de todos os aspectos da saúde dessa população, dos tratamentos instituídos, assim como o contato com os outros médicos envolvidos na assistência tornam-se imperiais[68,69].

O uso de psicoestimulantes nessa faixa etária não está indicado via de regra, em razão de evidências científicas limitadas quanto à sua eficácia, efeitos colaterais limitadores e metabolização mais lenta dos fármacos e metabólitos. Quando necessário o seu uso, recomenda-se iniciar com dose baixa e monitorar com atenção quanto à presença de efeitos adversos e, preferencialmente, com um ECG prévio. A modafinila tem menor efeito simpatomimético dentre outros fármacos da mesma classe, apresentando melhor perfil de segurança no uso em idosos[70].

SONO E DOENÇAS NEURODEGENERATIVAS

O sono de má qualidade pode contribuir para sintomas cognitivos em idosos, assim como diferentes tipos de demência podem cursar com distúrbios do sono[71].

Diferentes estudos sugerem que a duração do sono, sua fragmentação, distúrbios respiratórios do sono e hipoxemia podem contribuir para prejuízo cognitivo[72,77].

Existem evidências que sugerem que perturbações no ciclo sono-vigília e nos ritmos circadianos podem começar previamente ao desenvolvimento da doença de Alzheimer (DA), ao contrário do que se costuma pensar no aparecimento nos estágios mais tardios da doença. Mudanças como diminuição do estágio N3, do sono não REM e de sono REM aparecem à medida que a doença progride[73,74].

Outros sintomas na DA incluem tempo e duração anormais do ciclo do sono, aumento da latência do sono, aumento dos despertares noturnos e do tempo de sono diurno. Estima-se que processos neurodegenerativos no NSQ e nos neurônios colinérgicos do núcleo basal de Meynert estejam implicados na perturbação do ciclo circadiano de sono-vigília, gerando progressivamente um sono irregular[75].

A presença de distúrbios do sono, a quantidade de horas acordadas e o sono disruptivo estão associados à maior deposição de proteína beta-amiloide (PBA) no sistema nervoso central, e vice-versa. Existe a hipótese de que a atuação do sistema glinfático possa ser um dos mecanismos implicados no *clearance* de proteína beta-amiloide e de outros "produtos tóxicos" do metabolismo neuronal[73].

O sistema glinfático é um sistema de eliminação de resíduos que funciona por meio da troca de fluidos entre o liquor e o interstício através de canais formados por células astrogliais, cujo funcionamento aumenta durante o sono[73].

Tal como acontece na DA, os distúrbios do sono nos pacientes com doença de Parkinson (DP) também se correlacionam com a progressão da doença e encontram-se em 60 a 90% dos pacientes, secundários à doença em si e/ou como efeito adverso do tratamento. Eles podem apresentar insônia, sonolência diurna excessiva com ataques de sono (fenótipo narcoléptico), distúrbios respiratórios do sono (mais notadamente SAOS), transtorno comportamental do sono REM, nictúria excessiva (reflexo da progressão da disautonomia), síndrome das pernas inquietas, síndrome do movimento periódico de membros inferiores e outros distúrbios do movimento atrapalhando o início do sono[75,76].

Além de um processo neurodegenerativo no NSQ, especula-se que as alterações no ciclo sono-vigília na DP estão relacionadas à redução dos neurônios serotoninérgicos no núcleo dorsal da rafe, dos neurônios noradrenérgicos do *locus coeruleus* e dos neurônios colinérgicos no núcleo pedunculopontino[75,76].

Outros fatores comumente envolvidos na fragmentação do sono na DP são: tremores, distonia, rigidez, discinesias e aumento dos despertares. O uso de medicamentos também pode ocasionar dificuldades adicionais, por exemplo, agonistas dopaminérgicos em dose baixa costumam ser sedativos, por outro lado em alta dose podem levar a alucinações, pesadelos e aumento nos despertares[75,76].

CONSIDERAÇÕES FINAIS

A comorbidade com transtornos do sono é condição comum em idosos. Isso resulta de interações multifatoriais, como maior prevalência de condições médicas e psiquiátricas, polifarmácia, fatores psicossociais e características inerentes ao próprio processo de envelhecimento. Por conta dessa complexidade, a diferenciação entre o normal e o patológico pode ser difícil de ser feita e requer avaliação cuidadosa.

Essa maior prevalência também está associada a maiores morbidade e mortalidade, o que torna a avaliação e o manejo dos distúrbios do sono em adultos mais velhos um foco importante. Portanto, os profissionais de saúde precisam estar atentos e avaliar rotineiramente o sono dentro dos cuidados de saúde global nessa e em outras populações e, se necessário, encaminhar para uma avaliação especializada.

REFERÊNCIAS BIBLIOGRÁFICAS

1. Miner B, Krieger MH. Sleep in the aging population. Sleep Med Clin. 2020;15:311-8.
2. Gamaldo AA, Beydoun MA, Beydoun HA, et al. Sleep disturbances among older adults in the United States, 2002-2012: nationwide inpatient rates, predictors, and outcomes. Front Aging Neurosci. 2016;8:266.
3. Foley DJ, et al. Sleep complaints among elderly persons: na epidemiologic study of three communities. Sleep. 1995;18(6):425-32.
4. Gulia KK, et al. Sleep disorders in the elderly: a growing challenge. Psychogeriatrics. 2018;18:155-65.
5. Redline S, Kirchner HL, Quan SF, et al. The effects of age, sex, ethnicity, and sleep-disordered breathing on sleep architecture. Arch Intern Med. 2004;164:406-18.
6. Moe KE, Prinz PN, Vitiello MV, et al. Healthy elderly women and men have diferente entrained circadian temperature rhythms. J Am Geriatr Soc. 1991;39:383-7.
7. Feinsilver SH, Hernandez AB. Sleep in the elderly: Unanswered questions. Clin Geriatr Med. 2017;33:579-96.
8. Zdanys FK, Steffens DC. Sleep disturbances in the elderly. Psychiatr Clin N Am. 2015;38:723-41.
9. American Academy of Sleep Medicine. International Classification of Sleep Disorder., 3.ed. Darien: American Academy of Sleep Medicine; 2014.
10. American Psychiatry Association. Diagnostic and statistical manual of mental disorders – DSM-5, 5.ed. Washington: American Psychiatric Association; 2013.
11. Ohayon M. Epidemiology of insomnia: what we know and what we still need to learn. Sleep Med Ver. 2002;6(2):97-111.
12. Liu X, Liu L. Sleep habits and insomnia in a sample of elderly persons in China. Sleep. 2005;28:1579-87.
13. Jaussent I, Bouyer J, Ancelin ML, et al. Insomnia and daytime sleepiness are risk factors for depressive symptoms in the elderly. Sleep. 2011;34:1103-10.
14. Medalie L, Cifu AS. Management of chronic insomnia disorder in adults. JAMA. 2017;317(7):762-763.
15. Schroeck JL, Mergenhagen KA, et al. Review of safety and efficacy of sleep medicine in older adults. Clin Ther. 2016;38(11):2340-72.
16. Markota M, Rummans TA, Bostwick JM, Lapid MI. Benzodiazepine use in older adults: dangers, management, and alternative therapies. Mayo Clin Proc. 2016;91(11):1632-9.
17. Tom SE, Wickwire EM, Park Y, Albrecht JS. Nonbenzodiazepine sedative hypnotics and risk of fall-related injury. Sleep. 2016;39:1009.
18. Schutte-Rodin S, Broch L, Buysse D, et al. Clinical guideline for the evaluation and management of chronic insomnia in adults. J Clin Sleep Med. 2008;4:487-504.
19. Mitchell MD, Gehrman P, Perlis M. Comparative effectiveness of cognitive behavioral therapy for insomnia: a systematic review. BMC Fam Pract. 2012;13:40.

20. Trauer JM, Qian MY, Doyle JS, et al. Cognitive behavioral therapy for chronic insomnia: a systematic review and meta-analysis. Ann Intern Med. 2015;163:191-204.
21. Perlis ML, Jungquist C, Smith MT, Posner D. Cognitive behavioral treatment of insomnia: a session-by-session guide. New York: Springer; 2005.
22. Inoue S, Yorifuji T, Sugiyama M, et al. Does habitual physical activity prevent insomnia? A cross--sectional and longitudinal study of elderly Japanese. J Aging Phys Act. 2013;21(2):119-39.
23. Yang PY, Ho KH, Chen HC, Chien MY. Exercise training improves sleep quality in middle-aged and older adults with sleep problems: a systematic review. J Physiother. 2012;58(3):157-63.
24. Gammack JK. Light therapy for insomnia in older adults. Clin Geriatr Med. 2008;24(1):139-49.
25. Sateia MJ, et al. Clinical practice guideline for the pharmacologic treatment of chronic insomnia in adults: an American Academy of Sleep Medicine Clinical Practice Guideline. J Clin Sleep Med. 2017;13(2):307-49.
26. Qaseem A, et al. Management of chronic insomnia disorder in adults: a clinical practice guideline from the American College of Physicians. Ann Intern Med. 2016;165(2):125-33.
27. Pentagna A, et al. Tratamento farmacológico do transtorno da insônia. In: Bacellar A, Pinto Jr LR, et al. Insônia do diagnóstico ao tratamento. Difusão. 2019;5:87-115.
28. Rizzo GNV, et al. Insônia no idoso. In: Bacellar A, Pinto Jr LR, et al. Insônia do diagnóstico ao tratamento. Difusão. 2019;8:161-4.
29. 2019 AMerican Geriatrics Society Beers Criteria Update Expert Panel. American Geriatrics Society 2019 updated AGS Beers Criteria for potentially inappropriate medication use in older adults. J Am Geriatr Soc. 2019;67:674-94.
30. Hudgel DW. Neuropsychiatric manifestations of obstructive sleep apnea: a review. Int J Psychiatry Med.1989;19(1):11-22.
31. Stubbs B, et al. The prevalence and predictors of obstructive sleep apnea in major depressive disorder, bipolar disorder and schizophrenia: a systematic review and meta-analysis. J Affect Disord. 2016;197:259-67.
32. Sutton EL. Psychiatric disorders and sleep issues. Med Clin North Am. 2014;98(5):1123-43.
33. Tufik S, Santos-Silva R, Taddei JA, Bittencourt LR. Obstructive sleep apnea syndrome in the Sao Paulo Epidemiologic Sleep Study. Sleep Med. 2010;11(5):441-6.
34. Eikermann M, Jordann AS, Chamberlin NL, et al. The influence of aging on pharyngeal collapsibility during sleep. Chest. 2007;131:1702-9.
35. Malhotra A, Huang Y, Fogel R, et al. Aging influences on pharyngeal anatomy and physiology: the predisposition to pharyngeal collapse. Am J Med. 2006;119:72.
36. Budhiraja R, Budhiraja P, Quan SF. Sleep-disordered breathing and cardiovascular disorders. Respir Care. 2010;55(10):1322-32.
37. Okuro M, Morimoto S. Sleep apnea in the elderly. Curr Opin Psychiatry. 2014;27(6):472-7.
38. Leng Y, et al. Association of sleep-disordered breathing with cognitive function and risk of cognitive impairment: A systematic review and meta-analysis. JAMA Neurol. 2017;74(10):1237.
39. Chen YH, et al. Obstructive sleep apnea and the subsequent risk of depressive disorder: a population-based follow-up study. J Clin Sleep Med. 2013;9(5):417.
40. Morgenthaler TI, Kapen S, Lee-Chiong T, et al. Practice parameters for the medical therapy of obstructive sleep apnea. SLEEP. 2006;29(8):1031-5.
41. Kushida CA, Littner MR, Hirshkowitz M, et al. Practice parameters for the use of continuous and bilevel positive airway pressure devices to treat adult patients with sleep-related breathing disorders. SLEEP. 2006;29(3):375-80.
42. Dillon J, Zheng L, Merriam JC, et al. Transmission of light to the aging human retina: possible implications for age related macular degeneration. Exp Eye Res. 2004;79(6):753-9.
43. Hattar S, Liao HW, Takao M, et al. Melanopsin-containing retinal ganglion cells: architecture, projections, and intrinsic photosensitivity. Science. 2002;295(5557):1065-70.

44. Zhang Y, Kornhauser JM, Zee PC, et al. Effects of aging on light-induced phase-shifting of circadian behavioral rhythms, fos expression and CREB phosphorylation in the hamster suprachiasmatic nucleus. Neuroscience. 1996;70(4):951-61.
45. Carpen JD, Archer SN, Skene DJ, Smits M, von Schantz M. A single-nucleotide polymorphism in the 5'-untranslated region of the hPER2 gene is associated with diurnal preference. J Sleep Res. 2005;14:293-7.
46. Carpen JD, von Schantz M, Smits M, Skene DJ, Archer SN. A silent polymorphism in the PER1gene associates with extreme diurnal preference in humans. J Hum Genet. 2006;51:1122-5.
47. Campbell SS, Kripke DF, Gillin JC, et al. Exposure to light in healthy elderly subjects and Alzheimer's patients. Physiol Behav. 1988;42(2):141-4.
48. Shochat T, Martin J, Marler M, et al. Illumination levels in nursing home patients: effects on sleep and activity rhythms. J Sleep Res. 2000;9(4):373-9.
49. Harper DG, Volicer L, Stopa EG, et al. Disturbance of endogenous circadian rhythm in aging and Alzheimer disease. Am J Geriatr Psychiatry. 2005;13(5):359-68.
50. Bortz WM, 2nd. Disuse and aging. JAMA. 1982;248(10):1203-208.
51. Bassuk SS, Glass TA, Berkman LF. Social disengagement and incident cognitive decline in community-dwelling elderly persons. Ann Intern Med. 1999;131(3):165-73.
52. Swaab DF, Van Someren EJ, Zhou JN, Hofman MA. Biological rhythms in the human life cycle and their relationship to functional changes in the suprachiasmatic nucleus. Prog Brain Res. 1996;111:349-68.
53. Morgenthaler TI, et al. Standards of Practice Committee of the AASM. Practice parameters for the clinical evaluation and treatment of circadian rhythm sleep disorders. SLEEP. 2007;30(11):1445-59.
54. Auger RR, et al. Practice guideline for the treatment of intrinsic circadian rhythm sleep-wake disorders: advanced sleep-wake phase disorder (ASWPD), delayed sleep-wake phase disorder (DSWPD), non-24-hour sleep-wake rhythm disorder (N24SWD), and irregular sleepwake rhythm disorder (ISWRD). An update for 2015: An American Academy of Sleep Medicine Clinical Practice Guideline. J Clin Sleep Med. 2015;11(10):1199-236.
55. Iranzo A. Parasomnias and sleep-related movement disorders in older adults. Sleep Med Clin. 2018;13(1):51-61.
56. Haba-Rubio J, et al. Prevalence and determinants of REM sleep behavior disorder in the general population. Sleep. 2017;41:1-8.
57. St Louis EK, Boeve BF. REM sleep behavior disorder: Diagnosis, clinical implications, and future directions. Mayo Clin Proc. 2017;92(11):1723-36.
58. Howell MJ, Schenck CH. Rapid eye movement sleep behavior disorder and neurodegenerative disease. JAMA Neurol. 2015;72(6):707-12.
59. St Louis EK, Boeve AR, Boeve BF. REM sleep behavior disorder in Parkinson's disease and other synucleinopathies. Mov Disord. 2017;32(5):645-58.
60. Iranzo A, Santamaría J. Severe obstructive sleep apnea/hypopnea mimicking REM sleep behavior disorder. Sleep. 2005;28(2):203-6.
61. Aurora RN, Zak RS, Maganti RK, Auerbach SH, Casey KR, Chowdhuri S, et al. Best practice guide for the treatment of REM sleep behavior disorder (RBD). J Clin Sleep Med. 2010;6(1):85-95.
62. Figorilli M, et al. Restless legs syndrome/Willis-Ekbom disease and periodic limb movements in sleep in the elderly with and without dementia. Sleep Med Clin. 2015;10(3):331-42.
63. Aurora RN, Kristo DA, et al. The treatment of restless legs syndrome and periodic limb movement disorder in adults: an update for 2012: practice parameters with an evidence-based systematic review and meta-analyses. SLEEP. 2012;35(8):1039-62.
64. Trajanovic NN, Shapiro CM. Fatigue and sleepiness in the elderly: risk factors and management strategies. In: Pandi-Perumal SR, Monti JM, Monjan AA (eds.). Principles and practice of geriatric sleep medicine. Cambridge: Cambridge University Press; 2010.

65. Bixler EO, Vgontzas AN, Lin HM, et al. Excessive day time sleepiness in a general population sample: the role of sleep apnea, age, obesity, diabetes, and depression. J Clin Endocrinol Metab. 2005;90(8):4510-5.
66. Schwitzer PK. Drugs that disturb sleep and wakefulness. In: Kryger M, Roth T, Dement W (eds.). Principles and practice of sleep medicine. 4.ed. Philadelphia: Elsevier Saunders, 2005. p. 499-518.
67. Rye DB, Dihenia B, Weissman JD, et al. Presentation of narcolepsy after 40. Neurology. 1998;50:459-65.
68. Hublin C, Partinen M, Kaprio J, et al. Epidemiology of narcolepsy. Sleep. 1994;17:S7-S12.
69. Rao V, Spiro JR, Samus QM, et al. Sleep disturbances in the elderly residing in assisted living: findings from the Maryland Assisted Living Study. Int J Geriatr Psychiatry. 2005;20(10):956-66.
70. Campbell SS, Murphy PJ, Stauble TN. Effects of a nap on nighttime sleep and waking function in older subjects. J Am Geriatr Soc. 2005;53(1):48-53.
71. Malouff JM, Torsteinsson EB, Rooke SE, Bhullar N,Schutte NS. Eficacy of cognitive behavioral therapy for chronic fatigue syndrome: a meta-analysis. Clin Psycho Ver. 2008;28(5):736-45.
72. Kumar R. Approved and investigational uses of modafnil: an evidence-based review. Drugs. 2008;68(13):1803-39.
73. Yaffe K, Falvey CM, Hoang T. Connections between sleep and cognition in older adults. Lancet Neurol. 2014;13(10):1017-28.
74. Blackwell T, Yaffe K, Laffan A, et al. Associations between sleep-disordered breathing, nocturnal hypoxemia, and subsequent cognitive decline in older community-dwelling men: the osteoporotic fractures in men sleep study. J Am Geriatr Soc. 2015;63(3):453-61.
75. Mander BA, et al. Sleep: A novel mechanistic pathway, biomarker, and treatment target in the pathology of Alzheimer's disease? Trends Neurosci. 2016;39(8):552-566.
76. Hatfield CF, Herbert J, van Someren EJ, et al. Disrupted daily activity/rest cycles in relation to daily cortisol rhythms of home-dwelling patients with early Alzheimer's dementia. Brain. 2004;127:1061-74.
77. Musiek ES, Xiong DD, Holtzman DM. Sleep, circadian rhythms, and the pathogenesis of Alzheimer's disease. Exp Mol Med. 2015;47:148.
78. Schrempf W, Brandt MD, Storch A, et al. Sleep disorders in Parkinson's disease. J Parkinsons Dis. 2014;4(2):211-21.
79. Stocchi F, Barbato L, Nordera G, Berardelli A, Ruggieri S. Sleep disorders in Parkinson's disease. J Neurol. 1998;245 Suppl 1:S15-8.
80. Dzierzewski, et al. Sleep and cognition a narrative review focused on older adults. Sleep Med Clin. 2002;17:205-22.
81. Iranzo A. Parasomnias and sleep related movement disorders in older adults. Sleep Med Clin. 2022;17:295-305.

Índice remissivo